21世纪经济管理新形态教材·工商管理系列

供应链战略管理

王　旭　毕梦琳　段延梅 ◎ 主编

清华大学出版社
北京

内 容 简 介

当前，供应链管理已被提升到企业管理战略层面，直接关乎企业的长远发展。本书从供应链管理和战略管理的双重角度系统阐述供应链管理战略。全书共分为4篇，分别为基础篇、运营篇、优化篇和高级篇，介绍了供应链构建战略、供应链组织战略、供应链运营辅助战略、供应链竞合战略、供应链"三流"战略、城市供应链战略、产业供应链战略、国家供应链战略等。本书内容从理论到实际，从基础到深入，层层递进、深入浅出，方便读者掌握相关知识。

本书适合作为高等学校工商管理、物流管理、供应链管理及相关专业学生的教材，也可供物流与供应链及相关行业的从业人员阅读参考。

图书在版编目（CIP）数据

供应链战略管理 / 王旭，毕梦琳，段延梅主编. — 北京：清华大学出版社，2022.8
21世纪经济管理新形态教材. 工商管理系列
ISBN 978-7-302-61502-6

Ⅰ.①供… Ⅱ.①王… ②毕… ③段… Ⅲ.①供应链管理—高等学校—教材 Ⅳ.①F252

中国版本图书馆 CIP 数据核字（2022）第 132646 号

责任编辑：付潭娇　刘志彬
封面设计：汉风唐韵
责任校对：王荣静
责任印制：杨　艳

出版发行：清华大学出版社
　　　　　网　　址：http://www.tup.com.cn，http://www.wqbook.com
　　　　　地　　址：北京清华大学学研大厦 A 座　　　　邮　　编：100084
　　　　　社 总 机：010-83470000　　　　　　　　　　邮　　购：010-62786544
　　　　　投稿与读者服务：010-62776969，c-service@tup.tsinghua.edu.cn
　　　　　质量反馈：010-62772015，zhiliang@tup.tsinghua.edu.cn
印 装 者：三河市金元印装有限公司
经　　销：全国新华书店
开　　本：185mm×260mm　　印　张：13.25　　　　字　　数：272 千字
版　　次：2022 年 9 月第 1 版　　　　　　　　　　印　　次：2022 年 9 月第 1 次印刷
定　　价：55.00 元

产品编号：098709-01

前　言

20世纪90年代，传统的采购与物流功能已经逐步发展成为一种广义的具有战略意义的采购与物流管理方法，形成了供应链管理体系。21世纪的市场竞争不再只是企业和企业之间的竞争，更是供应链和供应链之间的竞争，任何一个企业只有与别的企业结成供应链才有可能取得竞争的主动权。因此，有必要将供应链管理在战略管理的高度进行统筹管理，由此供应链战略管理应运而生。

与同类教材相比，本书具有以下特色：

(1)独特性和全面性。本书是真正意义上的"供应链战略管理"教材，以往的教材都是从某一个角度对供应链的战略进行分析，而本书则系统、全面地对供应链战略进行界定，包括基础篇、运营篇、优化篇和高级篇四个部分，便于全面、深入地了解供应链战略。

(2)前沿性和融合性。本书借鉴了很多专家学者的研究结论，将理论研究和现有教材的编写模式融为一体，以便读者能够掌握供应链战略领域的最新知识与最新动态，具有一定的学习价值和研究价值。

(3)实用性和方便性。为了方便大家更容易理解重点及难点，本书插入很多案例和知识拓展，精心挑选的课后习题便于读者巩固所学知识点。本书内容丰富，涵盖供应链战略管理方方面面的内容，内容由浅入深，从基础战略到高级战略，具有很强的实用性，便于高校教师、学生和社会人士参考学习使用。本书既可作为物流管理、物流工程和工商管理等相关专业的本科生教材和参考用书，也可作为物流企业和各类工商企业物流管理人员的参考用书。

本书由王旭、段延梅、毕梦琳编写，其中，第1～4章由王旭编写，第5～8章由段延梅编写，第9～11章由毕梦琳编写。

在写作过程中，本书充分借鉴了近年来众多专家和学者的研究成果，集众家之长，限于篇幅不能一一注明标出，在此一并表示感谢。由于编者水平有限，书中不妥之处在所难免，恳请广大读者批评指正。

目　　录

基　础　篇

运　营　篇

优 化 篇

基 础 篇

第1章 供应链管理战略概述

 学习目标：

1. 了解供应链及供应链管理的基本概念；
2. 理解战略的概念和特点；
3. 理解供应链管理的基本原理；
4. 重点掌握供应链管理战略的基本概念。

>> 章前引例

智慧供应链发展战略规划

供应链发展战略就是从企业战略的高度来对供应链进行全局性规划，确定原材料的获取和运输、产品的制造或服务的提供，以及产品配送和售后服务的方式与特点。现代供应链中将大量的互联网、物联网、云计算及大数据等技术纳入业务操作中来，使供应链管理向智慧化的方向快速转变，与行业快速发展保持一致，与不断提升的客户需求保持一致。

智慧供应链发展战略规划(见图1-1)是基于现代化信息技术在供应链管理中的应用，也是对传统供应链管理模式进行的升级。结合企业的业务特点、发展目标及中长期发展规划等

图1-1　智慧供应链发展战略规划

情况，制定适用于企业发展的智慧供应链发展战略规划，可以指导企业在一段时间内的供应链管理体系建设和具体业务操作。

智慧供应链发展战略规划是企业中长期供应链发展的指导性文件，是企业推动供应链建设的重要纲领。通过专业机构的咨询策划，制定的智慧供应链发展战略规划更适用于企业的业务发展，能够支撑企业的业务运营，也能够从供应链整体视角下兼顾链条各环节相关方，支持链主企业整合供应链相关方，打通上下游信息协同和传输，支持拓展供应链增值服务，提升企业综合经营效益。同时，规划也要具有一定的前瞻性，应用行业发展新技术，使其在一段时间内不会被行业淘汰。

资料来源：根据网络资料整理。

1.1　供应链管理概述

供应链管理首先出现在国外，由于国外供应链管理巨头的业务发展相对成熟，并且其供应商、生产厂商和客户大多为各领域内的国际领先企业和跨国公司，在运作模式、管理经验及拥有的供应商和客户资源方面较国内供应链企业有一定优势，所以其在国际市场上占据主导地位。我国供应链管理起步较晚，在 21 世纪加入世贸组织后才逐步得以发展。

1.1.1　供应链的概念

世界本来就是由各种各样的需求链构成的，需求链如图 1-2 所示。

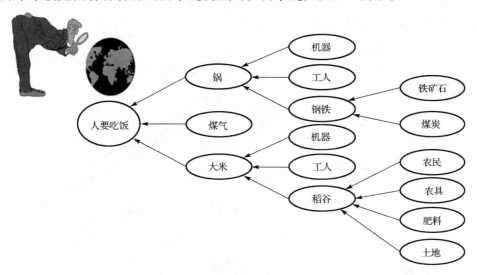

图 1-2　需求链

早期的观点认为，供应链是制造企业中的一个内部过程。有些学者把供应链的概念与采购、供应管理相关联，将其用来表示与供应商之间的关系。后来供应链的概念突出与其他企业的联系，甚至包括供应链的外部环境从而得出更为系统的概念。

国家标准《物流术语》(GB/T18354—2001)对供应链的定义为：在生产及流通过程中，涉及将产品或服务提供给最终客户活动的上游或下游企业所形成的网链结构。供应链网链结构模型如图 1-3 所示。

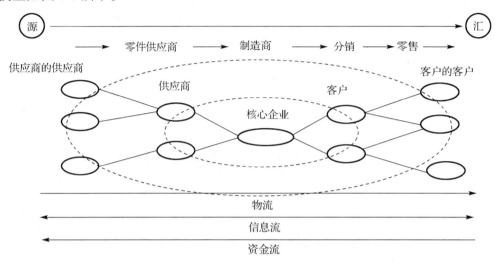

注：核心企业包括制造商、零售商等。

图 1-3　供应链网链结构模型

供应链是在相互关联的部门或业务伙伴之间所产生的物流、资金流和信息流，覆盖从产品(或服务)设计、原材料采购，到交付给最终客户的全过程。供应链不仅面向制造企业，也面向服务性企业。供应链视图如图 1-4 所示。

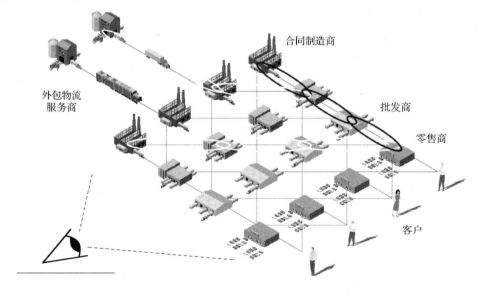

图 1-4　供应链视图

1.1.2　供应链管理的概念

国家标准《物流术语》(GB/T18354—2001)对供应链管理的定义为：利用计算机网络技术全面规划供应链中的商流、物流、信息流、资金流等，并进行计划、组织、协调与控制。

华中科技大学管理学院的马士华教授将供应管理定义为：以客户的需求为前提，通过供应链内各企业间的紧密合作，有效地为客户创造更多附加价值，对从原材料供应商、中间生产过程直到销售网络的各个环节进行协调，对企业实体、信息及资金的双向流动进行协调与管理，强调对客户需求的响应速度及集成，提高供应链中各个企业实时信息的可见度，最终达到提高整体效率的目的。某企业的供应链管理如图 1-5 所示。

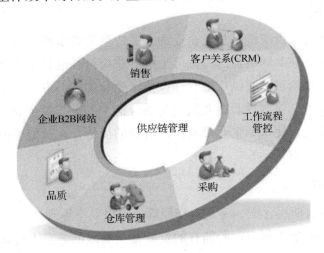

图 1-5　某企业的供应链管理

1.1.3　供应链管理的基本原理

供应链管理的基本原理包括以下几个方面。

1. 资源横向集成原理

资源横向集成原理揭示的是新经济形势下的一种新思维。该原理认为，在经济全球化迅速发展的今天，企业仅靠原有的管理模式和自己有限的资源，已经不能满足快速变化的市场对企业所提出的要求。企业必须放弃传统的基于纵向思维的管理模式，朝着新型的基于横向思维的管理模式转变。企业必须横向集成外部相关企业的资源，形成"强强联合、优势互补"的战略联盟，结成利益共同体去参与市场竞争，以实现在提高服务质量的同时降低成本，在快速响应顾客需求的同时给予顾客更多选择的目的。

资源横向集成原理是供应链管理最基本的原理之一，表明了人们在思维方式上所发生的重大转变。

2．系统原理

系统原理认为，供应链是一个系统，是由相互作用、相互依赖的若干组成部分结合而成的具有特定功能的有机整体。供应链是围绕核心企业，通过对信息流、物流和资金流的控制，把供应商、制造商、销售商、物流服务商和最终客户连成一个整体的功能网链结构模式。

供应链是一个复杂的大系统，其系统特征主要体现在整体功能上，这一整体功能是组成供应链的任何一个成员企业都不具有的特定功能，是供应链合作伙伴间的功能集成，而不是简单叠加。供应链系统的整体功能集中表现在供应链的综合竞争能力上，这种综合竞争能力是任何一个单独的供应链成员企业都不具有的。

3．多赢互惠原理

多赢互惠原理认为，供应链是相关企业为了适应新的竞争环境而组成的一个利益共同体，其密切合作是建立在共同利益的基础之上的，供应链各成员企业之间通过一种协商机制来谋求一种多赢互惠的目标。供应链管理改变了企业的竞争方式，将企业之间的竞争转变为供应链之间的竞争，强调核心企业通过与供应链中的上下游企业之间建立战略伙伴关系，以强强联合的方式，使每个企业都发挥出各自的优势，在价值增值链上达到多赢互惠的效果。

4．合作共享原理

合作共享原理具有两层含义，一是合作原理，二是共享原理。

合作原理认为，由于任何企业所拥有的资源都是有限的，它不可能在所有的业务领域都获得竞争优势，因而企业要想在竞争中获胜，就必须将有限的资源集中在核心业务上。与此同时，企业必须与全球范围内的在某一方面具有竞争优势的相关企业建立紧密的战略合作关系，将本企业中的非核心业务交由合作企业来完成，充分发挥各自独特的竞争优势，从而提高供应链系统整体的竞争能力。

共享原理认为，实施供应链合作关系意味着管理思想与方法的共享、资源的共享、市场机会的共享、信息的共享、先进技术的共享及风险的共担。其中，信息的共享是实现供应链管理的基础，准确可靠的信息可以帮助企业进行正确的决策。供应链系统的协调运行是建立在各个节点企业高质量的信息传递与共享基础之上的，信息技术的应用有效地推动了供应链管理的发展，提升了供应链的运行效率。

5．需求驱动原理

需求驱动原理认为，供应链的形成、存在、重构，都是基于一定的市场需求的，在供应链的运作过程中，客户的需求是供应链中信息流、产品/服务流、资金流运作的驱动源，在供应链管理模式下，供应链的运作是以订单驱动方式来进行的：商品采购订单是在客户需求订单的驱动下产生的，然后商品采购订单驱动产品制造订单，产品制造订单又驱动原材料(零部件)采购订单，原材料(零部件)采购订单再驱动供应商。这种逐级驱动的订单驱动模式，使供应链系统得以准时响应客户的需求，从而降低了库存成本，提高了物流速度和库存周转率。

6．快速响应原理

快速响应原理认为，在全球经济一体化的大背景下，随着市场竞争的不断加剧，经济活动的节奏也越来越快，客户在时间方面的要求也越来越高。客户不但要求企业按时交货，而且要求的交货期越来越短。因此，企业必须能对不断变化的市场进行快速响应，必须要有很强的产品开发能力和快速组织产品生产的能力，源源不断地开发出满足客户多样化的需求、以定制的"个性化产品"占领市场，并赢得竞争。

在当前的市场环境里，一切都要求能够快速响应客户需求，而要达到这一目的，仅靠一个企业的努力是不够的。供应链管理强调准时，即准时采购、准时生产、准时配送，强调供应商的选择应少而精等，这些都体现了快速响应客户需求的思想。

7．同步运作原理

同步运作原理认为，供应链是由不同企业组成的功能网络，其成员企业之间的合作关系存在着多种类型，供应链系统运行业绩的好坏取决于供应链合作伙伴的关系是否和谐，只有稳定而协调的系统才能发挥最佳的效能。供应链管理的关键就在于供应链上各节点企业之间的密切合作及其相互之间在各个方面良好的协调。

供应链的同步化运作，要求供应链各成员企业之间要通过同步化的生产计划来解决生产同步化的问题，只有在供应链各成员企业之间及企业内部各部门之间保持步调一致时，供应链的同步化运作才能实现。供应链形成的准时生产系统，要求上游企业准时为下游企业提供必需的原材料(零部件)，如果供应链中任何一个企业不能准时交货，都会导致供应链系统的不稳定或者运作的中断，导致供应链系统对客户响应能力的下降，所以保持供应链各成员企业之间生产节奏的一致性是非常重要的。

8．动态重构原理

动态重构原理认为，供应链是动态的、可重构的。供应链是在一定时期内，针对某一市场机会，为了适应某一市场需求而形成的，它具有一定的生命周期。当市场环境和客户需求发生较大变化时，围绕着核心企业的供应链必须能够快速响应，并且进行动态快速重构。

市场机遇、合作伙伴选择、核心资源集成、业务流程重组及敏捷性等是供应链动态重构的主要因素。从发展趋势来看，组建基于供应链的虚拟企业将是供应链动态快速重构的一种表现形式。

1.1.4　供应链管理的基本要求

供应链管理的基本要求包括以下几个方面。

1．信息资源共享

信息是现代竞争的主要后盾。供应链管理采用现代科技方法，以最优的流通渠道使信息迅速准确地传递，在供应链的供应商和企业间实现信息资源共享。

2．快速满足个性化需求

供应链管理是围绕"以客户为中心"的理念运作的。客户大多要求提供产品和服务的前置时间越短越好，为此供应链管理通过生产企业内部、外部及流程企业的整体协作，来大大缩短产品的流通周期，加快物流配送的速度，从而使客户的个性化需求在最短的时间内得到满足。

3．实现双赢

供应链管理把供应链的供应商、批发商和零售商等联系在一起，并对其进行优化，使各个相关企业形成一个融会贯通的网络整体。在这个网络中，各企业仍保持着个体特性，但它们为整体利益的最大化共同合作，以求实现双赢的结果。在供应链管理的发展中，有人预测，在未来的生产和流通中将看不到企业，只看到供应链。生产和流通的供应链化将成为现代生产和流通的主要方式。

1.1.5　供应链管理的七项原则

供应链管理的七项原则具体如下：
(1)根据客户所需的服务特性来划分客户群；
(2)根据客户需求和企业可获利情况，设计企业的后勤网络；
(3)倾听市场的需求信息，设计更贴近客户的产品；
(4)时间延迟；
(5)策略性地确定货源和采购，并与供应商建立双赢的合作策略；
(6)在整个供应链领域建立信息系统；
(7)建立整个供应链的绩效考核准则等。

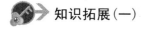 知识拓展(一)

供应链的由来

供应链最早来源于彼得·德鲁克提出的"经济链"，后经迈克尔·波特发展成为"价值链"，最终演变为"供应链"。供应链的定义为："围绕核心企业，通过对信息流、物流、资金流的控制，从采购原材料开始，到制成中间产品及最终产品，最后由销售网络把产品送到客户手中。它是将供应商、制造商、批发商、零售商，直到最终客户连成一个整体的功能网链模式。"因此，一条完整的供应链应包括供应商(原材料供应商或零配件供应商)、制造商(加工厂或装配厂)、批发商(代理商或分销商)、零售商(卖场、百货商店、超市、专卖店、便利店和杂货店)及最终客户。

1.2　战　略　概　述

1.2.1　战略的概念

战略,是一种从全局考虑谋划实现全局目标的规划,战术只是实现战略的手段之一。实现战略胜利,往往有时候要牺牲部分利益。战略是一种长远的规划,是远大的目标,往往规划战略、制定战略、实现战略的时间是比较长的。从企业未来发展的角度来看,战略表现为一种计划;而从企业过去发展历程的角度来看,战略则表现为一种模式。如果从产业层次来看,战略表现为一种定位;而从企业层次来看,战略则表现为一种观念。此外,战略也表现为企业在竞争中采用的一种计谋。

战略管理是指企业确定其使命,根据组织外部环境和内部条件设定企业的战略目标,为保证目标的正确落实和实现进行谋划,并依靠企业内部能力将这种谋划和决策付诸实施,以及在实施过程中进行控制的一个动态管理过程。

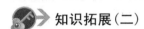 知识拓展(二)

"战略"一词的起源

战略(strategy)一词最早是军事方面的概念。在西方,"strategy"一词源于希腊语"strategos",意为军事将领、地方行政长官,后来其演变成军事术语,指军事将领指挥军队作战的谋略。在中国,"战略"一词历史久远,"战"指战争,"略"指谋略、施诈。春秋时期孙武的《孙子兵法》被认为是中国最早对战略进行全局筹划的著作。

1.2.2　战略的特点

战略的特点包括以下几点。

1. 全局性

全局性是战略最根本的特点。战略以全局为研究对象,来确定总体目标、规定总体行动和追求的总体效果。

2. 长远性

战略的着眼点是未来而不是现在,谋求的是长远利益,而不是眼前利益。

3．纲领性

纲领性体现在战略确定了未来的发展方向和目标，是原则性和总体性的规定，对所有行动能起到强有力的指引和号召作用，是对未来的粗线条设计，是对未来成败的总体谋划，而不纠缠于现实的细枝末节。

4．风险性

战略是对未来发展方向和目标的谋划，而未来是不确定的，因此，战略必然带有一定的风险性。

5．创新性

战略是根据特定的内外部环境，对发展方向、目标、模式和行动等进行的独特安排，是具有创新性的。

1.2.3 战略的构成要素

战略的构成要素包括以下几个方面。

1．战略目的

战略目的是战略行动所要达到的预期结果，是制定和实施战略的出发点和归宿点。战略目的是根据战略形势和国家利益的需要确定的。不同性质的国家和军队，其战略的目的不同。对于奉行防御战略的国家来说，维护国家和民族的根本利益、长远利益和整体利益，特别是维护国家的领土主权完整和统一是战略的基本目的。确定战略目的，强调需要与可能相结合，具有科学性和可行性，应符合国家的路线、方针和政策，与国家的总体目标和国力相适应，满足国家在一定时期内对维护自身利益的基本要求。

2．战略方针

战略方针是指导战争全局的方针，是指导军事行动的纲领和制订战略计划的基本依据。它是在分析国际战略形势和敌我双方战争诸因素基础上制定的，具有很强的针对性。对不同的作战对象和不同条件下的战争应采取不同内容的战略方针。每个时期或每次战争除了总的战略方针，还需制定具体的战略方针，以确定战略任务、战略重点、主要的战略方向、力量的部署与使用等问题。

3．战略力量

战略力量是战略的物质基础和支柱。它以国家综合国力为后盾，以军事力量为核心，在发展经济和科学技术的基础上，根据战略目的和战略方针的要求，确定其建设的规模、发展方向和重点，并与国家的总体力量协调发展。

4．战略措施

战略措施是为准备和进行战争而实行的具有全局意义的战略保障，是战略决策机构根据战争的需要，在政治、军事、外交、经济、科学技术和战略领导与指挥等方面采取的各种全局性的切实可行的方法和步骤。

1.2.4　战略的制约因素

战略的制约因素包括以下几点。

1．政治因素

政治对战略具有统率和支配作用，决定战略的性质和目的，赋予其任务和要求，影响战略的制定、实施和调整。战略服从并服务于政治，满足政治的要求，完成政治赋予的任务。制定和实施战略，强调注重政治，充分考虑敌我双方的政治情况、战略的政治目的和政策要求，并善于运用政治手段。

2．军事因素

军事因素主要是军事力量和军事思想的因素。军事力量的强弱，对战争的规模、持续时间、活动方式及其结局有重大影响，对能否完成战略任务、达成战略目的，起直接作用。军事思想先进与否，对能否制定和实行正确的战略、能否取得战争的胜利至关重要。制定和实施战略，要运用先进的军事思想，力求正确估计敌我双方的军事情况，采取积极措施，有效地增强军事实力，为完成战略任务、达成战略目的创造条件。

3．经济因素

战略是以一定的生产力为基础，并随着生产力的发展而发展的。经济能推动战略的发展，提高战略对环境变化的承受能力和应变能力，增强作战手段的选择性。经济制约战略目标、战略方向、战略重点和战争规模的选择与确定。制定和实施战略，必须考虑敌我双方的经济情况。经济利益上的矛盾和冲突，是爆发战争和发生军事冲突的基本动因。战略所追求的目的，归根到底是为了维护或获得一定的经济利益。

4．科学技术因素

科学技术是第一生产力，也是战斗力。敌我双方现有的科学技术水平，是制定和实施战略的重要依据之一。当代高新技术与新式武器装备在军事上的广泛应用，使战争的爆发方式、规模、强度、过程、阶段、持续时间和结局，都发生了一系列变化，从而引起了战略思想、作战方式方法、作战手段和战略理论的发展变化。积极发展高新技术、更新武器装备，可为实现战略提供可靠的物质条件，并且预见科学技术发展对战略的影响以适应战略的需求。

5．地理因素

地理因素与国家安全有着直接的联系。国家的地理位置、幅员、人口、资源和交通等状况影响军事力量的强弱及效能的发挥。国家的地理位置、地形、气象、水文和周边的地理环境，对军种兵种建设、武器装备发展方向、战场建设、作战形式、作战行动、战略指挥和战略思想都有重大影响。制定和实施战略，强调重视敌我双方的地理因素，趋利避害，扬长避短，力求使武器装备和作战方式方法与战场地理环境特点相适应。

1.2.5　战略与规划的关系

1．战略与规划的相同之处

(1)它们涉及的对象是相同的。战略与规划都是针对一个组织或者一项事业的全局问题，又都是涉及一个组织或者一种事业的未来长期发展问题。因此，战略与规划既涉及国家、地区、企业等组织的发展战略与规划，又涉及某种事业(如教育、科技、文化等)的发展战略与规划。

(2)它们具有相似的特性。两者都具有全局性、长远性、前瞻性等特点，也都希望具有可操作性的要求。由于战略与规划具有相同的主体和类似的性质与要求，因此，两者彼此间是互相联系、密不可分的。

2．战略与规划的区别

我们不应该将战略与规划混为一谈，应该清醒地认识到，战略与规划之间也存在着较大的区别。归纳起来，两者主要有以下三大区别。

(1)在概念的层次上，战略高于规划。战略强调的是思想，是涉及组织或者事业发展的思路。战略是制定规划的指导思想，任何一个组织的规划都是在既定的战略指导下形成的。

(2)在形成的时序上，战略先于规划。如果一个企业、一个地区、一个国家没有形成既定的战略思路，就很难制定其发展规划。因此，一个国家、地区、企业组织或事业，必须先着手研究其发展战略，在战略的指导下，再制定发展规划。

(3)在具体内容上，战略"软"于规划。战略是规划的抽象原则，规划是战略的具体体现。从某种意义上说，战略是规划的纲要，规划是战略实现的蓝图。

因此，我们通常所从事的战略研究，研究的重心是设计"系统"生存与发展的"计谋和策略"，其研究的结果在战略内容的表述方面一般比较抽象。与之相反，我们通常所进行的规划研究，研究重心在于设计"系统"生存与发展的"蓝图、途径和进程"，同样，规划内容在表述上一般应该比较具体、比较实际，具有更强的可操作性。

此外，计划也是一个与规划有所不同的概念。计划是规划在一定时间内，特别是近期(如年度)更具体、更详细的安排，更应该具有实际的可操作性。

扩展阅读1.1
企业战略

案例分析

1.3　供应链管理战略

1.3.1　供应链管理战略的提出

供应链管理战略的提出不是天生自成的，而是需要企业根据发展远景来制定的。一个企业的战略对各级组织具有深远影响。在制定供应链战略时，首先需要了解企业中有关企业战略的层次，企业战略的层次如图 1-6 所示。

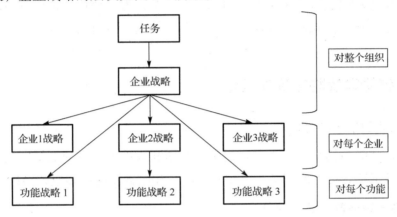

图 1-6　企业战略的层次

1．任务

任务通常是回答"企业是从事什么的"问题，它为企业确立了方向和目标，对提供无形服务的组织来说，这一点是十分重要的。模糊的定位和不正确的目标，不仅会使自己处于战略难以实施的境地，而且难以体现区别于竞争对手的核心优势。有些企业能很好地做到这一点，如美国一家运输公司 Roadway Express 的任务是通过提供可靠、反应灵敏和有效率的服务来达到客户满意，其主要产品通过北美的国际航线不到两天就能送到客户手中。美国 UPS 的任务是为客户提供杰出的服务，提供几乎遍及世界各个角落的包裹快递服务。

2．企业战略与功能战略

企业的任务确定后，也就确定了企业所从事的业务范围，但它没有具体说明企业如何去做，为了实现既定的任务，还需要确定企业战略和功能战略。

（1）企业战略。企业战略的重要性，可用未来学家托夫勒指出的"没有战略的企业，就像是在险恶气候中飞行的飞机，始终在气流中颠簸、在暴风雨中沉浮，最后可能迷失方向。即使飞机不坠毁，也会有耗尽燃料的危险"来形容。

因此，制定企业战略就需要考虑新技术的出现、新需求的产生、新的竞争对手和多变的环境对其所从事的事业和发展的影响，从而进行前瞻性思维，为企业适应环境、寻求长期生存和发展而制定总体和长期性规划。企业战略和规划的制定是由企业最高层来谋划的，通用电气董事长韦尔奇说："我每天没做几件事，但有一件永远做不完的事，那就是规划未来。"

（2）功能战略。功能战略是在企业总的战略下，为实现企业战略目标而具体落实到各个职能部门的具体行动计划，如营销战略、人力资源战略、物流战略和财务战略等。对于物流战略来说，它是对物流中心、运输、存储、包装和物流信息等多个方面进行决策的战略，并最终服务于企业总战略。

总之，供应链管理战略高于企业战略和功能战略，为了使供应链管理战略确实有效地实施，而不是相互冲突，就需要高层管理者与各个部门进行有效沟通，一起制定供应链管理战略。

1.3.2 供应链管理战略的基本概念

1. 供应链管理战略的定义

供应链管理战略包括采购、生产、销售、仓储和运输等一系列活动，从价值链的角度看，供应链管理战略详细地说明了生产经营、配送和服务职能必须应该做好的事情。

2. 供应链管理战略的基本特征

供应链管理战略的基本特征包括以下三个方面。

（1）供应链管理战略是一种互补性企业联盟战略。供应链管理战略是基于业务外包的一种互补性的、紧密联系的企业联盟，这个联盟以核心产品、核心资产或核心企业（通常是最终产品的生产者和服务的提供者）为龙头组成，它包括原材料、配件供应商、生产商、配送中心、批发商、零售商和顾客等，这个联盟的目标是通过联盟内各个成员统一协调的无缝隙工作，以价低质优的产品、及时供货和提供优质的售后服务来提高市场供应的有效性和顾客的满意度，以较高的市场占有率取得竞争优势。

（2）供应链管理战略是一种企业核心能力强化战略。维持和发展竞争优势是企业核心能力的集中体现，也就是说，企业核心能力能使公司在下一步的竞争中具有引导和争夺市场的能力，从而超越临时竞争优势而获得持续性发展。著名管理学家泰吉和奥兰德等人提出的"战略缺口"（strategic gap）假设，有利于我们理解企业运用供应链管理战略的动机。如果企业在考察市场的时候发现业务的发展正朝向一个新的领域，而本企业所拥有的竞争优势随着时间的推移已发生变化，企业所要达到的战略绩效目标与其依靠自有资源和能力所能达到的目标之间存在一个"缺口"，那么企业必须借助于业务外包或寻找优秀的供应者来帮助自身在供应链中改进技术、提高效率、降低成本，以改善其价值链上的薄弱环节，填补企业发展战略的"缺口"，强化企业的核心能力。因此，一个企业的供应链管理战略的核心问题，是设计企业业务的内包、外包，以及与承包合同商之间的关系。具体而言，要考虑哪一个合作伙伴更有竞争优势，哪一个供应链的设计更为优秀，供应链上的哪个部分更有效率。所有这些成分都协调起来，才能强化企业竞争力，这就是供应链管理的优势所在。

(3) 供应链管理战略是实施关系营销的一个重要方面和关键环节。关系营销是企业与关键客户(供应商、批发商)建立长期满意关系的实践，它是营销者通过不断承诺和给予对方高质量的产品、优良的服务和公平的价格来实现的合作模式，关系营销使有关各方建立起经济、技术和社会方面的纽带关系。关系营销的最终结果是建立起公司的独特资产——营销网络。正因为如此，我们说今后的商业竞争不是在企业之间进行，而是在整个网络之间进行，一个建立了更好关系网的企业将获胜。供应链合作无疑是关系营销的一个重要方面。在日益复杂的市场竞争中，逐步形成相对稳定的供应链体系，在分配信息和相互信任的前提下，确定一个长久的利益共同体，兼顾各个成员企业的经营战略，实行"双赢"乃至"多赢"，是构成企业之间紧密合作的战略联盟和供应链竞争成功的关键。企业在选择供应商和进行供应链体系设计时，应始终着眼于企业的长远发展，首先要考虑的就是战略上的发展优势，而不是简单地从节约采购与制造成本或者提高信息传递效率的角度考虑问题。

3．供应链管理战略的内容

供应链管理战略的内容包括以下四个方面。

(1) 供应链基础战略。供应链基础战略包括供应链的构建战略和供应链组织战略。

(2) 供应链运营战略。供应链运营战略包括供应链运营基本战略、供应链运营辅助战略(供应链文化战略、供应链技术战略和供应链外包战略)和供应链竞合战略。

(3) 供应链优化战略。供应链优化战略包括供应链"三流"战略、供应链财务战略、供应链信息战略、供应链协调战略、供应链渠道战略和供应链服务战略。

(4) 供应链高级战略。供应链高级战略包括城市供应链战略、产业供应链战略和国家供应链战略。

1.3.3　供应链战略联盟

供应链战略联盟作为一种新型的企业合作模式，打破了现存价值链的结构。供应链战略联盟的形成，对于降低供应链总成本、降低供应链上各企业的库存水平、增强信息共享水平、改善相互之间的交流、保持战略伙伴相互之间操作的一贯性、提升企业的核心竞争力、产生更大的竞争优势，以及实现供应链节点企业的财务状况、质量、产量、交货、用户满意度及业绩的改善和提高有很重要的作用。

1．供应链战略联盟的优点

供应链战略联盟的优点包括以下五个方面。

(1) 快速有效地响应市场，这是供应链战略联盟作用的最主要体现。无论是供应链，还是战略联盟，各种合作组织的存在，其最终目的都是应对快速变化的市场环境，供应链战略联盟也不例外。通过建立供应链战略联盟，供应链上企业之间的合作关系大大加强，形成了更加统一的整体。所谓商机稍纵即逝，对于企业而言，一旦发现新的市场机遇，它所面临的最大挑战是能否迅速设计出一套解决顾客个性化要求的方案，但这往往不是依靠单个企业的能力所能完成的。在这种情况下，企业找到具有与本企业互补能力的企业，与之组成联盟，方为上策。这样可以充分利用现有的外部资源，具备快捷、低成本地获取所需资源的能力。各企业并行协调工作，可以大大缩短产品开发周期，快速及时地响应市场需求。而且，为顾客提供的"个性化解决方案"，也是需求变化的有效反应。

(2)实现优势互补。由于资源的稀缺性，每个企业所拥有的资源和能力都是有限的，而且企业要想获取企业以外的资源，所花费的代价往往是高昂的。因此，企业不能一味地去猎取各种资源，而是要解决资源问题，一个明智的做法就是建立战略联盟，通过外取的方式将其他企业的优势资源为我所用。联盟伙伴间互通有无，既实现了内外资源的优势互补，又实现了资源的合理利用。这种优势互补突出表现在企业的核心能力方面，供应链企业间建立一种合作竞争的战略伙伴关系，可以最大限度地培育和发挥各自核心能力，通过优势互补获得集体竞争优势，提高整条供应链的竞争力。

(3)促进企业之间的相互学习。一般情况下，企业通常从外部来模仿竞争对手的资源，但由于许多有价值的资源往往是非交易的，又难以在外部识别和模仿，而通过联盟便可以从资源拥有方学习或获得。联盟增加了成员企业间的边界渗透力，将模仿由外部转移到内部，使模仿变得更加容易，成本也较低。此外，联盟成员企业通过信息共享及其他的交流方式互相学习，相互促进，也会进一步强化各自的核心能力。在每个企业拥有自己的核心竞争优势的同时，尽可能地掌握更多的信息和技术。

(4)促进企业达到规模经济。所谓规模经济，是指随着企业生产和经营规模的扩大而使单位成本不断下降。传统上，实现规模经济的方式主要是依靠单体企业规模的自我扩大或借助购并使企业规模不断扩大。但是，由于企业规模扩大有其自身的内部边界，传统的模式在企业规模过大而容易内外受阻的双重约束下，无法达到应有的效果，此时组建供应链战略联盟为企业实现规模经济开辟了新的道路。企业之间通过缔结联盟，可在更大范围内实现专业化分工，有效地降低各类成本，无须扩大企业自身的规模而实现规模经济，从而在行业内占据较强的竞争地位。

(5)有效分散经营风险。复杂多变的外部环境对企业的研究开发提出了新的要求，如缩短时间、降低成本。因此，任何一个企业想独立承担一种新产品或新技术的研究开发，必定要付出很大的代价，面临巨额的研究开发投入、错失市场机遇及运营失败等各种风险。在这种情况下，企业可以通过寻求合作，建立供应链战略联盟来分散经营风险。虽然由于市场不确定性而导致的总体市场风险依然存在，但市场风险在各个供应链联盟伙伴之间得到了重新分配，这使各个企业承担的风险降到最低，在一定程度上分散了企业的经营风险。

2．供应链战略联盟的发展阻碍

供应链战略联盟的发展阻碍包括以下几个方面。

(1)竞争地位的失衡破坏联盟各方的平等交流与协作。企业联盟得以维持的一个重要条件，就是联盟各方竞争地位的平衡。然而随着联盟各方技术、资源、能力的交换与更新，可能导致一方的竞争地位上升，而另一方的竞争优势衰退。当双方竞争地位的平衡格局逐渐被打破后，强大的一方往往视盟友为累赘，从而造成彼此间沟通与合作的困难，这会使供应链联盟面临分裂的危险，而竞争地位的高低取决于企业战略资源的状况。研究表明，企业之间战略资源的差距越大，联盟越不稳定。因此，为了避免由于竞争地位差距太大而造成的联盟失败，在建立供应链联盟之时，企业就要对彼此的战略资源和竞争地位进行衡量，在此基础上确定联盟对象；在联盟建立之后，联盟各方也要密切关注对方的发展状况和趋势，加强自身在战略资源上的建设，尽量与联盟内的企业在战略资源建设的方向、水平和速度上保持一致。

(2)实施供应链战略联盟会增加组织管理的难度，从而使战略联盟的发展受到管理滞后的严重束缚。大量的联盟实践证明，联盟的失败往往与管理问题有关。联盟内部存在市场与行政的双重机制，因此相对于单一企业来说，其管理工作难度更大。由于联盟各方的利益与冲突不能以行政命令来解决，客观上要求合作各方既要保持相对的独立性，又必须建立并运行一个科学的管理系统来维持组织的正常运作，并发挥联盟的功效。因此，建立合理的联盟组织机构，对联盟体的生存和发展起着至关重要的作用。联盟各方应本着平等互利的原则，根据需要，派代表组成联盟的组织机构，包括董事会、管理委员会、经理、会计、出纳及其他机构和领导人员。供应链战略联盟的组织结构应呈现刚柔相济、以柔为主的特点，从而保持稳定性与灵活性之间的对立统一，使供应链战略联盟既具有规模经济优势，又兼有中小型企业灵活应变的特色。

(3)组织文化和战略目标缺乏融通点，导致供应链战略联盟名存实亡。每个企业都有各自的企业文化，若企业之间在组织文化上存在矛盾与分歧，就会使双方在战略上缺乏兼容性。尤其在跨国战略联盟中，做好文化的管理与整合，增强员工之间的心理磨合，因地制宜地调整经营战略，适应不同的社会经济文化的特点，都显得尤为重要。因此，需要创造新的供应链战略联盟文化。

(4)供应链战略联盟内部缺乏相互信任，致使联盟难以发展。在供应链战略联盟内部共享信息，既是联盟各方的权利也是各方的义务。在供应链战略联盟各方参与合作的过程中，若担心联盟将企业机密泄露给对方，导致自身在未来市场竞争中失去优势，就会为了保守各自的商业机密采取一些保护和防范措施；但同时却希望对方能毫无保留地进行合作，使自己在联盟中获得最大的效益。这就会造成企业最终从自身利益出发，有保留地进行合作，导致盟友间的信任与亲密程度降低，使联盟的效果受到极大的影响。因此，在既有竞争又有合作关系的供应链战略联盟内部，各成员企业要想灵活地适应环境，就必须在相互依赖与各自独立之间找到平衡。彼此的依赖要求成员企业相互信任、彼此忠诚、信守承诺，从而为供应链战略联盟的长久生存和成员企业的共同发展建立坚实的基础。

(5)供应链联盟企业缺乏有效的信息共享。这个问题也是导致供应链战略联盟企业合作效率低下，供应链战略联盟关系无法健康发展的一个关键因素。供应链战略联盟企业间必须通过积极有效的沟通，尽可能保持本企业发展目标与合作目标的高度一致，使供应链战略联盟能够对瞬息万变的市场环境做出迅速反应，充分把握市场机会，实施战略联盟的任务。

扩展阅读1.2
物流管理与
供应链管理
的联系与区别

案例分析

企业之间的竞争从某种程度上已经转化成供应链之间的竞争。供应链战略联盟的构建、维护和发展是企业和供应链增强竞争力的根本途径。

1.4 本 章 小 结

本章从供应链的基本概念出发：首先，介绍了供应链和供应链管理的定义，供应链管理的基本原理和基本要求，以及供应链管理的基本原则；其次，介绍了战略的基本概念；最后，对供应链管理战略的相关知识进行了界定。世界本来就是由各种各样的需求链构成的，供应链如同一条需求链，《物流术语》中对供应链的定义是：在生产及流通过程中，将产品或服务提供给最终客户活动的上游或下游企业所形成的网链结构。

供应链管理就是以客户的需求为前提，透过供应链内各企业间的紧密合作，有效地为客户创造更多附加价值；对从原材料供应商、中间生产过程直到销售网络的各个环节进行协调；对企业实体、信息及资金的双向流动进行协调与管理；强调对客户需求的响应速度及集成，并提高供应链中各个企业实时信息的可见度，以达到提高整体效率的目的。供应链管理的基本原理包括资源横向集成原理、系统原理、多赢互惠原理、合作共享原理、需求驱动原理、快速响应原理、同步运作原理和动态重构原理。供应链管理的基本要求是信息资源共享、快速满足个性化要求和实现双赢。

战略，是一种从全局考虑谋划实现全局目标的规划。实现战略胜利，往往有时候要牺牲部分利益。战略是一种长远规划，是远大的目标，往往规划战略、制定战略、实现战略的时间是比较长的。供应链管理战略包括采购、生产、销售、仓储和运输等一系列活动。从价值链的角度看，供应链战略详细地说明了生产经营、配送和服务职能特别应该做好的事情。供应链战略联盟作为一种新型的企业合作模式，打破了现存价值链的结构。供应链战略联盟的形成，对于降低供应链总成本、降低供应链上的库存水平、增强信息共享水平、改善相互之间的交流、保持战略伙伴相互之间操作的一贯性、提升企业的核心竞争力、产生更大的竞争优势，以及实现供应链节点企业的财务状况、质量、产量、交货、用户满意度及业绩的改善和提高有很重要的作用。

本章思考题

1. 简述供应链管理的基本原理。
2. 什么是供应链战略联盟？
3. 简述战略与规划的异同。
4. 讨论某一条供应链目前所采用的基本战略。

参 考 文 献

[1] 张爽. 企业供应链管理和供应链战略研究[J]. 中国中小企业，2020，（02）.

[2] 李伟峰. 企业供应链管理和供应链战略研究[J]. 科技经济市场，2019，（12）.

[3] 贾海霞. 供应链战略发展趋势分析[J]. 商讯，2019，（30）.

[4] 佘静. 企业供应链管理和供应链战略研究[J]. 中国商论，2019，（19）.

[5] 金玉然. 企业供应链管理和供应链战略研究[M]. 北京：中国财富出版社，2013.

[6] [美]柯恩. 战略供应链管理[M]. 李伊松，译. 北京：机械工业出版社，2015.

[7] [美]乔普拉，迈因德尔. 供应链管理：战略、计划和运作[M]. 刘曙光，吴秀云，译. 北京：清华大学
出版社，2014.

[8] [英]卡洛斯·梅纳. 战略采购和供应链管理[M]. 张凤，樊丽娟，译. 北京：人民邮电出版社，2020.

[9] [美]苏尼尔. 供应链管理[M]. 杨依依，译. 北京：中国人民大学出版社，2021.

[10] 戚风. 供应链管理从入门到精通[M]. 天津：天津科学技术出版社，2019.

[11] 辛童. 采购与供应链管理苹果华为等供应链实践者[M]. 北京：化学工业出版社，2018.

[12] 施云. 供应链架构师：从战略到运营[M]. 北京：中国财富出版社，2016.

[13] [美]佛莱哲利. 物流战略咨询[M]. 任建标，译. 北京：中国财政经济出版社，2003.

[14] [美]大卫·辛奇-利维. 供应链设计与管理[M]. 季建华，译. 北京：中国人民大学出版社，2010.

[15] 邓明荣. 供应链管理：战略与实务[M]. 北京：机械工业出版社，2012.

第2章 供应链构建战略

 学习目标:

1. 掌握供应链的体系结构模型;
2. 理解供应链的设计原则、运作策略和影响因素;
3. 了解供应链的构建方法;
4. 重点掌握供应链的设计步骤。

> **章前引例**

惠普台式打印机供应链的构建

惠普公司成立于 1939 年。惠普台式打印机于 1988 年开始进入市场,并成为惠普公司的主要成功产品之一。但随着台式机销售量的稳步上升,库存的增长也紧随其后。在实施供应链管理之后,这种情况得到改善。

DeskJet 打印机是惠普公司的主要产品之一,产品分别销往美国、欧洲和亚洲。惠普公司有五个位于不同地点的分支机构负责这种打印机的生产、装配和运输。从原材料到最终产品,生产周期为 6 个月。在以往的生产和管理方式下,各成品厂装配好通用打印机之后直接进行客户化包装。为了保证客户订单 98% 的即时满足率,各成品配送中心需要保证大量的安全库存(一般需要 7 周的库存量)。

1. 存在的问题

惠普打印机的生产、研究开发节点分布在 16 个国家,销售服务部门节点分布在 110 个国家,其总产品超过 22 000 类。欧洲和亚洲地区对于台式打印机电源供应(电压 110 伏和 0 伏的区别,以及插件的不同)、语言(操作手册)等有不同的要求。以前这些都由温哥华的公司完成,北美、欧洲和亚太地区是它的三个分销中心。这样一种生产组织策略,我们称之为工厂本地化(factory localization)。惠普公司的分销商都希望尽可能地降低库存,同时尽可能地满足客户的需求。这就导致惠普公司感到保证供货及时性的压力很大,从而不得不采用备货生产(make-to-stock)的模式以保证对分销商供货准时的高可靠性,因而分销中心成为有大量安全库存的库存点。制造中心采用一种拉动式生产,计划的生成是为了通过准时化生产(just in time，JIT)模式满足分销中心的目标安全库存，同时它本身也必须拥有一定的零部件、原材料安全库存。

零部件原材料的交货质量(到货时间推迟、错误到货等问题是否存在)、内部业务流程、需求等的不确定性是影响供应链运作的主要因素。这些因素导致不能及时补充分销中心的库存，需求的不确定性导致库存堆积或者分销中心的重复订货。

将产品海运到欧洲和亚太分销中心大约需要用一个月的时间，这么长的提前期导致分销中心没有足够的时间对快速变化的市场需求做出反应，而且欧洲和亚太地区只能以大量的安全库存来保证对客户需求的满足。这占用了大量的流动资金，若某一地区产品缺货，为了应急，可能会将原来为其他地区准备的产品拆开重新包装，从而造成更大浪费。因此，提高产品需求预测的准确性也是一个主要难点。

2．任务

温哥华惠普公司管理的重点是减少库存和提供高质量，并着重于供应商管理，以降低供应的不确定性，减少机器闲置时间。企业管理者希望在不牺牲客户服务水平的前提下改善这一状况。

3．解决方案

供应商、制造商、分销中心、零售商和最终客户组成了惠普台式打印机供应链的各个节点，供应链是一个由采购原材料、把它们转化为中间产品和最终产品、最后交到客户手中的过程所组成的网络，这是一个重新设计的供应链。惠普公司打印机系统产品新的供应链如图 2-1 所示。

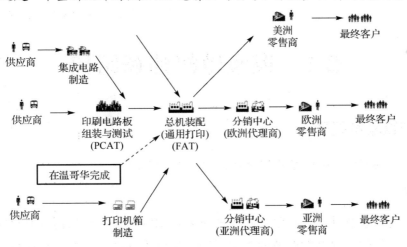

图 2-1　惠普公司打印机系统产品新的供应链

在这个新的供应链中，主要的生产制造过程由在温哥华的惠普公司完成，包括印刷电路板组装与测试(printed circuit board assembly and test，PCAT)和总机装配(final assembly and test，FAT)。

在 PCAT 过程中，电子组件(诸如 ASICS、ROM 和粗印刷电路板)组装成打印头驱动板，并进行相关的测试；在 FAT 过程中，电动机、电缆、塑料底盘和外壳、齿轮、印刷电路板组装成打印机,并进行测试。其中的各种零部件原材料由惠普的子公司或分布在世界各地的供应商供应。在温哥华生产通用打印机,通用打印机运输到欧洲和亚洲后,再由当地分销中心或代理商加装上与地区需求一致的变压器、电源插头和用当地语言写成的说明书,完成整机包装后由当地零售商送到客户手中,通过将定制化工作推迟到分销中心进行(延迟策略),实现了根据不同客户需求生产不同型号产品的目的。这样的生产组织策略,被称为分销中心本地化(DC-Localization)。在产品设计上做出了一定变化,将电源等客户化需求的部件设计成了即插即用的组件,从而改变了以前由温哥华的总机装配厂生产不同型号的产品,保持大量的库存以满足不同需求的情况。为了达到 98%的订货服务目标,原来需要 7 周的成品库存量现在只需要 5 周的库存量,一年大约可以节约 3 000 万美元,电路板组装与总装厂之间也基本实现无库存生产。同时,打印机总装厂对分销中心实施 JIT 供应,以使分销中心保持目标库存量。通过供应链管理,惠普公司实现了降低打印机库存量的目标,并提高了服务水平。通过改进供应链管理,减少了因原材料供应而导致的生产不确定性和停工等待时间。

4. 效果

安全库存周期减少为 5 周,从而减少了库存总投资的18%,仅这一项改进,每年便可以节省 3 000 美元的存储费用。由于通用打印机的价格低于同类客户化产品,从而又进一步节省了运输、关税等费用。除了降低成本,客户化延迟还使得产品在企业内的生命周期缩短,从而对需求预测的不准确性或外界的需求变化都具有很好的适应性,一旦发现决策错误,可以在不影响客户利益的情况下以较小的损失较快地加以纠正。

资料来源:根据网络资料整理。

2.1 供应链的体系结构

2.1.1 供应链基本要素

一般来说,构成供应链的基本要素包括以下五个方面。

1. 供应商

供应商是向企业及其竞争对手供应各种所需资源的企业,包括提供原材料、设备、能源和劳务等。它们的情况会对企业的营销活动产生巨大的影响,如原材料价格变化、短缺等都会影响企业产品的价格和交货期,并会削弱企业与客户的长期合作与利益,因此,营销人员必须对供应商的情况有比较全面的了解和透彻的分析。

2. 厂家(制造商)

厂家即产品制造商,制造是产品生产的最重要环节,制造商负责产品生产、开发和售后服务等。制造商作为品牌产品的创造者,广为人知并被认为是渠道的源头和中心。

像通用电气、通用汽车、索尼、飞利浦这样成功的制造商在各自的分销渠道中占据着举足轻重的位置。

3．分销企业(批发商)

分销企业(批发商)是指向生产企业购进产品，然后转售给零售商、产业客户或各种非营利组织，不直接服务于个人客户的商业机构，其位于商品流通的中间环节。

批发商是相对于零售商来说的，零售商只卖一种或两种产品，而批发商则是批量采购上一级供应商(如工厂/代理/经销)的货物，然后再批量卖给下一级需求者(如零售商)的经济实体。

4．零售企业(零售商)

零售企业(零售商)是指将商品直接销售给最终客户的中间商，是相对于制造商和批发商而言的，其处于商品流通的最终阶段。零售商的基本任务是直接为最终客户服务，它的职能包括购、销、调、存、加工、拆零、分包、传递信息及提供销售服务等。在地点、时间与服务方面，零售商方便最终客户购买，又是联系生产企业、批发商与最终客户的桥梁，在分销途径中具有重要作用。

5．消费者(最终客户)

消费者(最终客户)是供应链的最后环节，也是整条供应链的唯一收入来源。

供应链基本结构要素如图 2-2 所示。

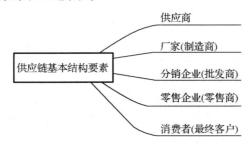

图 2-2　供应链基本结构要素

这些要素间存在着重要的"三流"，即物流、信息流和资金流，供应链节点企业间的"三流"如图 2-3 所示。

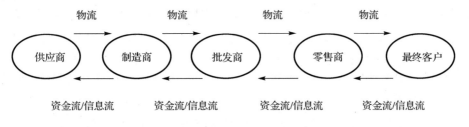

图 2-3　供应链节点企业间的"三流"

2.1.2 供应链链主

供应链链主即我们常说的供应链的核心企业。供应链是由一个个独立的企业、上下游企业组合而成的网链结构，在如此纷繁复杂的体系里，若大家各自为政，各顾各的利益，那这条供应链的效率就不会高。谁掌握了供应链的核心价值，谁最具有话语权，谁就是链主，谁就是核心企业。

制造商可能是链主，供应商也同样能成为链主，谁是链主，主要取决于它是否掌握供应链的核心价值，而与其在供应链的位置没有必然关系。企业管理需要取势、明道、优术，认清形势、摆正自己的位置永远都是第一重要的。

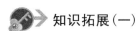 知识拓展（一）

取势、明道、优术

取势、明道、优术，三个词分别代表三个层面的东西，其内涵来自中国古代哲学。

做公司领头人需要谨记"明道"，当然，要"取势"就更好，具体的"势"就是"形势"和"大势"，这个"势"不一定是宏观的，但掌握了宏观形势就会影响微观的操作。

关于"明道、取势、优术"这句话，能够查到最早的出处应该是《道德经》。这几个词，揭示了一个人或者说一个团队发展所必须具备的条件和能力。这其中蕴藏的丰富的哲理性，是值得每一个人和每一个团队去细细品味和深思的。

"势"是大的发展趋势和各级政策导向，具体说就是市场形势和政府政策。"势"往往无形，却具有方向，顺势而上则事半功倍，逆势而动则事倍功半。

"道为术之灵，术为道之体；以道统术，以术得道"。"道"是教育理念、规律、原则，"道"对于公司而言，可以理解为要走的战略路线。对于人生而言，可以理解为人生的价值观和命运曲线。对于学术而言，"明道"就是要加强理论研修，学习新理念、理论，领悟理论框架。对于公司而言，"明道"就是要明确自己的战略和方向。对于人生而言，"明道"就是要摆正自己的人生观和价值观。

"术"是能力，能力是知识、方法、策略和经验的集合体，"术"是将智慧转化为具体的方法，三百六十行皆有不同的方法和经验，有不同的针对性，但也有精妙的相通之处；"术"也是可解决实际问题的流程和策略，是可以提高效果和效率的技巧。"优术"即不断提升方法，探索和积累实用的策略，积淀适合于自己的经验，当然还要持续更新所需要的信息技术和知识技能。

真正的供应链运营商，是链主，它能整合上下游企业，协调上下游企业的步调为供应链的共同目标一致前进，供应链服务商则是从服务供应链的角度出发，提出合适的解决方案，在达成一致后，专注于自己最擅长的部分。不少物流公司具备了端对端的能力，自己进入终端零售，自己开零售店，与终端客户接触并建立黏性，开展金融业务，为供应链的上下游企业提供资金和融资方案，为供应链注入新鲜血液，开发大数据应用，掌握第一手的客户信息和数据用于供应链效率的提升。

根据主体的不同，供应链分类如下。

1．以供应商为主体的供应链

以供应商为主体的供应链如图 2-4 所示。

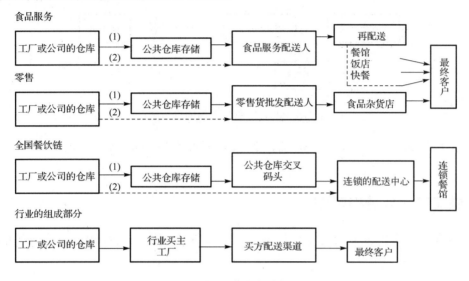

图 2-4　以供应商为主体的供应链

在该供应链中，供应商是链主，供应商掌握供应链的核心价值，如丰田公司所在的供应链多以丰田公司为核心企业。

2．以批发商为主体的供应链

以批发商为主体的供应链如图 2-5 所示。

在该类供应链中，批发商是链主，批发商掌握供应链的核心价值，如各种烟草企业。

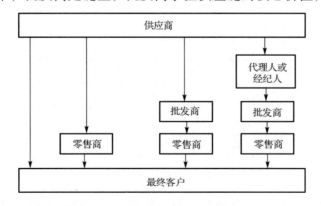

图 2-5　以批发商为主体的供应链

3．以零售商为主体的供应链

以零售商为主体的供应链如图 2-6 所示。

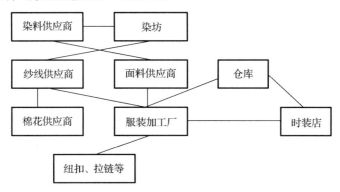

图 2-6　以零售商为主体的供应链

在该类供应链中，零售商是链主，零售商掌握供应链的核心价值，如沃尔玛等大型超市。

2.1.3　供应链体系结构模型

供应链体系结构模型是指为了更好地了解和掌握供应链的设计而进行指导用的供应链的拓扑结构模型。

1．链状模型

结合供应链的定义和结构要素，不难得出这样一个简单的供应链模型，我们称其为链状模型Ⅰ，链状模型Ⅰ如图 2-7 所示。链状模型Ⅰ清楚地表明产品的最初来源是自然界，如矿山、油田、橡胶园等，最终去向是客户。产品因客户需求而生产，最终为客户所消费。产品从自然界到客户经历了供应商、制造商和分销商三级传递，并在传递过程中完成产品加工、产品装配等转换过程。被客户消费掉的最终产品仍回到自然界，完成物质循环（如图 2-7 中的虚线）。

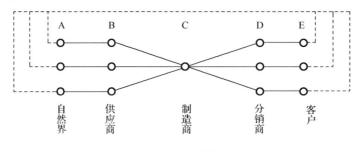

图 2-7　链状模型Ⅰ

很显然，链状模型Ⅰ只是一个简单的静态模型，表明供应链的基本组成和轮廓概貌，进一步地可以将其简化成链状模型Ⅱ，链状模型Ⅱ如图 2-8 所示。链状模型Ⅱ是对链状模型 I 的进一步抽象，它把企业抽象成一个个的点，称为节点，并用字母或数字表示。节点以一定的方式和顺序连接成一串，构成一条图学上的供应链。在链状模型 II 中，若假定 C 为制造商，则 B 为供应商，D 为分销商；同样地，若假定 B 为制造商，则 A 为供应商，C 为分销商。在链状模型 II 中，产品的最初来源（自然界）、最终去向（客户）及产品的物质循环过程都被隐含抽象掉了。从供应链研究便利的角度来讲，把自然界和客户放在模型中没有太大的作用，链状模型 II 侧重于供应链中间过程的研究。

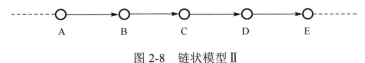

图 2-8　链状模型 II

1）供应链的方向

在供应链上，除了流动着物流（产品流）和信息流外，还存在着资金流。物流的方向一般都是从供应商流向制造商，再流向分销商。在特殊情况下（如产品退货），产品在供应链上的流向与上述方向相反。我们依照物流的方向来定义供应链的方向，以确定供应商、制造商和分销商之间的顺序关系。链状模型 II 中的箭头方向即表示供应链的物流方向。

2）供应链的级

在链状模型 II 中，定义 C 为制造商时，可以相应地认为 B 为一级供应商，A 为二级供应商，而且还可递归地定义三级供应商、四级供应商等。同样地，可以认为 D 为一级分销商，E 为二级分销商，并递归地定义三级分销商，四级分销商等。一般来讲，一个企业应尽可能考虑多级供应商或分销商，这样有利于从整体上了解供应链的运行状态。

2. 网状模型

事实上，在链状模型 II 中，C 的供应商可能不止一家，而是有 B_1、B_2、$\cdots$、Bn 等 n 家，分销商也可能有 D_1、D_2、$\cdots$、Dm 等 m 家。动态地考虑，C 也可能有 C_1、C_2、$\cdots$、Ck 等 k 家，这样链状模型 II 就转变为一个网状模型，网状模型如图 2-9 所示。网状模型更能说明现实世界中产品的复杂供应关系。在理论上，网状模型可以涵盖世界上所有制造商，把所有制造商都看作是其上面的一个节点，并认为这些节点存在着联系。当然，这些联系有强有弱，而且在不断地变化。通常，一个制造商仅与有限几个制造商相联系，但这不影响我们对供应链模型的理论设定。网状模型对供应关系的描述性很强，适用于对供应关系的宏观把握。

1）入点和出点

在网状模型中，物流做有向流动，从一个节点流向另一个节点。这些物流从某些节点补充流入，从某些节点分流流出。我们把这些物流进入的节点称为入点，把物流流出的节点称为出点。入点相当于矿山、油田、橡胶园等原始材料供应商，出点相当于客户。入点和出点如图 2-10 所示，其中，A 节点为入点，F 节点为出点。对于有的厂家既为入点又为出点的情况，出于对网链表达的简化，将代表这个厂家的节点一分为二，变成两个节点：一个为入点，一个为出点，并用实线将其框起来。包含出点和入点的厂家如图 2-11 所示，其中，A_1 为入点，A_2 为出点。同样地，对于有的制造商对另一制造商既为供应商又为分销商的情况，也可将这个制造商一分为二，甚至一分为三或更多，变成两个节点：一个节点表示供应商，一个节点表示分销商，也用实线将其框起来。

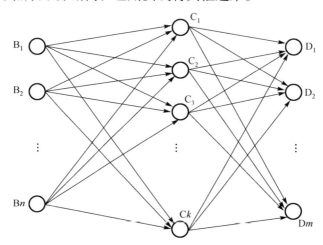

图 2-9　网状模型

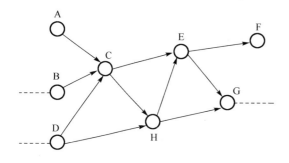

图 2-10　入点和出点

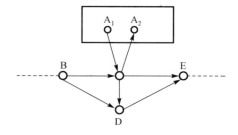

图 2-11　包含出点和入点的制造商

2) 子网

有些制造商规模非常大、内部结构也非常复杂，与其他制造商相联系的只是其中一个部门，而且内部也存在着产品供应关系，用一个节点来表示这些复杂关系显然不行，这就需要将表示这个制造商的节点分解成很多相互联系的小节点，这些小节点构成一个网，称之为子网，子网模型如图 2-12 所示，其中，阴影中的字母 C、D、E、F 为小节点。在引入子网概念后，就可以研究虚拟企业的网状模型，如图 2-13 所示，研究 C 与 D 的联系时，只需考虑某个 C 与 D 的联系，而不需要考虑其他 C 与 D 的联系，这就简化了研究。因此，子网模型对集团企业是很好的描述。

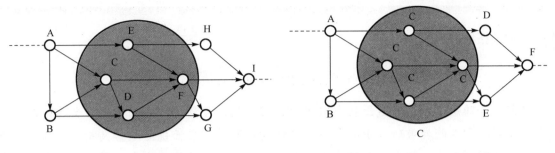

图 2-12　子网模型　　　　　　　图 2-13　虚拟企业的网状模型

 知识拓展(二)

虚 拟 企 业

　　把供应链网上为了完成共同目标,通力合作并实现各自利益的所有制造商形象地看成一个制造商,这就是虚拟企业。虚拟企业模型如图 2-14 所示。

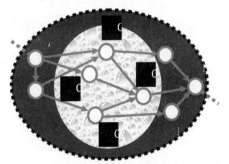

图 2-14　虚拟企业模型

 知识拓展(三)

家电行业供应链体系

家电行业供应链的特征包括以下几点:

(1)制造企业生产能力增强,产业组织集中;

(2)产品生命周期缩短,从 5~6 年降至 1~3 年;

(3)销售专业化。

家电行业供应链面临的挑战包括以下几点:

(1)新产品开发;

(2)交易信息高效率。

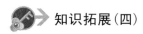 知识拓展（四）

构建制造业供应链体系要解决好关键性问题

当前，全球制造业供应链正朝着敏捷化、短链化、智慧化、生态化、安全化、绿色化的方向发展。国务院发展研究中心产业经济研究部研究室主任魏际刚撰文指出，未来，进一步提升我国制造业竞争力，关键是要补齐短板，不断提升综合实力，进而形成新的竞争优势。"在此背景下，构建强大、智慧、安全的制造业供应链体系，具有重要的现实意义。"魏际刚强调，"供应链管理能力是制造业企业核心竞争力的重要来源，健全的供应链体系是保障一国制造业安全的重要基础"。魏际刚表示："应该看到，加强供应链体系建设是我国更好推进制造业转型升级的有效途径，高效的供应链体系将促进制造业与服务业突破传统边界，实现上下游企业的有效整合、制造业与服务业的深度融合，催生新业态、新模式、新产品、新服务。"改革开放40多年来，我国已经成为世界制造业大国，建成了门类齐全、独立完整的制造业体系，拥有世界上最为丰富的制造产业链条，企业在全球供应链中的地位亦不断提升。然而，与世界制造强国相比，我国制造业供应链体系建设仍然十分不足，在供应链主导权、安全性、有效性、智能化水平等方面的差距明显。一是我国企业对制造业的高端环节缺乏控制力，许多关键设备仪器与核心技术受制于人；二是供应链模式不够先进，制造业运作成本较高、效率较低，企业的运作模式大多缺乏战略性采购和与供应商合作的意识，商流、物流、信息流、资金流尚未有机统一；三是供应链数字化、智能化程度较低，主要表现为供应链模式与数字化、智能化技术融合程度不高，供应链体系中的信息孤岛、数据分割、数字化基础设施薄弱，上下游企业缺乏联动等问题突出，供应链横向集成、纵向集成、端到端集成程度较低，敏捷化、柔性化及可视、可感、可控的能力有待加强。

我国着力构建强大、智慧、安全的制造业供应链体系，要瞄准当前制约制造业供应链更好发展的痛点和难点，采取有针对性的措施，解决好关键性问题：第一，完善供应链体系，优化供应链结构；第二，健全制造业"物流、商流、信息流、资金流"服务体系；第三，大力提升供应链智慧化水平；第四，加强对全球供应链的战略规划设计；第五，加快培育一批全球和区域供应链"链主"企业；第六，加强全球供应链管理人才的引进和培养。

2.2　供应链的构建

2.2.1　供应链构建设计原则

供应链的构建设计过程应遵循一些基本原则，以保证供应链的构建和设计能满足供应链管理思想实施和贯彻的要求。

1. 宏观角度

从宏观角度来把握供应链的构建设计应遵循以下 7 条原则。

(1)自顶向下和自底向上相结合的设计原则。在系统建模设计方法中，存在两种设计方法，即自顶向下和自底向上的方法。自顶向下的方法是从全局走向局部的方法，自底向上的方法是从局部走向全局的方法；自顶而下是系统分解的过程，而自底而上则是一种集成的过程。在设计一个供应链系统时，往往是先由主管高层做出战略规划与决策，规划与决策的依据来自市场需求和企业发展规划，然后由下层部门实施决策，因此供应链的构建设计是自顶向下和自底向上的综合。

(2)简洁性原则。简洁性原则是供应链构建设计的一个重要原则，为了能使供应链具有灵活快速响应市场的能力，供应链的每个节点都应是简洁的、具有活力的，是能实现业务流程的快速组合。例如，供应商的选择就应按照少而精的原则，通过和少数供应商建立战略伙伴关系，减少采购成本，推动实施 JIT 采购法和 JIT 生产。生产系统的设计更是应以精细思想(lean thinking)为指导，努力实现从精细的制造模式到精细的供应链转化这一目标。

(3)集优原则(互补性原则)。供应链的各个节点的选择应遵循强强联合的原则，以达到实现资源外用的目的。每个企业只集中精力于各自核心的业务过程，就像一个独立的制造单元(独立制造岛)，这些单元化企业具有自我组织、自我优化、面向目标、动态运行和充满活力的特点，能够实现供应链业务的快速重组。

(4)协调性原则。供应链业绩的好坏取决于供应链合作伙伴的关系是否和谐，因此建立战略伙伴关系的合作企业关系模型是实现供应链最佳效能的保证。席酉民教授认为，和谐性是指系统是否形成了充分发挥系统成员和子系统的能动性、创造性及系统与环境的总体协调性。只有和谐而协调的系统才能发挥最佳的效能。

(5)不确定性(动态性)原则。不确定性在供应链中随处可见，许多学者在研究供应链运作效率时都提到不确定性问题。不确定性问题的存在，导致需求信息的扭曲。因此，要预见各种不确定因素对供应链运作的影响，减少信息传递过程中的信息延迟和失真，而减少安全库存总是和提高服务水平相矛盾。增加透明性，减少不必要的中间环节，提高预测的精度和时效性对降低不确定性的影响都是极为重要的。

(6)创新性原则。创新性原则是供应链构建设计的重要原则，没有创新性思维，就不可能有创新的管理模式，因此在供应链的构建设计过程中，创新性原则是很重要的一个原则。要产生一个创新的系统，就要敢于打破各种陈旧的思维框框，用新的角度、新的视野审视原有的管理模式和体系，进行大胆地创新设计。进行创新设计要注意四点：一是创新必须在企业总体目标和战略的指导下进行，并与战略目标保持一致；二是要从市场需求的角度出发，综合运用企业的能力和优势；三是发挥企业各类人员的创造性，集思广益，并与其他企业共同协作，发挥供应链整体优势；四是建立科学的供应链项目评价体系和组织管理系统，进行技术经济分析和可行性论证。

(7)战略性原则。供应链的构建设计应有战略性观点，通过战略性观点减少不确定影响。从供应链的战略管理角度考虑，我们认为供应链构建设计的战略性原则还体现在供应链发展的长远规划和预见性上，供应链的系统结构发展应和企业的战略规划保持一致，并在企业战略指导下进行。

2．微观角度

从微观的角度，在实际应用中，应注意供应链设计的一些具体原则。

(1)总成本最小原则。成本管理是供应链管理的重要内容。供应链管理中常出现成本悖反问题，即各种活动的成本的变化模式常常表现出相互冲突的特征。解决冲突的办法是平衡各项成本使其达到整体最优，供应链管理就是要进行总成本分析，判断哪些因素具有相关性，从而使总成本最小。

(2)多样化原则。供应链构建的一条基本原则就是要对不同的产品、不同的客户提供不同的服务。要求企业将恰当的商品在恰当的时间、恰当的地点传递给恰当的客户。一般的企业也会分拨多种产品，因为要面对不同的客户要求、不同的产品特征、不同的销售水平，这也意味着企业要在同一产品系列内采用多种分拨战略，如在库存管理中，就要区分出销售速度不一的产品，销售最快的产品应放在位于最前列的基层仓库，依次摆放产品。

(3)推迟原则。推迟原则就是指在分拨过程中，运输的时间和最终产品的加工时间应推迟到收到客户订单之后。这一思想避免了企业根据预测而在需求没有实际产生的时候运输产品(时间推迟)，以及根据对最终产品形式的预测生产不同形式的产品(形式推迟)。

(4)合并原则。在战略规划中，将运输小批量产品合并成大批量产品具有明显的经济效益。但是，同时要平衡由于运输时间延长可能造成的客户服务水平下降与订单合并造成的成本节约之间的利害关系。通常当运量较小时，合并的概念对制定战略最有用。

(5)标准化原则。标准化原则的提出解决了满足市场多样化产品需求与降低供应链成本的问题。例如，生产中的标准化可以通过可替换的零配件、模块化的产品和给同样的产品贴加不同的品牌标签来实现。这样可以有效地控制供应链渠道中必须处理的零部件、供给品和原材料的种类。例如，服装制造商不必去存储众多客户需要的确切号码的服装，而是通过改动标准尺寸的产品来满足客户的要求。

2.2.2　供应链构建运作策略

供应链构建运作策略极大地影响了整个供应链运作，它包括计划策略及计划实务、生产模式等，是企业供应链的总体策略。推动式、拉动式和混合式是最常见的三种运作策略。

1．推动式运作策略

推动式运作策略是以制造商为核心企业，根据产品的生产和库存情况，有计划地把商品推销给客户，其驱动力源于供应链上游制造商的生产。其主要特点是客户需求尚未确认，基于预测决策生产或配送。

2．拉动式运作策略

拉动式运作策略是指整个供应链的驱动力源于最终的客户，产品生产是受需求驱动的。生产是根据实际顾客需求而不是预测需求进行协调的。其主要特点是客户需求确认后（通常用收到客户订单代表需求确认），进行决策生产或配送。

3．混合式运作策略

混合式运作策略是指在整个供应链中，既有推动式运作策略又有拉动式运作策略，通常在供应链前端的为推动式运作策略，后端的为拉动式运作策略。

推动式、拉动式和混合式三种运作策略的对比如表 2-1 和表 2-2 所示。

表 2-1　三种运作策略对比（1）

运作策略	交货周期	对变化的应对	决策主要约束	主要收益	适合产品类型
推动式	短	迟缓	库存风险	规模效应	产品规格通用；产品升级换代慢
拉动式	长	快速	交期满足客户需求	风险低	定制化产品；快速迭代产品
混合式	中	中	兼顾	适中	广泛

表 2-2　三种运作策略对比（2）

运作策略	产成品生产决策时机	半成品生产决策时机	原材料采购决策时机	运作依赖
推动式	客户订单来之前	客户订单来之前	客户订单来之前	预测准确性
拉动式	客户订单来之后（除了部分安全库存需求）	客户订单来之后（除了部分安全库存需求）	客户订单来之后（除了部分长周期或安全库存需求）	供应链敏捷性
混合式	客户订单需求	推拉分界点前后对应客户订单来之前或之后	客户订单来之前	均衡

在实际运作中会发现，对同一类产品，分别考虑某个单独要素得出的结论可能是恰恰相反的。例如，在计算机行业，往往是快速更新的产品，而且会快速贬值，最好是接到订单再生产（拉动式的），可是因为交货期的关系，往往需要根据销售预测来生产，两个结论却是相反的。

如果我们能够突破藩篱，创造条件去主动选择更好的运作策略，形成行业运作方式变革，那么企业将取得无可比拟的优势。

戴尔公司开创性地把计算机行业推动式运作策略转化为混合式运作策略，在接到客户订单后再装配计算机，铸就了其霸主地位。当然，我们看到更多的是风险转嫁而不是风险消除，如家电行业、汽车行业经常会选择经销商来承担需求预测不准的风险，同时利用巨大的产业链中心厂的优势，由供应商承担零部件库存，汽车整车厂就变成了纯粹的拉动式运作。

2.2.3 供应链构建影响因素

供应链构建的影响因素包括以下几个。

1．战略因素

一个企业的竞争战略对供应链中的网络设计决策有着重要影响。

2．科学技术因素

20 世纪 90 年代以来，科学技术飞速发展。快速准确的综合信息技术为以时间为基础的物流业的发展提供了技术支持。基于快速可靠的信息交换的作业安排，使得零库存、快速响应、连续补货和自动补货战略成为可能，从而为优秀的供应链新战略提供了基础。

3．宏观经济因素

宏观经济因素包括税收、关税、汇率及运费等，它们并不属于个别企业内部的因素。

4．政治因素

国家的政治稳定在选址决策中起到了关键作用。

5．基础设施因素

优良基础设施的可获得性，是在某个特定区域进行设施选址的一个重要先决条件，差的基础设施会增加在一个特定区域从事商业活动的成本。

6．竞争因素

在设计供应链网络时，企业必须考虑竞争对手的战略、规模和布局。企业要做的一个重要决策是将其设施设在靠近或者远离竞争对手的地方。

7．客户响应时间和选址

定位于那些看重响应时间的客户的企业，选址必须靠近客户。

8．物流和设施成本

供应链中的物流和设施成本会随着设施的数量、布局及产能分配的变化而变化。

2.2.4 供应链构建方法与优化

1．供应链构建方法

1) 网络图形法

供应链设计问题有两种考虑方式：一是从供应链选址的角度选择哪个地方的供应商；二是单纯从物流通道建设的角度设计供应链在哪个地方建设，加工厂在哪里，在哪个地方要有一个分销点等。设计所采用的方法主要是网络图形法，它可以直观地反映供应链的结构特征。在具体的设计中可以借助计算机辅助设计等手段进行网络图的绘制。

2）数学模型法

数学模型法是研究经济问题普遍采用的方法。把供应链作为一个经济系统问题来描述，我们可以通过建立数学模型来描述其经济数量特征。最常用的数学模型是经济控制论模型和系统动力学模型，其中系统动力学模型更适合供应链问题的描述。系统动力学最初的应用也是从工业企业管理问题开始的，它是基于控制理论、系统理论、信息论、组织理论和计算机仿真技术的模拟方法与系统分析。系统动力学模型能很好地反映供应链的经济特征。

3）计算机仿真分析法

利用计算机仿真技术，将实际供应链构建问题按照不同的仿真软件要求，先进行模型化，然后再按照仿真软件的要求进行仿真运行，最后对结果进行分析处理。计算机仿真技术已经非常成熟，这里就不多做介绍了。

4）CIMS-OSA 框架法

CIMS-OSA 是由欧共体 ESPRIT 研制的开放体系结构，它的建模框架基于一个继承模型的四个建模视图：信息视图、功能视图、组织视图和资源视图。CIMS-OSA 标准委员会建立了关于企业业务过程的框架，这个框架将企业的业务过程划分为三个方面：管理过程、支持过程和生产过程。我们可以利用这个框架建立基于供应链管理的企业参考模型，特别是信息视图和组织视图，对供应链的优化和设计都很有帮助。

2．供应链重构与优化

为了提高现有供应链运行的绩效，增强市场的竞争力，适应市场的变化，需要对企业的供应链进行重构与优化。通过供应链重构，企业可以获得更加敏捷的、精细的、柔性的企业竞争优势。供应链的重构优化，首先应明确重构优化的目标，如提高服务水平、缩短订货周期、降低运费、增加生产透明度及降低库存水平等，在明确了重构的目标后再进行对重构策略和企业的诊断的研究。需要强调的是，必须根据企业诊断的结果来判断并选择是激进的重构策略或渐进的重构策略。但是无论如何，重构的结果都应使客户满意度和价值增值得到显著提高，这是我们实施供应链管理始终坚持的一条原则和主体约束条件。

2.2.5　供应链构建步骤

基于产品和服务的供应链构建步骤可以概括为以下几个。

1．分析核心企业的现状

本阶段的工作主要侧重于对核心企业的供应、需求管理现状进行分析和总结。如果核心企业已经有了自己的供应链管理体系，则对现有的供应链管理现状进行分析，以便及时发现在供应链的运作过程中存在的问题，包括哪些方式已出现或可能出现不适应时间发展的端倪，同时挖掘现有供应链的优势。本阶段的目的不在于供应链设计策略中哪些更重要和更合适，而是着重于研究供应链设计的方向或者定位，同时将可能影响供应链设计的各种要素分类罗列出来。

2．分析市场竞争环境

通过对核心企业现状分析，了解企业内部的情况；通过对市场竞争环境的分析，知道哪些产品的供应链需要开发，现在市场需求的产品是什么，有什么特殊的属性，对已有产品和需求产品的服务要求是什么；通过对市场各类主体，如客户、零售商、生产商和竞争对手的专项调查，了解产品和服务的细分市场情况、竞争对手的实力和市场份额、供应原料的市场行情和供应商的各类状况、零售商的市场拓展能力和服务水准、行业发展的前景，以及诸如宏观政策、市场大环境可能产生的作用和影响等。

3．明确供应链设计目标

基于产品和服务的供应链设计的主要目标在于获得高品质的产品、快速有效的用户服务、低成本的库存投资、低单位成本的费用投入等目标之间的平衡，最大限度地避免各目标之间的冲突。同时，还需要实现以下基本目标：进入新市场、拓展老市场、开发新产品、调整老产品、开发分销渠道、改善售后服务水平、提高用户满意程度、建立战略合作伙伴联盟、降低成本、降低库存、提高工作效率。在这些设计目标中，有些目标很大程度上存在冲突，有些目标是主要目标，有些目标是首要目标，这些目标的实现层级和重要程度随不同企业的具体情况而有所区别。

4．分析供应链组成

本阶段要对供应链上的各类资源，如供应商、客户、原材料、产品、市场、合作伙伴与竞争对手的作用、使用情况、发展趋势等进行分析。在这个过程中，要把握可能对供应链设计产生影响的主要因素，同时对每一类因素产生的风险进行分析研究，制定规避风险的各种方案，并将这些方案按照所产生作用的大小进行排序。

5．提出供应链的设计框架

分析供应链的组成，确定供应链上主要的业务流程和管理流程，描绘出供应链物流、信息流、资金流、作业流和价值流的基本流向，提出组成供应链的基本框架。在这个框架中，供应链中各组成成员(如生产制造商、供应商、运输商、批发商、零售商及客户)的选择和定位是这个步骤必须解决的问题，另外，组成成员的选择标准和评价指标应该基本上得到完善。

6．分析和评价供应链设计方案的可行性

供应链设计框架建立之后，需要对供应链设计的技术可行性、功能可行性、运营可行性、管理可行性进行分析和评价。这不是对供应链设计策略的罗列，而是进一步开发供应链结构、实现供应链管理的关键的、首要的一步。在供应链设计的各种可行性分析的基础上，结合核心企业的实际情况及对产品和服务发展战略的要求，为开发供应链中技术、方法、工具的选择提供支持。同时，这一步还是一个方案决策的过程，如果分析认为方案可行，就可继续进行下面的设计工作；如果分析认为方案不可行，就需要重新进行设计。

7．调整新的供应链

供应链的设计方案确定以后，就可以设计产生与以往有所不同的新供应链。因此，这里需要解决的关键问题主要有：供应链的组成(如供应商、设备、作业流程、分销中心的选择与定位、生产运输计划与控制等)，原材料的供应情况(如供应商、运输流量、价格、质量、提前期等)，生产设计的能力(如需求预测、生产运输配送、生产计划、生产作业计划和跟踪控制、库存管理等)，销售和分销能力设计(如销售和分销网络、运输、价格、销售规则、销售和分销管理、服务等)，信息化管理系统软、硬平台的设计，物流通道和管理系统的设计等。在供应链设计中，需要广泛地应用许多工具和技术，如归纳法、流程图、仿真模拟、管理信息系统等。

8．检验供应链

供应链设计完成以后，需要对设计好的供应链进行检验。通过模拟一定的供应链运行环境，借助一些方法、技术对供应链进行测试、验证或试运行。如果模拟测试结果不理想，就返回至第五步重新进行设计；如果没有问题，就可以正式实施。

9．比较新旧供应链

如果核心企业存在旧的供应链，通过比较新旧供应链的优势与劣势，结合它们运行的现实环境，可以暂时保留旧的供应链上某些不科学或不完善的作业流程和管理流程，待整个市场环境逐步完善时再用新供应链上的规范流程来取代。同样，尽管新的供应链流程采用科学规范的管理，但在有些情况下，它们取代过时的、陈旧的流程仍需要一个过程。因此，比较核心企业的新旧供应链，有利于新供应链的有效运行。

10．完成供应链设计

供应链的出现必然带来供应链的管理问题。不同供应链的管理特征、内涵、方法及模式也有所不同。

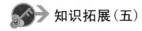 **知识拓展**(五)

供应链设计失败的原因

供应链设计失败的原因有以下十点：

(1)供应链企业间的合作与信任程度较低；

(2)缺乏对客户服务的明确定义；

(3)信息系统效率低；

(4)库存控制策略过于简单；

(5)配套企业订单完成缺乏协调；

(6)运输渠道分析不够；

(7)库存成本评价不正确；

(8)组织间的障碍；

(9) 产品/流程设计不完整;

(10) 没有度量供应链绩效的标准。

2.3 本章小结

要实施供应链管理,构建一条高效的供应链至关重要,本章从供应链构建的体系结构入手,结合供应链构建设计的原则、影响因素等,利用特定的方法进行供应链构建。

一般来说,构成供应链的基本要素包括:供应商、厂家(制造商)、分销企业(批发商)、零售企业(零售商)及消费者(最终客户)。供应链的核心企业即链主,链主可以是供应商,也可以是制造商或零售商。供应链的结构模型通常有链状和网状两种模型。

把握供应链设计有宏观角度的七条原则和微观角度的五条原则。

供应链构建运作策略极大地影响整个供应链运作,它包括计划策略及计划实务、生产模式等,是企业的供应链的总体策略。推动式、拉动式和混合式是最常见的三种供应链构建运作策略。

供应链构建的影响因素包括战略因素、技术因素、宏观经济因素、政治因素、基础设施因素、竞争因素、客户响应时间和当地设施,以及物流和设施成本。

供应链构建方法有网络图形法、数学模型法、计算机仿真分析法和CIMS-OSA框架法。

供应链构建的主要步骤包括以下几个:

(1) 分析核心企业的现状;

(2) 分析市场竞争环境;

(3) 明确供应链设计目标;

(4) 分析供应链组成;

(5) 提出供应链的设计框架;

(6) 分析和评价供应链设计方案的可行性;

(7) 调整新的供应链;

(8) 检验供应链;

(9) 比较新旧供应链;

(10) 实施供应链。

本章思考题

1. 某一服装制造商,其生产基地为市场不太成熟的A市场和市场较成熟的B市场,它制定的生产策略是将款式较固定的服装在A市场生产,而将款式较时尚的服装在B市场生产。请分析,服装制造商这么做的原因是什么?

2. 什么是供应链的链主?试举例说明。

3. 大体概括构建供应链的基本步骤。

4. 结合企业的实际情况,请自行设计一条简单的供应链,并讨论其可行性。

扩展阅读2.1 如何快速构建供应链体系 案例分析

即测即练

参 考 文 献

[1]　张光明. 供应链管理[M]. 武汉：武汉大学出版社，2011.

[2]　夏春玉. 物流与供应链管理[M]. 大连：东北财经大学出版社，2020.

[3]　马士华. 供应链管理[M]. 北京：机械工业出版社，2016.

[4]　刘宝红. 供应链管理：实践者的专家之路[M]. 北京：机械工业出版社，2017.

[5]　[英]马丁·克里斯托弗. 物流与供应链管理[M]. 何明珂，等译. 北京：电子工业出版社，2012.

[6]　田青艳. 供应链管理实务[M]. 北京：首都经济贸易大学出版社，2012.

[7]　胡奇英. 供应链管理与商业模式：分析与设计[M]. 北京：清华大学出版社，2016.

[8]　[美]苏尼尔. 供应链管理[M]. 杨依依，译. 北京：中国人民大学出版社，2021.

[9]　戚风. 供应链管理从入门到精通[M]. 天津：天津科学技术出版社，2019.

[10]　辛童. 采购与供应链管理苹果华为等供应链实践者[M]. 北京：化学工业出版社，2018.

第 3 章　供应链组织战略

 学习目标：

1. 了解组织的基本概念，包括组织的概念、特性及组织管理的相关概念；
2. 掌握供应链组织的演变过程；
3. 理解新型供应链组织结构的基本内涵及特征。

章前引例

2020 年 9 月，国家发展和改革委员会印发《推动物流业制造业深度融合创新发展实施方案的通知》，直接表明要推动物流降本增效，做好"六稳"工作并完成"六保"任务。在融合发展过程中，流通供应链组织模式演化出三种典型模式，分别是专业市场模式、特许经营模式和直供直销模式。流通供应链组织模式变革主要通过高度压缩中间环节，畅通货物产销渠道，推动流通业健康有序发展。与此同时，"效率"已摆在国家经济发展战略的重要位置，流通效率提升已成为社会主义建设的关键。"十四五"规划①指出要深层次转变社会经济发展模式，助力经济发展质量变革、效率变革、动力变革，深度推进供给侧结构性改革。促使流通供应链组织模式变革、提升流通效率，不仅是经济课题，更是重大政治课题。

资料来源：李直娴.流通供应链组织模式变革对流通效率的驱动作用[J]. 商业经济研究，2022，(03):40-43.

3.1　组　　织

3.1.1　组织概述

1. 组织的概念

从广义上说，组织是指由诸多要素按照一定方式相互联系起来的系统。从狭义上说，

---

① 《中华人民共和国国民经济和社会发展第十四个五年规划和 2035 年远景目标纲要》(简称"十四五"规划)。

组织就是指人们为实现一定的目标，互相协作结合而成的集体或团体，如党团组织、工会组织、企业组织、军事组织等。狭义的组织就专门人群而言，运用于社会管理之中。在现代社会生活中，组织是人们按照一定的目的、任务和形式编制起来的社会集团，组织不仅是社会的细胞、社会的基本单元，而且可以说是社会的基础。

从管理学的角度，所谓组织（organization），是指这样一个社会实体，它具有明确的目标导向和精心设计的结构与有意识协调的活动系统，同时又同外部环境保持密切的联系。某企业的组织结构如图 3-1 所示。

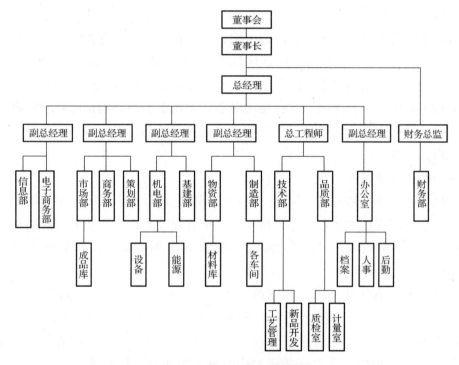

图 3-1　某企业的组织结构

2．组织的性质

组织的性质是由组织本身所决定的，或者说是由组织的构成要素决定的，组织的性质同时也反映了组织的构成要素，可以通过组织的性质了解组织的构成要素。从人的认识过程来说，只有先了解组织的外在性质，然后才能进一步去研究组织的内在构成要素。在系统科学研究中，人们从各个方面描述了系统的具体特征，如整体性、统一性、结构性、功能性、层次性、动态性和目的性等。其中，目的性、整体性和开放性是系统最普遍、最本质的特征。组织也是系统，因此，所有组织，无论是社会组织还是生物组织都具有目的性、整体性和开放性这三个主要特征。

3．组织的构成要素

根据组织表现出的性质，我们可以把组织的构成要素确定为组织环境、组织目的、管理主体和管理客体。这四个基本要素相互结合，相互作用，共同构成一个完整的组织。

1) 组织环境

组织环境是组织的必要构成要素。组织是一个开放系统，组织内部各层级、部门之间和组织与组织之间，每时每刻都在交流信息。任何组织都处于一定的环境中，并与环境发生着物质、能量或信息交换关系，脱离一定环境的组织是不存在的。组织是在不断与外界交流信息的过程中得到发展和壮大的。所有管理者都必须高度重视环境因素，必须在不同程度上考虑到外部环境（如经济的、技术的、社会的、政治的和伦理的环境，等等），使组织的内外要素互相协调。

2) 组织目的

组织目的也是组织的一个要素。所谓组织目的，就是组织所有者的共同愿望，是得到组织所有成员认同的。任何一个组织都有其存在的目的，建立一个组织，首先必须有目的，然后建立组织的目标，如果没有目的，组织就不可能建立。已有的组织如果失去了目的，这个组织也就名存实亡了，失去了其存在的必要。企业组织的目的是向社会提供用户满意的商品和服务，从而为企业获得尽量多的利润。政府行政部门的目的是提高办公效率，更好地为广大市民服务。

3) 管理主体和管理客体

组织的组成要素应当是相互作用的，或者说是耦合的。在组织中，两个相互作用的要素是管理主体和管理客体。管理主体是指具有一定管理能力，拥有相应的权威和责任，从事现实管理活动的人或机构，也就是通常所说的管理者。管理客体是管理过程中所能预测、协调和控制的对象。

管理主体与管理客体之间的相互联系和相互作用构成了组织系统及其运动，这种联系和作用是通过组织这一形式而产生的。管理主体相当于组织的施控系统，管理客体相当于组织的受控系统。组织是管理主体与管理客体依据一定规律相互结合，具有特定功能和统一目标的有序系统。在管理的过程中，管理主体领导管理客体，管理客体实现组织的目的，而管理客体对管理主体又有反作用，管理主体根据管理客体组织目的的完成情况，调整管理主体的行为。两者通过这样的相互作用，形成了耦合系统，从而更好地实现组织的目的。

4. 组织的类型

1) 按组织的规模程度分类，可分为小型组织、中型组织和大型组织

例如，同是企业组织，就有小型企业、中型企业和大型企业之分；同是医院组织，就有个人诊所、小型医院和大型医院之分；同是行政组织，就有小单位、中等单位和大单位之分。按这个标准进行分类是具有普遍性的，无论何类组织都可以做这种划分。以组织规模划分组织类型，是对组织现象表面的认识。

2) 按组织的社会职能分类，可分为文化性组织、经济性组织和政治性组织

文化性组织是一种人们之间相互沟通思想、联络感情，传递知识和文化的社会组织。

各类学校、研究机关、艺术团体、图书馆、艺术馆、博物馆、展览馆、纪念馆、出版单位和影视电台机关等都属于文化性组织。文化性组织一般不追求经济效益，属于非营利组织。而经济性组织是一种专门以追求社会物质财富的社会组织，它存在于生产、交换、分配、消费等不同领域。工厂、工商企业、银行、财团和保险公司等社会组织都属于经济性组织。政治性组织是一种为某个阶级的政治利益而服务的社会组织。国家的立法机关、司法机关、行政机关、政党、监狱和军队等都属于政治性组织。

3) 按组织内部是否有正式分工关系分类，可分为正式组织和非正式组织

如果一个社会组织内部存在着正式的组织任务分工、组织人员分工和正式的组织制度，那么它就属于正式组织。政府机关、军队、学校、工商企业等都属于正式组织。正式组织是社会中主要的组织形式，是人们研究和关注的重点。如果一个社会组织的内部既没有确定的机构分工和任务分工，没有固定的成员，也没有正式的组织制度等，这种组织就属于非正式组织。非正式组织可以是一个独立的团体，如学术沙龙、文化沙龙、业余俱乐部等，也可以是一种存在于正式组织之中的无名而有实的团体。这是一种事实上存在的社会组织，这种组织现在正日益受到重视。在一个正式组织的管理活动中，应特别注意非正式组织的影响作用。对这种组织现象的处理，将会影响组织任务的完成和组织运行的效率。

3.1.2　组织管理

1．组织管理的概念

企业组织管理是对企业管理中建立健全管理机构、合理配备人员、制定各项规章制度等工作的总称。具体地说，就是为了有效地配置企业内部的有限资源，实现一定的共同目标，而按照一定的规则和程序构成的一种责权结构安排和人事安排，其目的在于确保以最高的效率实现组织目标。

2．组织管理的目标

组织管理应该使人们明确组织中有些什么工作，谁去做什么，工作者承担什么责任，具有什么权力，与组织结构中上下左右的关系如何。只有这样，才能避免由于职责不清造成的执行中的障碍，保证组织目标的实现。

3．组织管理的特点

(1) 组织管理是围绕组织目标来进行的。组织目标是组织存在和发展的基础，组织管理就是为了有效地协调组织内的各种信息和资源，提高组织的工作效率，以期顺利地达到组织目标。

(2) 组织管理是一个动态的协调过程，既要协调组织内部人与人的关系，又要协调组织内部人与物的关系。

(3) 组织管理是一种有意识、有计划的自觉活动。

4．组织管理层次

1）行为层次管理实务

行为层次管理实务是指领导者在日常工作中的行为举止对部属产生的影响，这是最直接有效的方法。作为高层主管不但要在工作管理中给员工以模范作用，还应采取不同的方式去关心过问部属的工作进展、生活情况、困难和解决的方法等。应记住，平时点点滴滴的积累，都会变成高层主管的影响力资产。帮助部属成功是最有效的激励办法。

2）管理层次管理实务

虽然行为层次的领导力是极为重要的，但随着企业组织规模的扩大、人数的增多，高层主管或老板往往难以完全使用此法来进行领导，这种行为层次的领导只适用于资本、组织规模小的企业或家族性企业。此时需要按管理层次的方法来搭配，应该掌握以下五条基本原则。

(1)让部属知道公司对他的期望：使用职位说明书、工作说明书、管理制度、培训指导来实现此项目标。

(2)让部属知道公司对他的看法：采用定期绩效评估、成果面谈，配合合理的奖惩办法将会更有效。

(3)让部属对组织有归属感：让其认识重要的人，与不同部门的员工交流，知道公司相关的信息，到陌生的部门时有人热情接待，到其他部门办事受到礼貌亲切的对待，这些会加强他的归属感。

(4)让部属得到启发：当部属感觉到自己进步了，会有高度的满意感。在工作上、为人处事上、业绩上、管理知识技能上能得到高层主管的帮助指导与启发，这是非常重要的无形软激励和软管理。

(5)让部属的努力得到应有的回报：可以是物质的、心理的、名誉的回报，或是培训学习机会、升迁等。

什么样的环境塑造什么样的人，这就是环境塑造人的真谛。一个领导管理者，必须有能力建立以上的环境与机制，才能使部属在大环境中得到滋润，以增进其向心力与工作能力。

3）战略层次管理实务

战略领导是企业管理中的最高层次，这个层次对高层决策者的综合素质、理论指导水平和能力要求相当高。想要达到这些，需要掌握以下三个要点。

(1)创造良好的企业文化。企业文化对部属的感染力是长期的、深远的。创造良好的企业文化是杰出领导者管理最重要的一环。

(2)制定合理的战略规划。有效可行的战略，可以使部属产生高度的信赖，进而产生乐意跟随的意愿。

(3)设计合理高效的组织结构。部属对于不合理的组织结构与制度，是深恶痛绝但又无能为力的，所以企业高层决策者只有不忽视这项工作，才能确保部属的士气。

某企业的管理层次如图 3-2 所示。

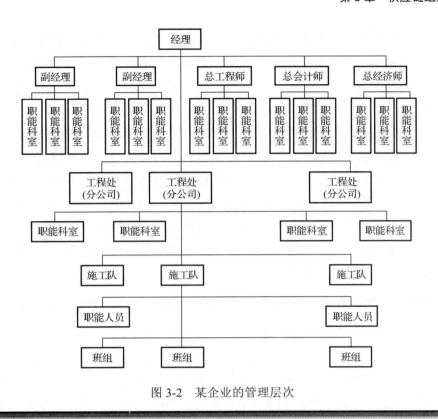

图 3-2　某企业的管理层次

知识拓展（一）

中国物流与采购联合会

中国物流与采购联合会是中国第一家物流与采购行业的社团组织，由 1980 年成立的中国物资经济学会、1984 年成立的中国物流研究会、1995 年成立的中国物资流通协会多次演变而来，2001 年 4 月更为现名。其主要任务是推动中国物流业的发展，推动政府与企业采购事业的发展，推动生产资料流通领域的改革与发展，完成政府委托交办事项。政府授予其外事、科技、行业统计和标准制修订等职能。它是亚太物流联盟和国际采购联盟的中国代表，并与许多国家的同行有着广泛联系与合作。

3.2　供应链组织

3.2.1　供应链组织的演变

1. 基于劳动职能分工的企业组织结构

传统企业的组织结构大都是基于职能部门的专业化模式，实行的是按职能专业化处理企业业务流程的管理模式。专业化能够提高工作效率，可以通过分工使劳动者成为某一方面的专家，使处理某一问题的单位效率提高，但系统总的效率并不等于单个人效率的简单汇总。同时，为了便于控制，这种分工还具有权力平衡、制约的作用，因而在管理系统内某一方面的任务需要几个部门的人一起完成，以这个过程来相互制约，使失误率降低。

随着信息社会的到来，市场环境日趋不确定，客户的要求越来越多样化，企业员工强调自我实现，企业不仅追求规模经济效益，更强调时间经济，这种片段化的企业流程越来越难以满足企业多方面的要求，其组织结构显得越来越僵硬。因为一项任务要按顺序流经各职能部门，虽然各职能部门的专业化程度提高了，但由于要等上一个环节的工作完成后才能开始下一环节的工作，结果导致一个完整的任务或项目所包含的各项作业在职能部门之间被分解得支离破碎，既造成部门之间在衔接中的大量等待，又使各部门增加很多重复劳动，大大延长了完成任务所花费的时间。

2. 基于业务流程再造(business process reengineering，BPR)的企业组织结构

BPR 的核心思想是打破企业按职能设置部门的管理方式，代之以业务流程为中心，重新设计企业管理过程。BPR 的实践将对企业管理效果产生巨大影响。

基于 BPR 的企业组织结构内容包括以下五个方面。

(1)企业是流程型组织。将属于同一个企业流程内的工作合并为一个整体，使流程内的步骤按自然顺序进行，工作应是连续的而不是间断的。整个企业组织结构应以关键流程为主干，彻底打破旧的按职能分工的组织结构。

(2)发挥流程经理的作用。所谓流程经理指的是管理一个完整流程的最高负责人。对流程经理而言，不仅要有激励、协调的作用，而且应有实际的工作安排、人员调动和奖惩的权力。

(3)职能部门也应存在。在新的组织结构中，职能部门的重要性已退居于流程之后，不再占主导地位。它主要为同一职能和不同流程的人员提供交流的机会。

(4)突出人力资源部门的重要性。在基于 BPR 的企业组织结构中，在信息技术的支持下，执行人员被授予更多的决策权，并将多个工作整合为一个，以提高效率。

(5)发挥现代信息技术的支持作用。BPR 本身就是"以信息技术使企业再生"，也正是由于现代信息技术使多种工作整合、迅速决策、信息快速传递、数据集成与共享成为可能，才彻底打破原有模式，推动组织创新。

3. 供应链管理环境下的企业组织结构

自 BPR 提出后，适应供应链管理的组织结构变化逐渐从过去注重功能的集合转向注重流程的重构，人们要将流程的整合作为新的工作中心。

(1)供应链管理环境下的企业业务流程的主要特征是制造商与供应商之间业务流程的变化。在供应链管理环境下，制造商与供应商、制造商与分销商、供应商与其上游供应商之间一般要借助互联网或电子数据交换(electronic data interchange，EDI)进行业务联系，由于实施了电子化商务交易，就省去了过去很多依靠人工处理的环节。

例如，过去供应商企业总是在接到制造商的订货要求后，再进行生产准备工作，等到零部件生产出来已消耗了很多时间。这样一环一环地传递下去，导致产品生产周期很长。而在供应链管理环境下，合作企业间可以通过互联网方便地获得需求方生产进度的实时信息，从而主动地做好供应或出货工作。

①企业内部业务流程的变化。从国外成功经验看，实施供应链管理的企业一般都有良好的计算机辅助管理基础，借助于先进的信息技术和供应链管理思想，企业内部的业务流程也会发生很大的变化。

例如，生产部门和采购部门的业务关系。过去在人工处理条件下，生产管理人员制订出生产计划后，再由物资供应部门编制采购计划，还要层层审核，才能向供应商发出订单。由于流程长，流经的部门多，所以会出现脱节、停顿、反复等现象，导致一项业务要花费较多的时间才能完成。在供应链管理环境下，有一定的信息技术作为支持平台，数据可以实现共享，并且可以实现及时处理，因而使原有的工作顺序的方式发生了变化。

②支持业务流程的技术手段的变化。供应链管理环境下企业内部业务流程和外部业务流程的变化不是偶然出现的。一般至少有两个方面的原因：一是"横向一体化"管理思想改变了管理人员的思维方式，把企业的资源概念扩展了，使之更倾向于与企业外部的资源建立配置联系，因此加强了企业间业务流程的紧密性；二是供应链管理促进了信息技术在企业管理中的应用，使并行工作成为可能。

(2)一体化的物流组织形式。20世纪80年代初，物流一体化组织结构的雏形出现了。这种组织结构是在一个高层经理的领导下，统一所有的物流功能和运作，目的是对所有原材料和制成品的运输和存储进行管理，以使企业产生最大利益。这一时期计算机管理信息系统的发展促进了物流一体化组织的形成。这时的物流组织将厂商定位在可以处理采购、制造和物资配送之间的利益协调方面，有利于从整体把握全局。

扩展阅读3.1
业务流程
再造理论
的起源

案例分析

3.2.2　传统供应链组织及其特征

供应链组织(supply chain organization，SCO)是指在核心企业发起下，由一系列源头供应商和终端零售商构成的链状结构，链中各节点企业按照核心企业事先规制的要求开展各项业务。在这个组织结构中，核心企业权力很大，链中其他节点企业常常受制于核心企业。这主要是因为核心企业对链内其他成员具有相对领导地位。该种组织结构具有的特征包括以下几个：

(1)合约性；

(2)有限功能性；

(3)链式结构；

(4)静态稳定性；

(5)有限敏捷性；

(6)有限集成和共享；

(7)半开放性；

(8)易产生"牛鞭效应"。

3.2.3 新型供应链组织及其特征

多功能开放型企业供需网(supply and demand network with multi-function and opening characteristics for enterprises，SDN)是由徐福缘教授提出的，它是指在全球范围内，以全球资源获取、全球制造、全球销售为目标，相关企业之间由于"供需流"的交互作用而形成的开放式的供需动态层次网状拓扑结构。该组织形态具有以下六个特征。

1. 网络性

这一点看似和网络组织形态相同，实际上，网络组织是一种二维平面网状拓扑结构，而 SDN 组织是一种层次性的多维网状拓扑结构。在这一结构中，可以没有一个企业是核心企业，各企业是以"来者均是客"的观念来处理相互间的既竞争又合作的关系，促使"多边关系"替代链结构模式可能误导的"单边关系"，而且这种相互关系的形成均不以针对任何其他方为前提。节点的内涵趋于多样化，它可以是企业，或是由几个企业共同组成的战略联盟，也可以是同样有着供应和需求双重性质的经济人(智力、体力的供应者，产品、服务的需求者)。

2. 多功能性

实际上 SDN 组织除了实现供应链组织中基本的物流功能外，其多功能性还体现在宏观和微观两个层面。宏观上，它强调供给和需求两个方面，供需制的功能体现了供给和需求的双重功能；微观上，除了实现供应链组织中基本的物流功能以外，还强调了其他供需制功能(技术、资金、管理理念、信息、人才等)的存在，并且供需制之间还相互作用，真正实现了"1+1>2"的集成功能。其中，信息制作为供需制中最活跃的因素，体现了对整个供需制(包括信息制本身)最强大的渗透力，并成为各节点交互作用的平台。同时，SDN 组织的多功能性还使节点间供需制交互出现层次性，如原材料与产品等物质(企业表层文化)、制度与技术(企业中层文化)及管理理念等(企业深层文化)的交互。

3. 开放性

这一点看似和虚拟组织形态相同，但是SDN组织的开放性体现在广度和深度两个方面。从广度上讲，SDN 突破了传统的企业联盟的界限，使其真正具有全球性的特点。它可以充分利用政治、社会、文化、生态等各种因素，以实现全球资源共享、消除浪费、减轻污染、全球经济共同发展的目标。因此，那种"桃园三结义"式的狭隘联盟在开放型的 SDN 组织中销声匿迹，它能在追求"多赢"的条件下，在全球范围内与愿意同自己做生意的任何客户建立和发展良好的关系，从而不断变化 SDN 组织的边界。从深度上讲，SDN 组织具有层次性。组织系统内部的子系统与子系统之间、子系统与要素之间、要素与要素之间，以及由它们组成的不同层次的子系统之间都存在着交换。

4．动态稳定性

这一点看似和供应链组织相同，但是 SDN 组织是一种具有动态稳定的网络结构，不会像供应链那样由于某个节点的断裂就导致整条链的瘫痪。因为，这一结构突出的优点在于克服了线性串联链状结构的不足，当某个供需环节出现问题时，"多边关系"可使节点立刻转向其他目标，不至于影响整个供需网的正常运行。并且更为重要的是，它为各种供需制的交互作用提供了多个更加强大的平台。平台之间通过高度的信息共享，直至达到全球范围的网络互联。又因为 SDN 具有多功能的特性，即节点之间的多种供需关系，一种供需关系消失，另几种供需关系仍然存在或可能会随之产生。只要有供需关系存在，网络就不会解体。同时，由于 SDN 组织的全球多层次开放性也使 SDN 组织不会因为局部或某个层次上的问题而导致整体的破裂。随着外部环境的变化，供需制的类型、方向、速率也会处于动态变化之中，驱动整个 SDN 组织敏捷、准时而又高效地运行。

5．复杂性

这一点是 SDN 组织与其他组织形态的最大差别，在 SDN 组织中的某个节点企业可以与该组织中其他多个节点企业发生关系，这就导致了该组织形态的复杂性，其中一个主要特性就是产生了组织分形，从而出现了分数维的组织结构。

6．削弱"牛鞭效应"

Lee Padmanabhan V 和 Whang S 提出了应用避免多层需求预测的方法来解决"牛鞭效应"的问题。该方法是指各级节点企业应该以最终客户的需求而不是以其相邻的节点企业需求为订货、生产和库存的依据，从而避免逐级放大需求。SDN 节点企业通过信息化平台，直接与最终用户进行沟通，如销售终端(point of sale，POS)数据的直接获取，从而使节点企业可以准确及时地获得生产、订货和库存数据。即使出现供应不足，由于 SDN 组织结构具有动态稳定性，节点企业也可以通过直销模式满足最终客户的需求。

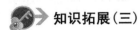 **知识拓展**（三）

牛鞭效应

"牛鞭效应"是经济学上的一个术语，指供应链上的一种需求变异放大的现象，使信息流从最终客户端向原始供应商端传递时，无法有效地实现信息共享，使得信息扭曲而逐级放大，导致了需求信息出现越来越大的波动，此信息扭曲的放大作用在图形上很像一个甩起的牛鞭，因此被形象地称为"牛鞭效应"。牛鞭效应如图3-3所示。

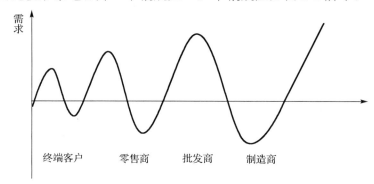

图 3-3　牛鞭效应

横轴代表需求信息传递，纵轴代表需求变异度

3.3　本章小结

组织对任何企业都十分重要，对于供应链来说，它更加重要。但是，随着时代的变迁，组织的内涵在逐步发生变化，供应链组织结构也在逐步调整以适应新的变化。

所谓组织，是指这样一个社会实体，它具有明确的目标导向和精心设计的结构与有意识协调的活动系统，同时又同外部环境保持密切的联系。组织具有整体性、统一性、结构性、功能性、层次性、动态性和目的性。企业组织管理是对企业管理中建立健全管理机构、合理配备人员、制定各项规章制度等工作的总称。具体地说，就是为了有效地配置企业内部的有限资源，为了实现一定的共同目标，而按照一定的规则和程序构成的一种责权结构安排和人事安排，其目的在于确保以最高的效率，实现组织目标。

传统企业的组织结构大都是基于职能部门的专业化模式，现代的企业组织是基于 BPR 的组织结构，自 BPR 提出后，适应供应链管理的组织结构变化逐渐从过去注重功能的集合转向注重流程的重构，人们要将流程的整合作为新的工作中心。

供应链组织是指在核心企业发起下，由一系列源头供应商和终端的零售商构成的链状结构，链中各节点企业按照核心企业事先规制的要求开展各项业务。在这个组织结构中，核心企业权力很大，链中其他节点企业常常受制于核心企业。这主要是因为核心企业对链内其他成员具有相对领导地位。

多功能开放型企业供需网是由徐福缘教授提出的，它是指在全球范围内，以全球资源获取、全球制造、全球销售为目标，相关企业之间由于"供需流"的交互作用而形成的开放式的供需动态层次网状拓扑结构。该组织形态具有六个特征：网络性、多功能性、开放性、动态稳定性、复杂性和削弱"牛鞭效应"。

本章思考题

1. 简述组织管理的层次。
2. 简述供应链组织的特征。
3. 概述多功能开放型企业 SDN 的内涵。
4. 列举一条供应链的基本组织结构。
5. 讨论多功能开放型企业 SDN 的局限性。

参 考 文 献

[1] 倪明. 供应链组织模式的拓展——供需网组织模式[J]. 统计与决策，2008，（15）.

[2] 周立群，李清泉. 新组织形态：企业与市场之超越[J]. 经济学家，1998，（4）.

[3] 孙国强. 关系、互动与协同：网络组织的治理逻辑[J]. 中国工业经济，2003，（11）.

[4] 吴锋，L. K. Chu，李怀祖，等. 虚拟组织化进程——信息时代企业主管制胜的策略[J]. 中国软科学，2000，（10）.

[5] 黎继子，蔡根女. 基于 cluster 供应链组织系统体系结构[J]. 科研管理，2004，（3）.

[6] 李树峰. 供应链管理视角下的港口企业组织结构优化[J]. 交通企业管理，2020，（35）.

[7] 杨瑾. 复杂产品供应链的组织机制——基于产业集群视角[M]. 北京：经济管理出版社，2011.

[8] 王玲. 供应链网络组织竞合关系研究[M]. 北京：经济科学出版社，2000.

[9] 王凤彬. 供应链网络组织与竞争优势[M]. 北京：中国人民大学出版社，2000.

[10] 吴义生. O2O 模式下网购供应链的结构、决策与激励机制研究[M]. 北京：科学出版社，2019.

运 营 篇

第 4 章　供应链运营基本战略

　学习目标：

1. 掌握精益供应链和敏捷供应链的内涵；
2. 掌握有效性供应链和反应性供应链的内容；
3. 理解供应链局部战略，如采购战略和库存战略等的执行情况。

>> 章前引例

戴尔公司供应链战略

全球领先的 IT 产品及服务提供商戴尔公司，致力于倾听客户需求，提供客户所信赖和注重的创新技术与服务。受益于独特的直接经营模式，戴尔公司在全球产品销量高于任何一家计算机厂商，在 2021 年世界 500 强中名列第 81 位。戴尔公司之所以能够不断巩固其市场领先地位，是因其一贯坚持直接销售基于标准的计算机产品和服务，并提供最佳的客户体验。

总部设在得克萨斯州奥斯汀的戴尔公司于 1984 年由迈克尔·戴尔创立。他是目前计算机行业内任期最长的首席执行官。他的理念非常简单，即按照客户要求制造计算机，并向客户直接发货，这使戴尔公司能够最有效和明确地了解客户需求，继而迅速做出回应。

这种直接的商业模式消除了中间商，减少了不必要的成本和时间，让戴尔公司更好地理解客户的需要。这种直接模式允许戴尔公司能以富有竞争性的价位，为每一位客户定制并提供具有丰富配置的强大系统。通过平均四天一次的库存更新，戴尔公司能够把最新相关技术带给客户，而且远远快于那些运转缓慢、采取分销模式的公司。

戴尔公司的供应链系统早已经打破了传统意义上"厂家"与"供应商"之间的供需配给。在戴尔公司的业务平台中，客户变成了供应链的核心。直接经营模式可以让戴尔公司从市场上得到第一手的客户反馈和需求，生产部门或其他业务部门便可以及时将这些客户信息传达到戴尔公司原材料供应商和合作伙伴那里。这种在供应链系统中将客户视为核心的"超常规"运作，使得戴尔公司能做到 4 天的库存周期，而竞争对手大都还徘徊在 30～40 天。这样，在以 IT 行业零部件产品每周平均贬值 1% 计算，戴尔公司产品的竞争力显而易见。

在不断完善供应链系统的过程中，戴尔公司还敏锐捕捉到互联网对供应链和物流带来的巨大变革，不失时机地建立了包括信息搜集、原材料采购、生产、客户支持及客户关系管理，以及市场营销等环节在内的电子商务平台。戴尔公司和供应商共享包括产品质量和库存清单在内的一整套信息。与此同时，戴尔公司还利用互联网与全球超过 113 000 个商业机构和客户直接开展业务，通过戴尔公司先进的网站，客户可以随时对戴尔公司的全系列产品进行评比、配置，并获知相应的报价。客户也可以在线订购，并随时监测产品制造及送货过程。

从戴尔公司供应链的运作中不难看出，戴尔公司实施的是成本领先战略和差异化战略。

1) 成本领先战略

成本领先战略要求企业必须建立高效的生产设施，在经验的基础上全力以赴地降低成本，加大对成本及管理费用的控制，并尽可能地节约在研发、服务、促销、广告等方面的费用支出。戴尔公司主要从以下三个方面着手推进该战略。

(1) 利用先进 IT 技术降低成本。戴尔公司看到了互联网的优势并在业界同行意识到这一点以前就开始研究如何利用互联网。早在 1996 年 7 月，戴尔公司的客户就能够通过公司的站点直接配置和订购计算机。这样就消除了中间商，减少了不必要的成本和时间。

(2) 以订单带动生产销售。戴尔公司根据订单进行生产并直销的营销模式，使传统渠道中常见的代理商和零售商的高额价格差消失，同时戴尔公司的库存成本大大降低，与其依靠传统方式进行销售的主要竞争对手相比，戴尔公司的计算机占有 10%~15% 的价格优势。

(3) 采用科学的标准化工作流程。戴尔公司成熟的、先进的 ERP 企业管理软件，一流的基础设施及科学的标准化工作流程，特别是它的高效率，带来了零库存及极强的价格优势。

2) 差异化战略

差异化战略是将产品或企业提供的服务实现差异化，建立起本企业在行业中独有的特色优势。一旦差异化战略获得成功，它将成为企业在一个行业中获得较高利润水平的积极战略，因为它能建立起"防御阵地"来对付各种竞争力量。戴尔公司主要从以下两个方面着手推进该战略。

(1) 产品差异化。戴尔公司为客户按需定制个性化娱乐计算机，更以便捷贴心的售后服务让客户使用无忧。戴尔商务台式计算机、商务笔记本计算机为超大型及中小企业提供专业产品及技术支持。戴尔公司提供的笔记本计算机种类繁多，能够完美地满足客户对大小、颜色、重量、速度和个性化的需求。

(2) 营销模式差异化。戴尔公司创新的直销方式，面向大规模定制的供应链管理，良好的售前、售中、售后服务，便利客户的一切举措，大大提高了其销售价值。

通过对戴尔公司供应链运作模式的分析，可以看出戴尔公司采取的运作战略主要有三个方面，即坚持直销、摒弃库存、与客户结盟。

坚持直销，优化渠道流程。戴尔公司建立一套与客户联系的渠道，由客户直接向戴尔公司发订单。订单中可以详细列出所需的配置，然后由公司按单生产。这是戴尔公司供应链管理的第一个特点，实质上就是基于客户需求的渠道扁平化。其真正的优势和独特之处在于虚拟整合了供应商和客户，通过基于供应链管理平台的渠道流程优化，实现在合适的时间把合适的产品以最优的价格送到合适的地点，从而使公司的生产成本大大下降而效益大幅度提高。

摒弃库存，以信息代替存货。传统分销代理渠道是存储货物的水渠，厂商的库存是压在分销渠道中的，这样一来很难做到零库存。戴尔公司通过供应链流程的简化和优化，信息反馈速度的提高，库存管理能力及与零件供应商协作关系的加强，达到了摒弃库存，以信息代替存货的目标。

与客户结盟，价值整体创造。价值整体创造在戴尔公司被具体化为"与客户结盟"的战略，戴尔公司打破了传统意义上"厂家"与"供应商"之间的供需配给，始终保持与客户的实时互动，及时得到第一手的客户反馈和需求，然后根据客户需求接收订单，再进行以客户需求为导向的产品制造，这样就能保证按照客户需求提供产品。这是一个良性循环的过程。

综合分析得出，戴尔公司采用成本领先战略和差异化战略，并根据自身独特快速反应的优势，利用组建的虚拟企业，遵循其固有的"坚持直销、摒弃库存、与客户结盟"的运作战略，成功地进行超级供应链管理，从而降低了供应链成本，提高了客户价值，在计算机行业中异军突起。

资料来源：https://max.book118.com/html/2020/1029/8100034111003011.shtm.

供应链运营基本战略包括供应链全局战略（精益供应链战略和敏捷供应链战略、有效性供应链战略和反应性供应链战略）和供应链局部战略（供应链采购战略、供应链库存战略等）。

4.1　供应链全局战略

4.1.1　精益供应链战略和敏捷供应链战略

1. 精益供应链战略

1）精益供应链的概念

精益供应链（lean supply chains），它来源于精益管理，将从产品设计到客户得到产品的整个过程中所必需的步骤和合作伙伴整合起来，快速响应客户多变的需求，其核心是减少、消除企业中的浪费，用尽可能少的资源最大程度地满足客户需求。精益供应链是一种通过减少浪费、降低成本、缩短操作周期、提供强化的客户价值、增强企业竞争优势的有效方法。

供应链是一个从市场的整体角度，用系统的整体思维看待企业的一种网络企业模式。供应链存在于制造业、服务业等多个行业。随着精细化管理思想的应用，理论界出现了精益供应链的概念。精益供应链与六西格玛的结合，又创造了新的概念，即精益六西格玛和精益六西格玛物流。

2) 精益供应链的特点

精益供应链的特点包括以下几个方面。

(1) 计划对整个供应链的可见性。精益供应链的特点之一就是可追溯性，工序中正在加工的每件产品都能与最终的客户订单联系起来，这是由于拉动式生产方式所决定的。这样能更好地提供客户服务，当某道工序由于故障需要维修时，可以很容易地知道将会影响哪些客户订单，从而能提前与客户沟通协商解决。这种生产过程的需求和供应的互相可见性在单个工厂内部是不难做到的，但在整个供应链环境中实现起来就需要更多的考虑。要做到这一点，供应链中的每个参与者必须协同逐个地对最终客户订单进行计划，并且把自己的计划对整个供应链公开。当今的计算机与通信技术为这种需求提供了可能，当接到客户订单后，用主生产计划(advanced planning and scheduling, APS)对该订单进行计划，上游供应商通过互联网获得该客户订单和APS结果，并通过运行自己的APS系统产生相应计划。

(2) 计划的快速反应能力。在单个工厂内部，客户订单和生产线的变化都是通过广告牌信号反映到上游工序的。上游工序只有等到广告牌信号到达时才知道下游的变化情况，也就是说，信息流的到达和物流的产生是同时的。这种做法在单个工厂内部是可行的，并能很好地控制工作中心在制品(work in progress, WIP)。但是，在供应链环境中，这种做法将会造成计划延误。例如，客户订单发生变化时，这种变化逐级向上游反映，当反映到上游供应商时，已经造成了很多的时间浪费。所以，在供应链环境中，当客户订单和生产线的变化造成了计划的变更时，要在第一时间让供应链中的所有参与者知道，这样可以极大地提高供应链的反应能力。利用互联网技术，信息流完全可以和物流分开，进行独立的控制和处理，从而达到上述目的。

(3) 有限能力计划。精益生产的另一个特点是每道工序都严格按照其下游工序的能力需求产出，尽量避免造成生产线上的库存积压，这也是拉动式生产的实质所在。要做到这一点，就要求供应链中的每个参与者都必须以有限能力执行计划，任何以无限能力为假设的计划系统，如物资需求计划(material requirement planning, MRP)都是不合适的，它必然会造成整个供应链环节上的库存积压，增加供应链的成本，反过来也会降低供应链的反应能力。

(4) 动态采购。在单个工厂内部，也会面临在计划的过程中做选择的问题，如是否用替代工作中心，是外加工还是自制等但工厂内部的选择大多是小范围的，并且选择的分支是相对固定的。但在供应链范围内，每个参与者都面临着更多的选择，即选择上游供应商。在老式的计划模型(如MRP)中，这是不可能做到的，它至多也只能按照静态的资讯来进行选择，如优先向等级高的供应商采购等，等到实际发现供应商能力不足时，才会匆忙地考虑向另外的供应商采购，而这往往是以降低客户服务质量为代价的。

利用计算机和通信技术却可以做到早在计划的过程中就明智地选择供应商。例如，上游供应商可利用 Web 服务作为服务的提供者,而下游供应商也可利用 Web 服务作为服务的使用者,通过标准的互联网协议,自动地在对每一个客户订单进行计划的过程中对上游供应商根据预定的规则(成本、交货速度、供应商等级等)即时动态地进行选择。

(5)开放的思想。每一个制造商都是某些供应链中的一个成员,它和供应链中的所有参与者一起协同工作,目的是为最终客户提供灵活的、低成本的、高质量的和准时的服务。要达到这个目标,最重要的一点就是要保证供应链上资料的公开性。利用现代先进的计算机和通信技术实现这一点是可以的,但由于供应链中各个参与者的管理模式和习惯不同,有些参与者可能并不希望或不习惯把自己的资料对整个供应链公开。这主要是由于在老式的生产管理和运营模式下,企业的一切活动都是以自身为中心展开的,这在以产品为中心的市场环境下是可以理解的,由于客户的需求比较单一,企业只要专注于自己的产品,如提高设备利用率、降低能耗、提高产品质量等就能很好地满足市场需求。但是,在今天的市场环境下,供应链中所有的企业都应该把活动的中心从自身转移到客户身上来。因为,无论你的产品质量多好,如果它是过时的,就永远不能产生效益。只有当供应链中所有的参与者都对客户的需求做出一致、公开、准确的反应时,供应链的功能才能充分有效地发挥。

3)打造精益供应链策略

彼得·圣吉在《第五项修炼》中指出:"不同的人处于相同的结构之中,倾向于产生性质类似的结果。"也就是说,供应链固有的上下游分层结构,造成了供应链中的信息扭曲和目标不一致。这种障碍是否难以逾越呢?彼得·圣吉又指出:"有效的创意往往来自新的思考方式。"打造精益供应链策略包括需要注意以下五点。

(1)产品和流程模块化是指将最终产品分解成可被单独制造和存储的模块,不同产品可以用相同的流程来制造。这是一种在汽车和电子行业中被普遍采用的策略。例如,不同型号的汽车可以装配相同型号的电池,从而降低电池的安全库存量。戴尔公司在收到客户订单后,直接从供应商或仓库获取部件,在同样的装配线上组装出不同配置的计算机,这样既提高了装配速度,又降低了对资源的需求。模块化也有利于并行工程(concurrent engineering)的实施,一些工序可以并行处理从而缩短生产提前期,提高响应速度。模块化的另一个好处是增加产品的可替代性,如当某种低端的芯片缺货时可以用高端的芯片来代替,以维护良好的声誉。

(2)延迟差异化策略。由于制造提前期和运输时间的存在,生产计划通常在获得准确的需求信息前排定。在传统的服装制造业中,提前期甚至长达半年至一年。延迟策略就是将同类产品中有差异部分的生产尽量推迟以获得更多有关差异部分的信息。例如,传统的针织衫制造包括三个主要步骤,即染色、缝制、分销。通常的做法是,厂家先根据对某一款式不同颜色的需求预测,将白色面料染成不同颜色,然后再将染色的面料裁剪和缝制,并且经过检验和包装将成衣发往销售渠道。而贝纳通(Benetton,一家意大利服装制造商)率先改变了这一流程,将染色这一环节延迟到缝制之后,这样可以在获取更准确的颜色需求信息后再将成衣染色，降低了需求不确定性所带来的风险，也可降低安全库存量，当今很多服装企业都采用了这一延迟策略。

在电子行业中也有很多延迟策略的实践者。例如，惠普的激光打印机最早在日本制造，而后分销到全球各地，但由于各地的电压不一致，需要配备不同的电源装置及操作手册。由于发货提前期较长，各地需求往往难以预测。于是惠普重新设计了电源系统，并将未安装电源装置的裸机发送到各地，然后各地再根据本地需求装上合适的电源系统和配备操作手册。通过延迟策略，企业可以在不降低服务水平的前提下降低库存水平，从而节省持货成本。

(3) 用能力而不是库存。按照精益的原则，多余的库存是种浪费，因此应该通过能力来应对需求的不确定性。这背后的逻辑是能力可以转化成库存，反之，则不成立。例如，为了构造快速响应的供应链，某服装品牌保持了大约30%的冗余产能而不是将产能最大化利用，这样它能迅速完成紧急订单的生产。这家服装公司总是以小批量的方式生产新款服装，并借助自身高效的物流体系迅速将成衣配送至全球各地的门店。这家服装公司追求的是极高的库存周转率，并且有一条不成文的规矩，就是不断地将零售店面里两三个星期还没有卖掉的货物运走。对于一般的企业来讲，如果采取这种策略，物流成本肯定会提高，风险也很大。对于这家服装公司却完全不是这样，它积压的货物只占整个库存的 10%，相对于时装业 17% ~ 20% 的平均水平。每种产品有限的数量和很短的销售时间极大地刺激了人们的购买欲望，加快了商品流通速度。在伦敦进行的一项调查表明，对于一般的零售商店而言，客户平均每年去 4 次，而这家服装公司的客户平均每年要去 17 次之多。

(4) 扩充能力的另一种策略是协调外部资源，为我所用。美国服装品牌 Gap 也采取了类似的策略。Gap 旗下的三大成衣品牌——Old Navy、Gap、Banana Republic，分别面对不同的客户群：Old Navy 以低价位优势面向大众；Gap 面向赶时髦的年轻客户群；Banana Republic 则面向追求品质的高端客户。Gap 集团用三条各自独立又相互联系的供应链体系来确保三个品牌各自的特点——Old Navy 原材料供货和制造主要在亚洲以减少成本，而其销售渠道更密集；Gap 的供应链集中在美国中部以确保速度和柔性；Banana Republic 的供应链集中在意大利以确保品质和设计。

这种供应链体系很有效，以至于很多客户不会意识到这三个品牌来源于同一个集团。在某些紧急情况下，这三个渠道又可互为补充。

(5) 建立柔性的生产能力。柔性的概念来源于柔性制造系统 (flexible manufacturing system)，如一条汽车装配线上可以装配出不同型号的汽车。建立柔性生产能力的目的仍然是通过混同能力 (capacity pooling) 来增强企业抵御风险的能力。

上述各种策略的背后有一个共同的逻辑，那就是预测整体需求比预测个体需求更精确，如果能延后做决策的时间点，就可以获得更精确的需求信息。打造精益供应链需要掌握一种平衡的艺术，即达到时间和效率的平衡。

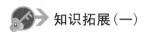 知识拓展（一）

精 益 物 流

精益物流是起源于日本丰田汽车公司的一种物流管理思想，其核心是追求消灭包括库存在内的一切浪费，并围绕此目标发展出一系列具体方法。它是从精益生产的理念中蜕变而来的，是精益思想在物流管理中的应用。车间中运用复合管、流利条、快滑条和平滑筒等柔性化产品所构筑的生产体系，时刻体现着每日持续改善、精益求精的精益生产思想。

精益物流是建立在精益思想基础上的物流方式，即在为客户提供满意服务的同时，把浪费降到最低程度。其基本原则包括以下几个方面：

(1) 从顾客而不是企业或职能部门的角度，研究什么可产生价值；

(2) 根据整个价值流的需要来确定供应、生产和配送产品活动中所必要的步骤和活动；

(3) 创造无中断、无绕道、无等待和无回流的增值活动流；

(4) 及时创造仅由顾客拉动的价值；

(5) 不断消除浪费，追求完善。

2. 敏捷供应链战略

1) 敏捷供应链的概念

所谓敏捷供应链，是指以核心企业为中心，通过对资金流、物流、信息流的控制，将供应商、制造商、分销商、零售商及最终客户整合到一个统一的、无缝化程度较高的功能网络链条，以形成一个极具竞争力的战略联盟。敏捷供应链区别于一般供应链的特点是，敏捷供应链可以根据动态联盟的形成和解体进行快速地重构和调整。敏捷供应链要求能通过供应链管理来促进企业间的联合，进而提高企业的敏捷性。敏捷供应链将各企业的优势力量集成在一起，形成一个具有快速响应能力的动态联盟。在动态联盟中，企业内部采用扁平结构的管理方式和多功能项目组的组织结构，而企业外部则将企业间的竞争变为协作，建立合作伙伴关系，从而可以较好地实现市场变化和用户需求的目标。

2) 敏捷供应链的特点

敏捷供应链的特点包括以下几个方面。

(1) 个性化产品。传统工业经济中，大规模流水线生产组织以牺牲客户的消费个性为代价，用千篇一律的产品来满足客户的质量偏好和价格偏好。然而，随着人们生活水平的不断提高，许多客户不再满足于毫无个性的消费，他们更希望能够影响甚至是亲自参与产品的设计制造。依靠敏捷制造技术、动态组织结构和柔性管理技术三个方面的支持，敏捷供应链解决了流水线生产方式难以解决的品种单一问题，实现了多产品、少批量的个性化生产。第一是敏捷制造技术的突破,它是由计算机辅助设计、快速成型和快速制模后,在信息互联网支持下形成的一套快速制造系统的技术,也是敏捷供应链的主体核心技术;若没有敏捷制造技术,敏捷供应链思想便成为没有具体内容的空壳。第二是动态变化的组织结构,敏捷供应链突破了传统组织实体的有界性,在信息技术的支持下,由核心企业根据每一张订单将若干相互关联的厂商结成虚拟组织,并根据企业战略调整、产品方向转移,重新组合、动态演变,以随时适应市场环境的变化。其三是柔性管理技术,敏捷供应链摒弃单纯的"胡萝卜加大棒"式刚性管理,强调打破传统的严格部门分工界限,实行职能的重新组合,让每个员工或每个团队获得独立处理问题的能力,通过整合各类专业人员的智慧,获得团队最优决策。技术、组织和管理三方面的结合,使个性化产品生产成为现实。

(2)快速反应。美国著名战略学家波特曾指出,从根本上讲,竞争优势源于企业能够向客户提供超过对手的价值。在几百年工业经济发展历程中,由于各个企业相互之间的模仿或学习,企业的管理方法和制造技术相互促进、日趋完善,使产品在质量上的差别优势越来越难以保持。而在网络营销环境中,网络交易边际成本的趋平也消灭了价格差别。在新经济模式中,企业竞争的焦点将从质量、价格竞争转向速度竞争,海尔集团的总裁张瑞敏曾经说过,"20 世纪 80 年代对企业来讲,制胜的武器是品质""到了新经济时代,对企业来讲,制胜的武器就是速度"。因此,如何迅速响应客户的需求并使之转化为商机,为企业的销售收入和利润做出贡献就变得越发重要,而供应链管理不再仅仅是生产运营人员用来提高制造效率、削减成本的工具,而且也是市场营销人员在产品同质化、价格竞争越来越激烈的环境里用来区别于其他竞争对手、取得差异性竞争优势的有力武器。敏捷供应链是一种全新理念,它突破了传统供应链管理的思想,使企业能够快速、准确地满足客户的需求,为企业带来了全新竞争优势。

(3)动态的网络结构。传统企业管理基于实体企业,企业的组织机构一旦形成,便具有相对稳定性。敏捷供应链突破了传统组织的实体有界性,形成了所谓的虚拟组织,即基于战略一致性的若干相互关联的厂商,包括客户、供应商、研发中心和核心企业等组织。虚拟组织在信息技术的支持下,构成垂直一体化的供应链,利用企业外部资源快速响应市场需求,着重于自己的核心业务,将其余业务外包给其他业务伙伴来完成,提供给最终客户的产品和服务的设计、计划、制造和分销等功能则是由成员企业共同完成的。供应链以单一实体形式(功能整体)运行,大大提高供应链上各节点企业的绩效,从而形成一个没有组织边界和高度信任的"扩展企业"。然而供应链的形成,并不意味着供应链的组织构造从此确定不变,还应根据市场环境的变化、企业战略的调整和产品方向的转移,使供应链上的节点重新组合、动态演变,形成一个动态的网链结构。节点上的各企业规模简练,但掌握核心功能,即把企业知识和技术依赖性强的高增值部分掌握在自己手里,充分利用供应链上其他节点企业资源,使整条供应链保持良好的生产组织弹性和理想的市场需求响应速度。

(4)订单驱动的组织生产方式。以需定产一直以来都是传统企业管理所追求的理想，然而，依赖传统生产组织方式实现这种理想是很难的，因为供应链的上游企业缺少相邻下游企业的即时信息，也缺乏即时按单生产的能力，传统供应链只能按照从供应到生产再到销售的推动生产方式进行，结果难以逃脱需求被逐级放大的"牛鞭效应"。敏捷供应链在敏捷制造技术、信息技术和并行工程技术的支持下，成功地实现了客户需要什么就生产什么的订单驱动生产组织方式。企业收到订单后，快速将订单分解，并通过互联网将子任务分派给供应链上的各节点企业，各企业按电子订单生产并按核心企业的时间表供货。这种以订单作为生产驱动力的生产运作方式，能极大地降低供应链上的库存量，提高全社会资金的周转速度。

3）敏捷供应链的实施策略

敏捷供应链的实施策略包括以下几个方面。

(1)简单化策略。供应链规模越大，复杂性就越大，供应链复杂性已成为提高供应链敏捷性的障碍。这种复杂性可能源自产品和品牌的扩散，也可能来自陈旧的组织结构和管理程序。减少产品和流程的复杂性是增强敏捷性的重要途径。

减少产品复杂性需要营销人员和设计人员共同解决，既要考虑产品设计理念是否合理，也要减少对客户价值没有多大贡献的品种，去掉产品中功能过剩的部分。例如，在产品设计中融入模块化设计思想，采用标准化模块、零部件，减少定制模块和定制零部件的数量，或在制造过程中，采用延迟策略，推迟定制活动开始时间，尽量采用标准的生产环节，减少定制环节。

来自组织结构和管理程序方面的复杂性，可以通过企业流程再造来解决。传统的企业组织分工细，专业化程度高，但在当今客户需求日益多样化、市场需求急剧变化的情况下，这种组织结构形式已不再适应。企业流程再造不是对现有的系统进行修修补补，而是打破原来陈旧的组织结构和管理规范，从头开始功能分析，消除根植于传统经营活动中无附加价值的活动，重构新的管理程序。这将有助于减少组织的复杂性，提高供应链的敏捷性。这时，处于供应链上游的供应商不是被动地根据下游企业的订单来安排生产，而是可以主动地通过互联网了解下游企业的需求信息，提前获取它们的零部件消耗速度，这样就可以主动安排好要投入生产的资源，并且及时准确地对需求方提供服务，提高了对需求方的响应速度。

(2)并行技术。并行技术包括并行工程和并行信息。并行工程是让生产、物流及营销人员参与产品研发，实现各业务功能同步设计的过程。由于产品研发阶段对产品成本起决定作用，并行工程可以大幅度降低产品成本，并且能使许多问题在早期得到解决，降低下游业务部门或企业解决问题的回头率，减少非增值时间，加快业务运作。并行信息是指在企业内各部门或供应链各节点企业之间实现需求信息同步共享。并行信息可以削弱需求信息逐级放大效应，确保存货及时发送和补充，提高配送速度。需求波动和订购批量越大，提前期越长，并行信息对放大效应的弱化作用越明显。

（3）延迟化策略。延迟化策略是将供应链上产品客户化活动延迟至接到订单时为止，即在时间和空间上拉近与客户需求的距离，实现快速响应和有效客户响应。其核心内容是，在不同产品的生产销售过程中，尽可能采用相同的制作过程，使满足定制需求或最终需求（体现个性化需求的部件）的差异化过程尽可能延迟，从而提高企业的柔性和客户价值。

延迟制造是推动式供应链和拉动式供应链的有机结合，供应链的上游可以看作是推动阶段，而下游则可视为拉动阶段。在推动阶段，通过对产品的设计与生产采用标准化、模块化和通用化的技术，产品可以由具有兼容性和统一性的不同模块组合拼装而成，制造商根据预测进行大规模生产半成品或通用化的各种模块，获得大批量生产的规模效益。在供应链下游的拉动阶段，产品实现差别化，根据订单需要，将各种模块进行有效的组合，或将通用化的半成品根据要求进行进一步加工，从而实现定制化服务。在推行延迟制造时，需求切入点十分关键，它是推动阶段和拉动阶段的分界点。在需求切入点之前，是推动式的大规模通用化半成品生产阶段，能产生规模效益，生产按预测进行。这些中间产品生产出来以后，就会保持中间状态，而进一步的加工装配成型过程则将延迟。在需求切入点之后，是拉动式的差别化定制阶段，可根据客户的不同需求将中间产品加工成适合客户需求的个性化产品。

（4）供应链集成化策略。这是实施供应链敏捷化战略的最后阶段，在信息网络技术强有力的支撑下，为了支持快速响应能力，供应链必须用数字化设计打破传统顺序式流程、多级层次的速度屏障，采用同步与集成的方式使供应链各种信息快速自动地传递给供应链各个合作伙伴。为此，各节点企业要分离核心功能，各自将低附加值的功能剥离，交给拥有该项功能专长的协作生产商；建立新的绩效评估系统，该系统必须清楚地认识供应链中分配的概念，按照各个企业对整个供应链获利过程的贡献原则，为每张订单选择相应的合作伙伴。

如前文所述，供应链的形成不是固定不变的，为了适应市场变化、柔性及速度等需要，企业应根据订单动态组合供应链，迅速响应市场需求，从而产生更快的速度、更好的适应性和响应性。整个供应链成为一个以最终客户为中心的"无缝"网络系统，起始于客户需求识别与确定，终止于客户的回应与反馈。

4.1.2　有效性供应链战略和反应性供应链战略

1．有效性供应链战略

1）有效性供应链的概念

有效性供应链也称效率型供应链，是以最低的成本将原材料转化成零部件、半成品和产品，并以尽可能低的价格有效地实现以供应为基本目标的供应链管理系统。此类产品需求一般是可以预测的，在整个供应链各环节中总是力争存货最小化，并通过高效率物流过程形成物资、商品的高周转率，从而在不增加成本的前提下尽可能缩短导入期。选择供应商时应着重考虑服务、成本、质量和时间因素。

2) 有效性供应链的特点

有效性供应链的目的是协调物料流和服务流，使库存最小化，最终获得供应链上的制造商和服务提供商的效率最大化。这个供应链模型较适合需求预测性较高、预测错误率较低、产品周期长、新产品引进不频繁和产品多样性较弱的情况。生产的输出一般存入仓库以满足需求，交付订单的周期比较短。有效性供应链设计符合重视低成本运作和准时交货等竞争要求。有效性供应链的设计特点包括流水线、低库存缓冲、低库存投资。

3) 有效性供应链的相关决策

有效性供应链的相关决策包括以下几个方面。

(1) 有效性供应链相关决策信息。供应链相关决策信息包括要观察该产业中采购、后勤、制造及分销的活动和趋势。例如，可以选择的供应来源，立法的变化，供应商的企业联盟，关键供应商的大体健康状况和竞争地位，可能影响采购、运输形式及原材料管理和革新的科技变革，竞争者设备的变化，处理程序，新的原材料或组成部分的标准，资本投资活动，以及环境法规的技术性发展。

(2) 供应商选择、评价及发展。为找到、选择、评价、发展、管理和激励供应商，使其能够并愿意提供一贯的质量、服务及有竞争力的价格，要与供应商保持健康的关系，在公司内部转包、购买及做出制造或购买决策。

(3) 购买的商品的原料管理。负责处理组织买入的商品流，主要包括原料计划与控制、订单处理、库存控制、组织内部原料调配和废料及余料的处理。

(4) 价值分析和成本分析。价值分析和成本分析要面对大量的信息以求在价格、质量、设计、制造能力、标准化及成本间寻求平衡。

(5) 设备。设备主要指工厂的数量、地点及位置，最重要的是设备的特殊化程度或专业化程度及它们具有的适应性程度。

(6) 生产能力。生产能力由以下几点决定：工厂中可供利用的设备和人力资源，在需求淡季能力的闲置程度，处理需求高峰的能力，以及对于能力扩展结果的决策。

(7) 垂直一体化。垂直一体化重点强调：与公司的价值链相关的边界的定义(是生产还是购买)，对于公司与外部支持者(主要是供应商、分销商及客户)的关系的管理，以及在什么情况下应该改变这些特征以获得竞争优势和增加公司价值。

(8) 工艺流程。工艺流程包括以下内容：应用设备和流程的科技化程度(从一般到特殊用途)，所需的劳动力技能、自动化程度、范围及产量的弹性，以及新产品的导入速度。

(9) 产品范围及新产品导入。产品范围及新产品导入主要包括以下内容：产品范围的定义、新产品导入的速度和模式，以及产品生命周期的长度。

（10）分销战略。分销战略包括选择分销渠道（要么直接销售，要么通过零售商、批发商或代理商），设计与管理有形的分销系统（包括客户服务、需求预测、库存控制、原料处理、订单处理、零部件及服务支持、仓库及储存、采购、包装、退货处理及交通和运输），对分销及销售系统运营模式的推动或拉动。

（11）人力资源。人力资源方面需要强调以下问题：招聘、甄选、晋升及安置；奖惩、激励及工作安全；技能开发及调整以适应技术要求；劳工、雇员关系及呼声。

（12）购买与生产商品的质量管理。购买与生产商品的质量管理要注意以下问题：想要实现的产品质量的界定，质量改进计划，对于质量的责任的分配，培训质量控制，以及预防和检测。

（13）供应链组织和管理基础结构。供应链组织和管理基础结构最重要的是设计合适的组织结构（包括责任集权的程度），计划与安排系统，信息系统，以及预测和库存管理的设计。此时的中心问题是一系列关键的管理活动的相互配合，最重要的是分销、质量管理和财务。

2. 反应性供应链战略

1）反应性供应链的概念

快速响应（quick response，QR）强调的是供应链的市场整合功能，即把产品在正确的时间、正确的地点，以正确的数量和正确的品种分配到满足客户需求的市场。在反应性供应链中，运营模式更加强调时间概念，着重强调各个环节之间的协调，从而最终实现快速响应市场变化，及时满足客户需求的核心目标。在采购、生产、运输等环节较少考虑成本，甚至采用奢侈的操作方式，而在销售环节则从产品附加值中赚取大量的利润。有效性供应链和反应性供应链区别如表 4-1 所示。

表 4-1　有效性供应链和反应性供应链区别

项　目	有效性供应链	反应性供应链
基本目标	以最低的成本供应可预测的需求	对不可预测的需求做出快速反应，使缺货、降价、库存尽可能低
产品特征	产品技术和市场需求平稳	产品技术和市场需求变化很大
产品设计	绩效最大化而成本最小化	模块化，尽可能延迟产品差异
定价策略	边际收益低，采取低价格策略	边际收益高，采取高价格策略
订货提前期	不增加成本，缩短提前期	大量投资，缩短提前期
制造策略	保持较高设备利用率	配置缓冲库存，柔性制造
库存策略	合理的最小库存	规划零部件和成品的缓冲库存
运输策略	低成本运输	快捷运输
供应商选择	以成本和质量为核心	以速度、柔性和质量为核心

2）反应性供应链的运作目标

反应性供应链的运作目标包括以下几个方面。

(1) 快速反应：预测客户需求，高速的订货—发送运作；

(2) 降低库存：控制库存资产和库存周转率。

3）反应性供应链在管理中的策略

反应性供应链在管理中的策略包括以下几个方面。

(1) 供应商管理库存。供应商管理库存(vendor managed inventory，VMI) 系统，有时也称为"供应商补充库存系统"，是指供应商在客户的允许下，管理客户的库存，由供应商决定每一种产品的库存水平并维持这些库存水平的策略。在采用 VMI 情况下，虽然零售商的商品库存决策主导权由供应商把握，但是，在店铺的空间安排、商品货架布置等店铺空间管理决策方面仍然由零售商主导。VMI 是建立在"零售商—供应商"伙伴关系基础上的供应链库存管理方法，它突破了传统的"库存是由库存拥有者管理"的模式，不仅可以降低供应链的库存水平，降低成本，还能为客户提供更高水平的服务，加速资金和物资周转，使供需双方共享利益，实现双赢。VMI 的特点是：一方面信息共享，零售商帮助供应商更有效地做出计划，供应商从零售商处获得销售点数据并使用该数据来协调其生产、库存活动与零售商的实际销售活动；另一方面供应商完全管理和拥有库存，直到零售商将其售出为止，但是零售商对库存有看管义务，并对库存物品的损伤或损坏负责。实施 VMI 有很多优点：首先，供应商拥有库存，对于零售商来说，可以省去多余的订货部门，使人工任务自动化，可以从过程中去除不必要的控制步骤，使库存成本更低，服务水平更高；其次，供应商拥有库存，供应商会对库存考虑更多，并尽可能进行更为有效的管理，通过协调多个零售生产与配送，进一步降低总成本。

(2) 联合库存管理。联合库存管理是建立在经销商一体化基础之上的一种风险分担的库存管理模式。它与 VMI 不同，它强调双方同时参与，共同制订库存控制计划，使供需双方能相互协调，使库存管理成为连接供需双方的桥梁和纽带。

(3) 利用第三方物流供应商来管理库存。由于资源的限制，没有哪一个公司可以自给自足，成为一个业务上面面俱到的专家。第三方物流供应商可为其提供高效率的库存管理服务以满足客户的需求，使供应链上的供应方集中精力于自己的核心业务，而不必建造新的仓储设施或长期租赁仓储设施而花费过多资金，从而降低库存成本，提供超过雇主公司更加多样化的客户服务，改善服务质量。第三方物流战略，对制造商来说是利用外部资源，变物流的固定费用为变动费用，并可以得到物流专家的经验与物流技术的新成果，接受高质量的物流专业化服务，为客户提供更加满意的增值服务。第三方物流供应商起到了连接供应商与客户之间桥梁纽带的作用，使供需双方都消除了各自的库存，提高了供应链的竞争力。实行第三方物流要建立在合同基础之上，它是一种长期的合作联盟，是一个互利互惠、风险共担、回报共享的第三方联盟。

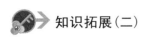 **知识拓展（二）**

供应链设计与产品类型策略矩阵

	功能性产品	创新性产品
有效性供应链	匹配	不匹配
反应性供应链	不匹配	匹配

4.2 供应链局部战略

4.2.1 供应链采购战略

1. 供应链采购的概念

供应链采购是一个由组织机构实施的过程，无论是作为一种功能还是作为集成供应链的一部分，它既负责采办合适的质量、数量、时间和价格的货物，又负责管理供应商，并由此对企业的竞争优势和企业共同的战略目标做出贡献。

基于供应链的采购管理更加关注信息交流系统和对外信息传递系统，信息技术的发展为企业与外界的信息交流提供了很多平台，互联网和 EDI 已被广泛应用到商业信息传递中。EDI 是一种应用较为广泛的电子数据交换模式，它使联系双方使用同一种规范进行数据编辑和传递，利用企业之间的计算机网络来传递信息。

2. 基于供应链的采购管理与传统采购管理的异同

1）从一般买卖关系转变为战略伙伴关系

在传统采购模式中，供应商与需求企业之间是一种简单的买卖关系，因此无法解决一些涉及全局性战略性的供应链问题，而基于战略伙伴关系的采购方式为解决这些问题创造了条件。传统采购存在的问题如图 4-1 所示。

| 库存问题 | 风险问题 | 协商问题 | 采购成本问题 | 组织问题 |

图 4-1 传统采购存在的问题

2）从为库存采购转变为订单采购

传统模式的采购就是为了库存而采购。供应链管理模式下，采购活动是以订单为驱动方式进行的。订单驱动的采购方式有如下特点：

（1）由于供应商与制造商建立了战略合作伙伴关系，建立供应合同的手续大大简化，不再需要双方询盘和报盘的反复协商，交易成本因此大为下降；

(2)在同步化供应链计划的协调下，制造计划、采购计划和供应计划能够并行进行，缩短了用户响应时间，实现了供应链的同步化运作；

(3)信息传递方式发生变化；

(4)实现了面向过程的作业管理模式的转变。

3)从采购管理转变为外部资源管理

外部资源管理就是将供应商的生产制造过程看成采购企业的延伸部分，采购企业直接参与供应商的生产和制造过程，从而确定采购的产品的质量。

外部资源管理就是将事后把关转变为事中控制的有效途径，要实现有效外部资源管理，制造商的采购活动应从以下五个方面着手进行改进。

(1)和供应商建立一种长期的、互惠互利的合作关系。

(2)通过提供信息反馈和教育培训支持，在供应商之间促进质量改善和质量保证。

(3)参与供应商的产品设计和产品质量控制过程。

(4)协调供应商的计划。

(5)建立一种新的有不同层次的供应商网络，并通过逐步减少供应商的数量，致力于与供应商建立合作伙伴关系。

3．供应链采购的策略

供应链采购的策略包括以下几种。

1)JIT 采购

(1)JIT 采购的内涵。JIT 采购是准时化生产系统的重要组成部分。JIT 是由日本企业首创的一种新的生产管理系统，最早使用这一系统的公司是全球知名的丰田汽车公司。JIT 系统是指企业在生产自动化、电算化的情况下，合理规划并大大简化采购、生产及销售过程，使原材料从进厂到产成品出厂进入市场能够紧密衔接，尽可能减少库存，从而达到降低产品成本，全面提高产品质量、劳动生产率和综合经济效益目的的一种先进生产系统。JIT 采购是 JIT 系统得以顺利运行的重要内容，是 JIT 系统循环的起点，推行 JIT 采购是实施 JIT 生产经营的必然要求和前提条件。

JIT 采购也叫准时化采购，是一种先进的采购模式，它的基本思想是：在恰当的时间、恰当的地点，以恰当的数量、恰当的质量提供恰当的物品。JIT 采购包括供应商的支持与合作，以及制造过程、货物运输系统等一系列的内容。JIT 采购不但可以减少库存，还可以加快库存周转、降低提前期、提高采购质量和获得满意交货等效果。

(2)实施 JIT 采购应重视的重要事项。选择最佳的供应商，并对供应商进行有效的管理是 JIT 采购成功的基石；供应商与客户的紧密合作是 JIT 采购成功的钥匙；卓有成效的采购过程质量控制是 JIT 采购成功的保证；建立一套有效的供应商激励机制，使供应商和客户一起分享准时化采购的好处，这是 JIT 采购成功实施的另一个影响因素。

（3）JIT 采购对供应链管理的意义。JIT 采购策略体现了供应链管理的协调性、同步性和集成性，供应链管理需要 JIT 采购来保证供应链的整体同步化运作。

2）战略采购

（1）战略采购的内涵。战略采购是由著名咨询企业科尔尼（A.T. Kearney）于 20 世纪 80 年代首次提出的。战略采购是计划、实施、控制战略性和操作性采购决策的过程，目的是确保采购部门的所有活动都围绕提高企业能力展开，以实现企业远景计划。它有别于常规的采购管理，注重的是"最低总成本"，而常规采购注重的是"单一最低采购价格"，它用于系统地评估一个企业的购买需求及确认内部和外部机会，从而减少采购的总成本，其好处在于充分平衡企业内外部优势，以降低整体成本为宗旨，涵盖整个采购流程，实现从需求描述直至付款的全程管理。

所谓战略采购是依托现代电子信息技术和运用分析方法，为某一特定领域的产品制定采购战略并组织实施的过程。

战略采购的实质是针对某一特定物资或服务，通过内部客户需求分析，外部供应市场、竞争对手、供应基础等分析，在标杆比较的基础上设定该物品的长短期采购目标、达成目标所需的采购策略及行动计划。

（2）战略采购的构成。战略采购包括供应商评价和选择、供应商发展、买方与卖方长期交易关系的建立和采购整合。其中，前三个方面发生在采购部门和外部供应商群之间，统称为采购实践，第四个方面则发生在企业内部。

（3）战略采购的重要原则。第一，总购置成本最低。总购置成本不仅仅是简单的价格，还承担着将采购的作用上升为全面成本管理的责任，它是企业购置原料和服务所支付的实际总价，包括安装费用、税、存货成本、运输成本、检验费、修复或调整费用等。低价格可能导致高的总购置成本被忽视，总成本最优被许多企业的管理者误解为价格最低，只要购买价格低就好，很少考虑使用成本、管理成本和其他无形成本。采购决策影响着后续的运输、调配、维护、调换乃至产品的更新换代，因此必须有总体成本考虑的远见。第二，建立双赢关系。战略采购的谈判应该是一个商业协商的过程，而不是利用采购杠杆压制供应商实现价格妥协，所以应当是基于对原材料市场的充分了解和企业自身长远规划的双赢沟通。第三，建立采购组织能力。双赢采购的关键不完全是一套采购的技能，而是范围更广泛的一套组织能力，包括总成本建模、创建采购战略、建立并维持供应商关系、整合供应商、利用供应商创新和发展全球供应基地。第四，制衡是双方合作的基础。企业和供应商本身存在一个相互比较、相互选择的过程，双方都有其议价优势，如果对供应商所处行业、供应商业务战略、运作模式、竞争优势、稳定长期经营状况等有充分的了解和认识，就可以帮助企业本身发现机会，在互赢的合作中找到平衡。现在，已有越来越多的企业在关注自身所在行业发展的同时开始关注第三方服务供应商相关行业的发展，考虑如何利用供应商的技能来降低成本、增强自己的市场竞争力和满足客户需求了。

(4)战略采购实施方式。战略采购实施方式包括电子采购、集中采购和全球采购。

(5)传统采购向战略采购的转变。传统采购向战略采购的转变包括由注重价格转向注重总成本、由纵向独立的过程到横向整合的过程、由低技能人员转变为高技能人才和从标准做法转变为创新的工具。

4.2.2 供应链库存战略

1. 供应链管理环境下的库存问题

供应链管理环境下的库存问题和传统的企业库存问题有许多不同之处，传统的企业库存管理侧重于优化单一的库存成本，从存储成本和订货成本出发确定经济订货批量和订货点。供应链管理环境下的库存问题主要有以下八个方面：

(1)没有供应链的整体观念；

(2)对客户服务的理解与定义不恰当；

(3)不准确的交货状态数据；

(4)低效率的信息传递系统；

(5)忽略不确定性对库存的影响；

(6)库存控制策略简单化；

(7)缺乏合作与协调性；

(8)产品的过程设计没有考虑供应链上库存的影响。

2. 供应链不确定性对库存的影响

1)供应链不确定性的表现形式

(1)衔接不确定性(uncertainty of interface)。企业之间(或部门之间)的不确定性，可以说是供应链的衔接不确定性，这种衔接的不确定性主要表现在合作性上。为了消除衔接不确定性，需要增加企业之间或部门之间的合作性。

(2)运行不确定性(uncertainty of operation)。系统运行不稳定是组织内部缺乏有效的控制机制所致，控制失效是组织管理不稳定和不确定性的根源。为了消除运行中的不确定性需要加强组织的控制，提高系统的可靠性。

2)供应链不确定性的来源

(1)供应商的不确定性。供应商的不确定性表现为提前期的不确定性、订货量的不确定性等。供应不确定的原因包括：供应商的生产系统发生故障延迟生产，供应商的供应商的延迟，意外的交通事故导致的运输延迟等。

(2)生产者的不确定性。生产者的不确定性主要缘于制造商本身生产系统的不可靠性、机器的故障、计划执行的偏差等。生产过程的复杂性使生产计划并不能精确地反映企业的实际生产条件和预测生产环境的改变，不可避免地造成计划与实际执行的偏差。

(3)客户的不确定性。客户不确定性的原因主要有需求预测的偏差、购买力的波动、从众心理和个性特征等。

3)供应链的不确定性对库存的影响

(1)衔接不确定性对库存的影响。传统供应链的衔接不确定性普遍存在，集中表现在企业之间的独立信息体系(信息孤岛)现象。为了竞争，企业总是为了各自的利益而进行资源的自我封闭(包括物质资源和信息资源)，人为地增加了企业之间的信息壁垒和沟通障碍，企业不得不为应付意外而建立库存，库存的存在实际就是信息的堵塞与封闭的结果。

解决方案：通过建立战略伙伴关系，可以使衔接不确定性得以消减。

(2)运作不确定性对库存的影响。传统的企业生产决策过程中，供应商或分销商的信息是生产决策的外生变量，因而无法预见到需求或供应的变化信息，至少是延迟的信息；同时，库存管理的策略也是考虑独立的库存点而不是采用共享的信息，因而库存成了维系生产正常运行的必要条件。当生产系统形成网络时，不确定性增加，从而造成库存进一步增加。

解决方案：通过建立战略伙伴关系，可以消除运作不确定性对库存的影响。

3. 供应链环境下库存管理的方法

供应链环境下库存管理的方法主要有供应商管理库存、联合库存管理和多级库存管理。

在此，我们重点介绍一下多级库存管理。多级库存管理是指通过供应链管理把供应链中所有节点看成一个整体，覆盖了整个物流的、从供应商到最终客户的采购、制造、分销和零售等职能领域的全过程。供应链多级库存正是基于这种系统观点进行研究的。著名学者 Clark 和 Scarf(1960)最早提出了"级库存"的概念：供应链的级库存＝某一库存节点现有的库存＋转移到或正在转移给后续节点的库存。他们同时指出：对于一条完整的供应链，库存是多级的，检查库存状态时不仅要检查本库存节点的库存数据，而且要检查其下游需求方的库存数据。因此，供应链的库存管理不同于传统的企业库存管理，它是一种多级库存的控制问题。

扩展阅读4.1
仓储的起源

案例分析

4.3 本章小结

任何一条供应链都必须选择一个切实可行的运营战略，根据供应链产品的基本情况及其他情况，可以选择精益供应链战略、敏捷供应链战略、有效性供应链战略和反应性供应链战略。

供应链是一个从市场的整体角度，用整体思维看待企业的一种网络企业模式。供应链存在于制造业、服务业等多个行业。随着精细化管理思想的应用，理论界出现了精益供应链的概念。精益供应链(lean supply chains)，它来源于精益管理。精益供应链是一种减少浪费、降低成本、缩短操作周期、提供强化的客户价值从而增强企业的竞争优势的"伟大的方法"。敏捷供应链是指以核心企业为中心，通过对资金流、物流、信息流的控制，将供应商、制造商、分销商、零售商及最终客户整合到一个统一的、无缝化程度较高的功能网络链条，从而形成一个极具竞争力的战略联盟。

有效性供应链也称效率型供应链，是以最低的成本将原材料转化成零部件、半成品和产品，并以尽可能低的价格有效地实现以供应为基本目标的供应链管理系统。反应性供应链强调的是供应链的市场整合功能，把产品在正确的时间、正确的地点，以正确的数量、正确的品种分配到满足客户需求的市场。在反应性供应链中，运营模式更加强调时间概念，着重强调各个环节之间的协调，从而最终实现快速响应市场变化，及时满足客户需求的核心目标。

本章思考题

1. 讨论精益供应链和敏捷供应链的区别。
2. 探讨有效性供应链和反应性供应链适用的产品范围。
3. 简述敏捷供应链的内涵。
4. 简述供应链采购和传统采购的区别。
5. 供应链环境下库存管理的方法有哪些？其内涵是什么？

参 考 文 献

[1]　白世贞. 结构时变供应链协调研究[M]. 北京：科学出版社，2014.

[2]　[英]巴瑞·埃文斯. 精益供应链零售巨头乐购的供应链管理与变革[M]. 赵海峰，译. 北京：人民邮电出版社，2020.

[3]　殷绍伟. 精益供应链：从中国制造到全球供应[M]. 北京：机械工业出版社，2016.

[4]　綦方中，孙永军，仲智刚. 敏捷供应链管理——战略运作与实施[M]. 北京：科学出版社，2016.

[5]　綦方中. 敏捷供应链管理[M]. 北京：科学出版社，2016.

[6]　李海燕. 供应链采购与库存管理[M]. 北京：科学出版社，2020.

[7]　刘宝红. 采购与供应链管理[M]. 北京：机械工业出版社，2019.

[8]　[英]卡洛斯·梅纳. 战略采购和供应链管理[M]. 张凤，樊丽娟，译. 北京：人民邮电出版社，2020.

[9]　马士华. 供应链管理[M]. 北京：机械工业出版社，2016.

[10]　夏春玉. 物流与供应链管理[M]. 大连：东北财经大学出版社，2020.

第5章 供应链运营辅助战略

 学习目标:

1. 掌握供应链技术战略中所采用的相关技术;
2. 了解供应链技术战略中未来技术的发展趋势;
3. 理解供应链文化战略的基本内容;
4. 掌握供应链外包的必要性及外包的风险。

>> **章前引例**

宜家的外包战略

目前,瑞典宜家的产品面向世界100多个国家销售,在40个国家建立了243家宜家超市,每年营业额达数百亿美元。"生产外包战略是宜家迅速发展壮大的一大法宝。"中国外商投资企业协会管理专家程豪说。

20世纪80年代流行在西方发达国家的外包管理是一个战略管理模型,指将非核心业务下放给专门从事该项运作的外部第三方,目的是节省成本、集中精力于核心业务、优化资源配置、获得独立及专业人士服务等。

中国驻瑞典大使馆经商参处提供的一份调研报告显示,除了服装、家具等传统产业外,瑞典的汽车、IT、生命科学等资本密集型和高新技术型产业都越来越倾向于外包。瑞典业内普遍认为,快速变化的市场和迅猛发展的全球经济给企业带来日渐沉重的竞争压力,消费者对企业产品和服务的需求也更加专业化,这迫使企业必须把资源和精力专注于核心业务上,通过外包达成战略目标。

举例来说,一个生产企业,如果为了原材料及产品运输而组织一个车队,那么将增加两方面管理风险:一是在运输领域不具备管理经验,将导致物流运输不畅,难以和专业物流公司竞争;二是欠佳的运输环节将会影响生产和销售环节的工作,从而导致整体管理成本和时间增加。解决方案就是把运输业务外包给专业的运输企业,自己只做核心业务。

生产成本高也是目前国际化企业进行外包的因素之一。在国际分工不断深化的当代,标准化的生产制造环节的附加值愈来愈低,使其处于产品价值链的"鸡肋"部分,因此许多发达国家的跨国公司就把这块"鸡肋"剥离,外包到生产成本低廉的国家和地区。

另外，受法律限制，许多企业为了避免在劳工问题上翻船，就尽可能选择减少固定员工数量的管理模式，把生产、行政、后勤、物流等部门外包给其他专业企业，这样不仅可以优化各部门的生产效率，而且在市场行情出现衰退时可以轻而易举地收缩战线，避免陷入棘手的裁员困境。而且，当经济繁荣时，可以及时和外包企业签约，不必自己重新招募、培训员工，从而节约资金和时间，达到人力资源的优化配置和风险转移。

"最主要的是，外包可以实现资源共享，增加企业整体优势。"程豪介绍说。如今，瑞典许多公司不仅仅把生产进行外包，而且还把研发项目进行外包。一种是外包给专门承担特定研发项目的专业公司，另一种外包形式是与大专院校和科研机构合作，将商业化前期的基础研发项目外包给科研院所，即产学研相结合的方式。这两类外包形式有助于消除企业的科技研发瓶颈和风险，加快产品更新换代，增加企业整体优势。

时至今日，在世界范围内，外包已不仅仅是一种业务选择，它已成为战略成功的关键因素，是经济全球化发展的必然趋势。管理大师迈克·波特认为，在这诡谲多变的数字经济时代，企业已无法对各项事务面面俱到，而加强供应链上下游的整合关系与适度地将服务性事务外包，将会是企业面对变化保持领先地位的关键所在。

把生产或研发任务外包给他人后，如何保证产品的质量呢？以宜家为例，从建店伊始，宜家就开始境外采购，后来发展为国际生产外包。如今，宜家在全球的 5 个最大的外包来源地分别是中国、波兰、瑞典、意大利和德国。为保证生产质量，宜家把核心的产品设计部门放在瑞典，每年设计 1 000 种不同类别的家居用品。家具制造都采用外包，供应商必须按照图纸来生产，无论是在中国、波兰还是瑞典，制造商都必须保证遵循宜家的设计和宜家的质量标准。为了协调外包地和销售市场在空间上的矛盾，保证宜家全球业务的正常运作和发展，宜家通过分布在 32 个国家的 44 家贸易公司，以及分布在全球 55 个不同国家的1 300 个供应商，实现了高效、敏捷、低成本的供应链管理，而供应链管理与降低成本的外包业务正是宜家迈向成功的两个车轮。

资料来源：根据网络资料整理。

5.1　供应链文化战略

5.1.1　供应链文化

1. 供应链与供应链文化概述

供应链是指由于某个企业的需要，以自己为核心将其他相关的物流、信息、销售等企业联合起来，组成共同竞争的同盟。它们共同完成采购、生产、销售流程，在完成该流程的过程中，形成了一个有共同战略目标的战略伙伴。

处在同一供应链的企业，之所以能和另一家企业有长期合作的关系，是因为它们还有物质需求以外的契合交点，这使它们合作得非常默契、愉快。由于拥有物质以外的契合交点，形成的一种非物质的文化，就是供应链文化。透过供应链文化的形成过程，可以看到"个体企业—供应链—供应链文化"的整个商业构建过程。形成供应链文化的原因包括：一些能持续发展，且在市场经济中独占鳌头的企业通常有自己的管理方法和企业文化，优秀企业和优秀企业之间的企业文化本来就有互通性，这种互通性会成为企业与企业之间彼此信任的基础。双方的企业文化相近，在有共同战略目标的前提下，企业和企业之间会彼此在管理上互相调节并共同实现战略目标。在一条供应链上，共同供应链文化的企业互相影响、互相提携，能形成紧密的经营联盟。可以说，当企业以供应链的方式发展时，企业就能实现"1+1+1>3"的效果。

2. 形成供应链文化的关键因素

形成供应链文化的关键因素有以下两个方面。

(1)合作的因素。供应链文化的形成首先要建立在供应链的基础上，即双方有合作关系。对一条供应链来说，通常以某个企业的经营为核心，形成一条供应链，在这个供应链条中每个企业都有盈利的机会。双方除在物质层面合作以外，如果对于经营理念、价值理念和战略理念都有近似的理念，则能迅速拉近彼此的距离，并可以在未来展开更紧密的合作。企业正是意识到了企业文化是企业经营的一个外在体现，企业和企业之间才会在以供应链的方式交流以外，从文化的角度进行非物质的文化交流。

(2)成本的因素。企业和企业之间如果独自经营，那么企业为了推广自己的产品需要耗费大量的成本，如市场调研成本、宣传推销成本等。企业建立供应链后，企业在盈利的同时能减少以上投入，将资金和精力投入到生产中。如果企业和企业之间有共同的供应链文化，两者之间就能达成一种减少生产成本的默契。例如，如果一家销售企业与一家化妆品企业有共同的供应链文化，那么销售企业能给予化妆品企业经营上的建议，使化妆品企业间接了解市场需求，同时销售企业也能理解化妆品企业的企业文化与经营理念，用最小的成本为化妆品企业制定最佳的销售策略。

当然，形成供应链文化，本质上还是源于企业的赢利和长远发展的需要。

3. 供应链文化对企业的影响

供应链文化对企业的影响包括以下几个方面。

(1)凝聚的影响。市场竞争的发展使各个行业、企业之间的竞争越来越激烈，以前粗放式的经营方式已经不适合企业的生存。企业要打响自己的品牌，需要集中力量投资在某类源头产品上，并细化自己的消费者群体。如果每家企业都以粗放式的方式发展，企业的影响力仅仅只能影响小范围的人，各自为政的生产方式会让企业在扩大自己的影响同时耗费大量的成本。如果有共同的供应链文化作为衔接，企业与企业之间会为了共同的经营目标凝聚在一起，形成同荣共辱的经济联盟。

(2)调合的影响。即使是在同一个供应链上，企业和企业之间也会因为利益产生经营上的矛盾，彼此之间也可能产生不信任的问题。在合作中，如果不相信自己的盟友，就不能达到最高的经济效益。如果企业和企业之间彼此认同供应链文化，就会减少矛盾的发生。双方可以在理念相合的基础上通过交流达到共同盈利、彼此互利的目的。同样，供应链文化也能起到调合企业与员工的作用，如某一家企业因故导致近期经营资金不足，不能短期内发给员工工资。若员工如果能认同企业的供应链文化，就不会因为企业暂时的经营不善而中断供应链，员工认同企业文化，他们相信自己的公司会维护这种企业文化，就不会被暂时的困难吓倒，而会愿意与企业暂时同舟共济。

(3)激励作用。供应链文化的成立实际上也是企业文化的一种外在体现，同样的企业文化是企业经营方式的一种体现，供应链文化与企业经营息息相关。如果说企业经营能推动供应链文化的成立，那么供应链文化的建立也能推动企业的经营。例如，员工看到了自己企业的供应链文化就能了解到企业的经营成果，他们也能感觉到企业经营的理念，受到这种文化的感染，员工也会为了提升自己，立足于自己的企业而努力，最终会对员工产生激励作用。

(4)约束作用。在一个供应链里，企业与企业之间的利益关系是彼此影响的，如果有某一家企业违背自己的企业文化，违反商业道德，那么其他企业的形象也会因此受到影响。因此，一旦企业与企业之间被供应链文化联系起来，它们都必须为了顾虑自己的盟友而约束自己的行为，让自己的行为能达到共同盈利的目的。供应链文化带来的文化约束能让企业通过合理的经营实现可持续发展，通过自己的经营形成自己的品牌。

5.1.2　供应链文化构建策略

1. 选定合作伙伴

供应链文化中的合作伙伴不是单纯利益关系下建立起来的伙伴关系，双方会开展长期的合作关系，因此就要对自己的合作伙伴进行多方面的评估。

(1)从实力方面评估。实力是确保供应链文化得以形成的关键因素之一。例如，在完成供应链生产时，如果自己的合作伙伴规模太小，不足以承接大批量的业务，那么它可能与自己的经营规模不匹配，不能满足自己业务的吞吐需要，所以需要从实力方面仔细评估自己的合作伙伴。

(2)从信誉方面评估。如果自己的合作伙伴信誉很好，那么双方在合作时就能减少后顾之忧，减少大量的运营成本，同时对方的信誉度也能增强自己的信誉度；反之，如果对方的信誉度不好，经常不能依照商业约定完成生产，那么自己不但要花费大量成本，还需要承担信誉风险。

(3)从风格方面评估。在供应链文化的视角下，企业与企业之间的风格会决定是否能共同合作。例如，一家生产珠宝的企业与一家生产服装的企业，在档次上、消费群体选择上和经营理念上很相近，那么可以将珠宝与服装结合起来销售形成一个更完整的系列风格；反之，如果双方的风格差别太大，则不适合结为战略伙伴。

选择合作伙伴时，要针对以上三个指标进行详细的评估，得出综合指数，选择合适的企业成为自己供应链文化中伙伴的候选。供应链文化视角下的合作伙伴分类如图 5-1 所示。

可根据图 5-1 中的指标将合作伙伴分为以下四类。

第一类：风险小，收益小。与这类企业合作有盈利的空间，在实际合作时它们不会成为自己企业的负累。它们可以成为自己的合作伙伴，却非最佳选择。

第二类：收益小，风险大。与这类企业合作只会使自己的信誉、利益受损，这种企业不能成为自己的合作伙伴。

第三类：收益大，风险大。选择这种合作伙伴需要慎重考虑，因为如果在选择利益时忽视背后存在的风险可能会让企业受到极大的损失。因此，选择这种合作伙伴要根据自身实际情况慎重对待。

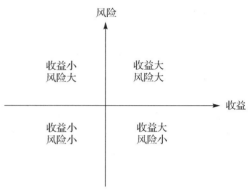

图 5-1 供应链文化视角下的合作伙伴分类

第四类：收益大，风险小。这种企业是所有企业都想合作的对象，然而这也意味着这种合作伙伴很难寻找，如果自身没有打动它们的条件，将很难形成长久的合作关系。

2. 锁定合作关系

从以上企业合作伙伴的选择中可以看到，要在诸多企业中选择合适的合作伙伴并不容易，企业自身需要承担风险和参与竞争等。在供应链文化的前提下选择好合作伙伴后，还要在不断地评估、筛选中锁定合作关系，让企业和企业之间能结合得更紧密。

要设定合作关系，企业需要注意以下三个方面。

(1)结成可信赖的关系。在供应链文化的基础下，选择好合作伙伴后要通过彼此的经营结成可信赖的合作关系，企业和企业间的信任是合作的基础。同时，要做好企业间的监督，才能使供应链文化得到体现。

(2)加强企业间的交流。要将供应链上升到供应链文化，就要加强企业和企业间的交流，不仅要做好物质层面的交流，同时还要做好精神层面的交流。例如，企业立足自身，重视自己的信誉，就可以与同样重视信誉的企业做供应链文化的交流。在与其他企业确定合作关系时，有时企业的候选对象不止一家企业，可能同时有好几家企业满足供应链文化建立的条件，企业除了要立足眼前，选择一家企业作为供应链文化的构建对象以外，还要选择好备选对象，如果在经营中出现意外时，还可让备选企业填补其位置。

(3)维护合作关系。企业在锁定好供应链文化的合作对象后，在长期合作中要对彼此的关系进行维护，让企业和企业之间能真正对供应链文化产生共同的默契。在实际的运营中，企业和企业间很可能会出现以下问题。

①战略的问题。企业和企业之间虽然是通过合作的方式共同发展，然而有时某家企业

的战略方针改变，那么过去的供应链文化也许不适合目前的需求，对此，企业和企业之间要及时沟通处理。

②利益的问题。有时一家企业为了达到供应链文化关系中合作伙伴们的不同需求，需要自己做出部分的利益牺牲，此时利益的分配可能会变成供应链文化交流中的分歧，对此，要通过重新利益分配的方法才能使供应链文化的构建更稳固。

③冲突的问题。在供应链文化中，即使企业和企业之间有共同的利益和共同的目标，有时也会有经营上的冲突，如果不能很好地处理这种冲突，就有可能会使彼此的合作关系解体；反之，如果能够进行有效的沟通，化解彼此间的冲突，则会使供应链文化结合得更紧密。

5.2　供应链技术战略

5.2.1　供应链技术

1. 供应链技术概述

1）供应链技术的概念

随着全球经济日渐一体化，供应链管理已经成为国际经贸活动中十分重要的环节，而近年各种技术的飞速发展也使得供应链管理的效率大幅提高。例如，一个供应链外勤服务供应商通过使用移动计算、打印及全球定位系统（global positioning system，GPS）等技术，其每个员工每日可以节省 40 分钟的工时。所谓供应链技术就是供应链管理中使用的各种技术，如 GPS、射频识别（radio frequency identification，RFID）、条形码和地理信息系统（geographic information system，GIS）等。

2）供应链技术的种类

（1）连接技术。近年来，各种无线连接技术不断涌现，包括个人局域网用的蓝牙技术、支持语音及数据通信的蜂窝式无线广域网等。这些连接技术在供应链领域的最新应用趋势汇聚在同一种设备里时，可提供多样化的无线通信服务，这为用户及相关的 IT 管理人员带来了便利。

（2）语音识别技术。语音识别技术使手持式计算机的使用者不必分心留意屏幕。在 IT产业提倡开放系统及互操作性的大潮下，语音合成识别功能已经能轻易地融合进多种已有的供应链应用软件里，包括仓库管理、提货及存放、库存、检验和品质监控等，这主要是得益于终端仿真语音识别技术的面世。

（3）数码成像技术。企业级移动计算机也增添了数码成像技术，不少运输和配送公司已经使用整合了数码照相机功能的移动计算机，使它们的送货司机能采集配送完成的证明，存储已盖章的发票并将未能完成送货的原因记录在案。

（4）便携式打印设备。移动打印机在打印行业中发展最为迅速。销售、服务及配送人员使用便携式打印设备可以立即为客户提交所需文件，同时马上建立一个电子记录文档，不需另行处理纸张文件。在工业环境中使用便携式打印设备，可以节省工人前往打印中心提取标签、提货单或其他输出文件的时间。

（5）二维条码技术。二维条码技术早已获得市场肯定，但由于使用环境的不同会导致有些标识难以读取，所以其广泛性还有待提高。但随着自动对焦技术的面世，二维条码逐渐成为物品管理、追踪及其他运营工作的主流支持技术之一。大多数的机构需要使用不同的条码应用软件来处理各式各样的标识及编码数据。例如，对于用在仓库货架的标签，使用大规格线性标识技术较为理想，而对于用在装船货物上的标签，有条码区域的 102 毫米标签是常用的规格。由于携带两个独立的条码阅读器是不切实际的，很多机构会放弃使用二维条码，只使用普通的线性条码，不过，现在用户已不必再对此做出取舍，因为 Intermec 公司的 EX25 自动对焦扫描引擎能够同时读取线性和二维条码。

（6）RFID 技术。RFID 的应用也日趋普及，它在资产管理及供应链领域所能发挥的价值尤为明显。例如，美国海军在一项存储管理的关键任务中使用 RFID 技术进行数据输入，操作时间节省了 98%。TNT 物流部使用 RFID 来自动记录装载于拖车上的货品，确认程序所需时间节省了 24%。在存货管理及配送运营中 RFID 的新应用模式是使用车载 RFID 设备和移动 RFID 解读器，这样可以增强或取代传统的固定 RFID 设备。

（7）实时定位系统。实时定位系统能将无线局域网拓展至资产追踪系统，其中一个很大的市场驱动力是思科系统的无线定位设备。它可以通过思科的无线局域网进行资产追踪，任何一台和无线局域网连接的设备都可以被追踪和定位。该设备的一个应用就是通过车载计算机的射频信号来追踪叉车。无线定位设备和支持的软件可以实时追逐射频信号，高效地支持存储、路由、数据收集及资产使用率分析等操作。

（8）远程管理技术。使用无线局域网来追踪仓库和工厂资产是远程管理的一个例子。其实，远程管理技术的应用范围十分广泛，包括对条码阅读器及打印机、RFID 设备、计算机及其他数据采集设备和通信器材进行配置、监控及修复，该技术可大幅减少供应链设备管理工作所需的时间及成本。

5.2.2　其他供应链技术

1. 5G 网络

5G 是下一代移动宽带和蜂窝标准，预计它将迅速取代或增强现有的 4G 和 Wi-Fi 服务。计划中的网络部署代表了前几代更多增量升级的巨大飞跃，如 2G 到 3G 或 3G 到 4G。最近 5G 的测试报告已经确定 5G 可以比 4G 快 1 000 倍。5G 技术使数据传输速度和吞吐量极大增加，这也使之成为推动供应链快速发展的因素之一。

2．边缘计算

边缘是事物和人与网络数字世界联系的地方。边缘计算是具有深度的分布式计算拓扑的一部分，并且是信息处理所在位置靠近的边缘。处理可以在云（中央企业数据中心）与边缘之间的任何或所有层进行。边缘计算还将提供更多机会用于本地化数据捕获、管理和分析，以提高更加无缝的商业智能水平。

3．事件流处理

事件流处理平台并不新鲜，它是对运动中的事件数据执行实时或近实时计算的软件系统。输入是一个或多个事件流，包含关于客户，或采购订单、货件、推文、电子邮件、金融或其他市场的数据，或来自诸如车辆、移动设备或机器的物理资产的传感器数据。在可选地将输入数据存储在某个持久存储中之前，平台在输入数据到达时处理。这样在内存中保留了相对较小的工作流数据集，只需足够长的时间就可以在一段时间窗口内对一组最近的数据进行计算。

4．实时可视性

实时可视性是供应链技术的核心部分，并具有支持运输管理、仓库管理、堆场管理和车队管理的补充功能。这些解决方案通过实时可视性补充了运输管理系统的规划和执行能力。

5.2.3 供应链技术趋势

1．趋势一：人工智能（artificial intelligence，AI）

2018 年，高德纳开始把人工智能列为八大战略性供应链技术趋势之首，指出"人工智能和算法将成为数字化供应链的大脑"，并指出数字化供应链研究院为推进人工智能和算法成为数字化供应链的核心和大脑，特别成立了算法委员会，并针对当今公司缺失的管理部分，建议企业根据自身的需要，创建类似的委员会。

尽管近年来，人们对人工智能在供应链中价值的兴趣有所增加，但其应用仍处于萌芽阶段。早期人工智能实践者反馈，有限范围的试点带来了巨大的好处，但还没有开始更广泛的人工智能项目，若要在十年或更长时间内使用人工智能以达到供应链生产力的高峰，需要在技术、人才、组织和文化等方面做好准备。

中国人工智能的迅速发展，离不开政策和资本的助力。数据显示，2020 年人工智能带动相关产业的规模已经超过 5 700 亿元，预计 2025 年中国人工智能带动相关产业的规模将超 16 000 亿元。

中国人工智能在应用研究方面走在世界的前列，在供应链方面的应用还在探索之中，如菜鸟、京东、顺丰等巨头正在探索采用人工智能来重塑传统的供应链。

扩展阅读5.2
人工智能就
在我们身边

案例分析

2．趋势二：高级分析

高级分析为供应链数字化转型奠定了基础。预计到 2023 年，全球供应链分析市场将达到约 88.9 亿美元，在 2017 至 2023 年预测期内，复合年增长率为 13.7%。目前，中国大多数中小供应链或物流企业仍处于第一或第二水平，一些大中企业已采用预测性分析，在第三层水平。少数数字化领军企业已达到或正在达到第四层水平并向第五层水平进军。

3．趋势三：物联网

2020 年，有 128.6 亿个物联网传感器和设备在消费者群体中使用，截至 2021 年 9 月 9 日，全球安装的物联网设备多达 350 亿台。IDC 专家（互联网服务专家）预测，到 2025 年，全球将部署多达 416 亿个联网的物联网设备。

垂直专用传感器和设备预计将从 2017 年的 1.64B 增长到 2020 年的 3.17B，在短短三年内实现 24.57%的复合年增长率。物联网应用的多样化改变了工业和消费者领域。

微软公司（Microsoft Corporation）于 2019 年 7 月 30 日发布了一份新的研究报告《物联网信号》（*IOT Signals*），旨在让人们了解全球物联网发展的概况。为了全面了解这种全面而深远的技术，微软在 Hypothesis Group 的帮助下，调查采访了来自美国、英国、法国、中国和日本的 3000 多名物联网相关专业人士，40%受访者认为采用物联网的原因是为了优化供应链管理。

中国市场 2011 年物联网市场规模仅有 2 581 亿元，2019 年中国物联网市场规模将突破 1.5 万亿元。截至 2020 年，中国物联网产业规模高达 1.8 万亿元。在物联网设备基数方面，预计到 2025 年，全球物联网设备基数将达 754 亿台，2030 年预计将达 1 000 亿台。

物联网产业正在中国蓬勃发展。阿里、华为和中国移动等国内巨头在物联网方面争相布局。2018 年 9 月 13 日，菜鸟网络宣布战略投资物流行业智慧物联网公司易流科技。菜鸟网络方面称，这是菜鸟网络全面启动物联网战略以来，在物流数字化和智能化方面的又一领先布局，也是菜鸟网络加快建设国家智能物流骨干网，提升骨干网效率的重要一步。易流科技长期专注于物流车辆和货物的数字化和智能化，提供端到端的物流透明服务。这次战略投资后，菜鸟网络与易流科技会发挥物联网、人工智能和大数据的优势，服务于中国数百万辆货车，帮助货主和车主进行智能线路优化、智能货物配载和驾驶安全调度等，朝供应链全流程数字化迈进。

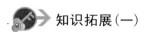 知识拓展（一）

2021 挚物 AIoT 产业领袖峰会

由物联网智库与挚物 AIoT 产业研究院联合主办的"2021 挚物 AIoT 产业领袖峰会"（简称"挚物大会"）于 2021 年 7 月 22 日在北京香格里拉酒店盛大开幕。

挚物大会上，物联网智库创始人彭昭为大家带来了以"危机相生·智赋坚韧"为主题的大会主旨演讲，深度剖析了 AIoT 产业发展所面临的阻力与推力，以及其背后可能隐藏的发展机遇。

彭昭首先讲到了 AIoT 发展过程中遇到的阻力。2021 年 3 月，AI 独角兽们纷纷经历了至暗时刻，云从科技、依图科技分别因为各种原因，中止上市审核；同年 4 月，统计局发布信息，一季度原材料价格明显上涨，不断加大企业成本压力；同年 6 月，根据高盛一项最新研究报告，全球有多达 169 个行业在一定程度上受到芯片短缺影响，从钢铁产品、混凝土生产到空调制造，甚至包括肥皂制造业；同年 7 月，23 家中国企业被美国列入"实体清单"。

"在各种阻力之中，席卷全球的缺芯潮在当下显得最具特色，但同时这也是一次倒逼中国芯片产业做大做强的机遇。"彭昭称。

阻力的对面，则是 AIoT 发展过程中遇到的推力。彭昭介绍说，在政策方面，《工业互联网创新发展行动计划(2021—2023)》和《5G 应用"扬帆"行动计划(2021—2023)》相继发布，同时，在《中华人民共和国国民经济和社会发展第十四个五年规划和 2035 年远景目标纲要》中，多次提到对物联网及其相关产业的发展要求。

据悉，在资本市场方面，多家 AIoT 企业成功上市。2021 年 3 月，涂鸦智能正式在纽约证券交易所挂牌上市，成为"全球物联网云第一股"；同年 6 月，ASR 翱捷科技科创板 IPO 成功过会。

在产业侧，华为成立 5G 煤矿军团，小米、百度、360、OPPO 和创维纷纷下场造车，都为 AIoT 企业提供了发展机遇。

4. 趋势四：机器人流程自动化(robotic process automation，RPA)

RPA 已经引起了广泛的重视。正如软银集团的孙正义在 2019 年东京举行的"IMAGINE TOKYO 2019"会议上所说："世界经济将在 RPA 和 AI 的帮助下，迎来第二次经济大飞跃。RPA 正在为全世界各行各业所应用，并实现业务流程自动化，在为企业节省成本的同时极大地提高工作效率。"2018 年 Harvey Nash 与毕马威 CIO 联合调查发现，目前已有 33% 的亚太区 CIO 和 31% 的全球 CIO 投资了 RPA。

同时，根据 Gartner 的最新研究，到 2022 年年底，85% 的大型和超大型组织将部署某种形式的 RPA。与此同时，全球 60% 的职业中至少有 30% 的工作可以被完全自动化。麦肯锡的数据显示，世界 500 强中超过 70% 的企业，都在使用 RPA。据报道，美国纽约时间 2019 年 7 月 22 日，全球著名咨询公司甫瀚(Protiviti)与 ESI ThoughtLab(创新智库)合作开展了一项全球 RPA 研究(简称《全球 RPA 研究》)，旨在研究全球不同地区 RPA 的应用情况，重点关注采用该技术企业面临的挑战、有效战略和经验分享。这项名为"全球 RPA 应用调查"的研究发现，RPA 对亚太地区的企业产生的影响最大。随着亚太地区人工成本的不断增长，越来越多的企业开始采用 RPA 执行那些固定、烦琐和复杂的业务流程。

在受调查的亚太地区公司中，更高的生产效率、更高的质量、更强大的市场竞争地位，更好的客户满意度和更快的速度被认为是从 RPA 中获取的五个最重要的好处。

5. 趋势五：自主事物

自主事物首次出现在高德纳 2019 年的八大战略性技术趋势中。无论是汽车还是机器人，自主事物都可以使用 AI 来执行传统上由人类完成的任务。只是智能的复杂程度各不相同，但所有自主事物都使用 AI 与它们的环境进行更自然地交互。五种类型的自主事物，分别是机器人、自动车辆、无人机、自动器具、虚拟助理(独立代理)。它们都具有不同程度的自我控制能力、协调能力和智能。例如，它们可以是在空中飞翔的无人机，也可以是在田地中完全自主操作的农业机器人。这描绘了潜在应用的广泛图景，实际上每个应用程序、服务和物联网对象都将采用某种形式的 AI 来实现自动化，增强流程化。

自主技术已经渗透供应链的许多环节。例如，亚马逊、京东仓库和履约中心中的机器人。现在机器人可以在一些沃尔玛商店的走道上徘徊，扫描并保持货架上的库存数量。新兴的自主供应链转型趋势才刚刚开始，它建立在将边缘技术与企业供应链软件相关联的基础之上。自主事物是形成自主供应链(autonomous supply chain，ASC)最重要的基础。目前，在自主供应链上已有几个先驱企业及其系统，如 JDA 的 Luminate 及 ONE Network 的 NEO-现代机器学习和智能代理技术。

6. 趋势六：沉浸式体验

高德纳把沉浸式技术(主要指"3R"技术：虚拟现实 VR、增强现实 AR、混合现实 MR)作为 2018 年八大战略性供应链技术趋势之一，2019 年高德纳则用沉浸式体检代替沉浸式技术形成新的八大供应链技术趋势。这一改变正好说明了沉浸式技术的商业化转型趋势，由个别在供应链中的应用到与供应链丰富的感知环境及供应链会话平台的集成。用户体验将在用户如何感知数字世界并与之交互方面发生重大转变。沉浸式体验将带来尚未在全球供应链中完全实现的数字商机。华为 2019 年发表的《全球工业展望 GIV@2025 白皮书》中指出，"5G、AI、机器学习、VR 和 AR 等技术的融合应用打开了人们的'超级视野'，使人们的视野跨越时空障碍，突破壁垒，看到前所未见的事物，同时也可以更深入地了解我们已经看到的事物"，"5G+VR 的新组合将让笨重的头戴设备和网络延迟引起的眩晕感成为历史。虚拟现实应用将飞速发展，给用户带来全新的沉浸式体验"。

GIV 预测：到 2025 年，VR/AR 用户数将达 3.37 亿人。采用 VR/AR 技术的企业将增长到 10%。

7. 趋势七：供应链中的区块链技术

尽管区块链技术仍然不够成熟，但它作为一个具有潜在价值的技术趋势将继续受到重视。特别是在供应链领域，它的价值正在显现。供应链行业一直存在碎片化问题，行业内的各方都是以彼此孤立的方式存在，这不利于采用可以带来标准化和透明度的区块链和分布式账本技术。据报道，世界经济论坛宣布了一项新计划"重新设计供应链中区块链的信任"，以帮助供应链行业决策者们不被炒作所"迷惑"并确保区块链以"可互操作、负责任和包容的方式"部署这一新技术。到目前为止，已经有超过 100 个组织和专家加入了该项目，包括大型供应链提供商、托运服务商和政府机构，如马士基、日立、国际美慈组织、韩国海关、Llamasoft，以及洛杉矶、奥克兰、瓦伦西亚和鹿特丹港口等，还包括数字化供应链研究院和一些大学，如卡迪夫大学、特拉维夫大学等。这些利益相关方将会共同设计一套开源工具包和发展路线图，帮助供应链行业决策者们部署区块链技术。

扩展阅读5.3
当RFID技术
被应用到
零售供应链

案例分析

5.3　供应链外包战略

5.3.1　供应链外包

1. 外包概念

外包是指企业动态地配置自身和其他企业的功能和服务，并利用企业外部的资源为企业内部的生产和经营服务。

所谓外包(outsourcing)是指，在讲究专业分工的 20 世纪末，企业为维持组织竞争核心能力和解决组织人力不足的困境，可将组织的非核心业务委托给外部的专业公司，以降低营运成本，提高品质，集中人力资源，提高客户满意度的一种经营模式。外包也给企业带来了新的活力。

外包和离岸外包经常被混用，但是外包主要是与组织的重组相关，而离岸外包更强调的是国家。当然，在当今全球化的前提下，这两个概念并不是互斥的。从根本和历史上讲，外包是一个有关在团体内和团体间对劳动力进行组织的术语。

2. 供应链外包的内涵

供应链外包的内涵包括以下几个方面。

1)外包协议特别关注结果和成果

无论是零部件外包还是服务外包，管理层都需要一种评价来确保获得持续满意的绩效。至少，产品或服务必须在质量、客户满意度、交付成本和持续改进方面进行界定。

2)绩效指标的细节取决于产品的性质

在被外包的产品或服务具有赢取订单的重要战略作用时，就不只是需要事后审计和报告，而是需要在持续沟通、理解、信任和执行的基础上进行评价。这需使双方确信建立起

"同舟共济"的关系，并应比书面协议本身做得更好。如果外包并非关键零部件，企业可按传统审计和评价指标(如成本、物流、质量和交货)每周或每月进行报告。当服务被外包时，或许需要增加一些更有想象力的指标，如外包的呼叫中心，这些指标可能涉及人员评估和培训、通话音量、通话类型、响应时间及投诉跟踪。在这一动态的环境中，测量指标可能需要按天提交。另外，法律、贸易协定和商业实践正促使具有国际性伦理性的外包业惯例不断完善。

3)供应链外包是富有创造性的管理策略

一些组织将整个采购、信息系统、营销、财务和运作部门都进行了外包。外包适用于世界各地的企业，它每年都以两位数的速度增长。然而外包决策具有风险性，存在很多不成功的先例，因而其决策正确与否也许就意味着外包的成功或失败。

3．供应链外包的方式

供应链外包的方式包括以下几种。

1)临时项目外包

一是临时服务(temporary service)，是指一些愿意完全控制本企业主导产品生产过程的企业，将自助餐厅、邮件收发管理、门卫、后勤杂项等辅助性、临时性的服务外包。其优势在于，企业需要有特殊技能但又不需永久拥有的员工，在企业有超额工作量或紧急任务时作用尤为显著。临时服务有利于企业缩减过量开支，降低固定成本。

二是临时用工(contract labor)，有些企业更乐于使用临时工(指合同期短的临时性用工)，而不愿使用雇佣工(指合同期长的稳定职工)。由于临时工恐惧失业并重视报酬，这也使他们对承接的工作认真负责，既能够提高劳动力的柔性，又有利于提高工作效率。

2)子网(subsidiary networks)

为获得更大的竞争优势，很多企业将纵向一体化组织结构分解为相对独立的子公司，从而形成母公司的子网公司。

这些独立的子公司几乎完全脱离母公司，变得更富有柔性和创新性，效率更高，更能快速响应市场环境变化。1980年，IBM公司为战胜苹果公司，果断地将本公司七个部门分解创立了七个相对独立的子公司。独立性子网公司在获得资助的经营管理权后，焕发出很大的积极性和创造性，更为灵活地适应不稳定的高科技市场。此举使IBM迸发出前所未有的创造性，最终形成IBM PC业务的强劲优势。

3)与竞争者合作

与竞争对手的强强联合可分别将自己的优势资源投入到研发合作等难度较大的共同任务中，不仅有利于分散新产品研制开发带来的高风险，而且可获得比单个企业更高的创造性与柔性。

位于美国加州的 Altera 公司与 Intel 公司是商战中的竞争对手，但它们之间的合作模式却创造了强强联合的经典。Altem 公司在高密 CMOS 逻辑设备领域始终居于领导地位。当 Altera 公司萌生新的产品设想时，却不具备硅片生产能力。于是，Altem 公司便与硅片生产技术极为先进的 Intel 公司达成协议，Intel 公司为 Altera 公司生产硅片，Altera 公司授权 Intel 公司生产出售 Altera 公司的新产品。合作使两家企业都获得单个企业不可能获得的竞争优势，Altera 公司获得 Intel 公司硅片生产能力，Intel 公司获得 Altera 公司新产品的相关利益。

4）核心竞争力外完全外包

美国微波通信公司在自己不开发新产品的情况下，采取将核心业务之外的全部业务完全外包的战略，从而在市场竞争中立于不败之地。微波通信公司每年都更换外包合同，并成立专门机构负责寻找能为其提供增值服务的企业，形成微波通信公司的通信软件包均由其他外部企业生产并完成的格局。

4．供应链外包的优势

供应链外包的优势包括以下几个方面。

（1）节约成本。促使很多企业进行外包的首要原因是为了显著降低成本，特别是劳动力成本。

（2）获得外部专门知识。除了能获得在公司内部无法接触到的广泛的技术，外包服务商还可能是改进产品、流程和服务的创新源泉。

（3）提升运作和服务水平。外包服务商具有生产柔性，这使企业能更快地推出新产品和服务来赢得订单。

（4）专注于核心能力。外包服务商将其核心能力引入供应链，这使公司的人财物资源得以释放并重新按核心能力进行配置。

（5）获取外部技术。外包给拥有最先进技术的外包商，就可以使企业不再依赖传统（过时）的技术，这意味着企业无须投资开发新技术从而进一步降低风险。

（6）供应链服务外包的其他优势。例如，企业通过与一家杰出的供应商建立外包联系可提升绩效和形象。外包也是一种裁员或"流程再造"的策略。外包协会进行的一项研究显示，外包协议使企业节省 9% 的成本，而能力与质量则上升了 15%，企业则获得其内部所不具备的国际水准的知识与技术。外包解放了企业的财务资本，使之用于可取得最大利润回报的活动。

5．供应链外包的劣势

供应链外包的劣势包括以下几个方面。

（1）增加运输成本。如果外包服务商到采购商的距离增加，会使运输成本大大提高。

（2）失去控制。这个问题贯穿在外包的所有其他劣势之中。当管理层对某些运作环节失去控制，成本就会上升，这是因为很难对其进行评价和控制。

(3)制造未来的竞争对手。例如，Intel 公司在早期由于无法满足需求而将核心能力之一的芯片制造外包给 AMD 公司，几年之内，AMD 公司开始生产自己的芯片，并成为 Intel 不可忽视的竞争对手。

(4)对员工的消极影响。当某项职能外包时，员工士气会受挫，特别是当他们看到自己的同事因此而失业时，企业健康成长所需的生产力、忠诚度和信任都将因此遭受损失。

5.3.2 供应链外包风险

供应链外包的风险包括以下几个方面。

1. 外包企业的有限理性

有限理性是指主观上追求理性，但客观上只能有限地做到这一点的行为特征。企业的决策权掌控在企业法人的手中，而企业法人的行为特征也属于有限理性的范畴，因此，企业法人的有限理性，使得企业管理层在进行外包决策时不可能做到面面俱到，所以难免会做出一些不明智的决定。另外，在与承包企业签订契约时，由于企业法人的有限理性，使得签订契约时，不可能把所有情况都写入契约中。因此，外包企业的有限理性可能会使企业遭受损失，有时甚至产生非常严重的后果，这样的例子在现实生活中十分常见。

2. 逆向选择的风险

实际上，外包企业与承包企业之间构成了委托代理关系，在委托代理关系中可能出现由于信息不对称而产生逆向选择的问题，即委托企业与代理企业之间存在严重的信息不对称，代理企业可能出于私利，刻意隐瞒自己的信息，或刻意向企业提供虚假、歪曲的信息以谋取自身更大的利益。于是，在外包业务发生前将产生逆向选择的问题，即企业可能放弃优质的承包商而错选较差的承包商，从而造成外包收益达不到企业预期的要求。

3. 代理企业败德的风险

如上所述，外包企业与承包企业之间构成了委托代理关系，委托企业与代理企业的利益是不完全一致的。因此，在信息不对称的情况下，代理企业为了获得更大利益可能发生败德行为，包括隐藏行动和隐藏知识。隐藏行动是指在外包企业与承包企业之间签订外包契约后，由于信息不对称，外包企业不可能对外包业务的所有内容进行直接控制，在这种情况下，承包企业对于那些本应该能够做得更好的事情却降低要求或标准，省掉某些活动，或采取一些方法去做达不到自身应有效果的行为。尤其在合同双方未就权利义务有明晰的界定情况下，可能在服务质量、效率、对服务需求变化的灵活性掌握及费用控制等方面存在着这种风险。

4．商业秘密外泄的风险

当企业进行业务外包时，企业的基本运营情况不可避免地向承包企业公开，这可能产生两种风险：第一种风险是承包企业将来有可能成为自己的竞争对手，使外包企业丧失竞争优势；第二种风险是承包企业出于机会主义动机为了获得新的业务外包合同，可能将其所掌握的委托企业的机密情况泄露给竞争对手，这将给企业带来不可挽回的损失。

5．产品或服务失控的风险

外包常常会使公司失去对一些产品或服务的控制，如对外包产品质量的控制、新技术开发和引进的控制等，特别是在信息不对称的情况下，当承包方拥有大量外包企业所不了解的信息时，承包商可能采取欺骗等手段，使产品的质量得不到保证，从而增加了公司正常生产的不确定性。另外，公司还有可能丧失对外包的控制，进而影响公司整个业务的发展。

6．目标与文化冲突的风险

要实现业务外包的根本价值就需要建立合作双方的战略联盟框架，而对于完全以契约为核心的企业和组织结构，短期寻利的机会主义的风险将更大，因而在使用资产类型上，容易产生"套牢"的企业行为。即使合作各方在目的性方面一致，也可能存在文化的障碍。文化是员工在企业的成长过程中所形成的共同的价值观体系。资源外包涉及企业与不同外包商的资源整合，会面临由于企业之间价值观体系的差异带来的摩擦和冲突。

7．"锁定"风险

"锁定"即"套牢"的意思，是指外包企业由于某些原因不得不与承包企业保持业务关系，如果中止这种业务关系将付出高昂的代价。承包企业可以利用"锁定"效应在外包续约谈判中进行要挟，企业将处于要么接受不利的契约条款，要么支付昂贵的转移成本的两难境地。"锁定"风险直接导致了业务外包谈判和决策成本的提高，甚至造成新的成本，如重新选择承包商的转移成本等。而造成"锁定"的主要原因有以下两点。

(1)资产专用性。资产专用性是指在不牺牲生产价值的条件下，资产可用于不同用途和由不同使用者利用的程度。当一项耐久性投资被用于支持某些特定的交易时，所投入的资产就具有专用性。在这种情况下，如果交易过早终止，所投入的资产将完全或部分无法改作他用，因为投资所花费的固定成本和可变成本中都包含了一部分沉没成本。在外包决策阶段，如果企业计划在外包交易中投入大量的专用性资产，那么企业将面临由此引起的"锁定"风险。即使不考虑专用性资产，更换承包企业的代价也是昂贵的，因为无论新承包企业经验多么丰富，企业都可能需要面对一个几乎全新的外包协作环境。

(2)仅有少量可选的承包企业。承包企业的力量随着其数量的减少而递增，可以替换的选择太少，使得外包企业对承包企业的依赖加强。而没有足够的承包企业参与到竞争中来也会使外包企业的交易费用有所增加。外包企业缺乏外包合同的专业知识，主要是指企业缺乏订立外包合同的相关专业知识，从而签订了一个缺乏适应性的长期合同，导致企业被"锁定"于外包的长期合同中。

5.4 本章小结

供应链战略的辅助形式主要有供应链文化战略、供应链技术战略和供应链外包战略。

处在同一供应链的企业，之所以能和另一家企业有长期合作的关系，是因为它们还有物质需求以外的契合交点，这就是供应链文化。一些能持续发展，且在市场经济中独占鳌头的企业通常有自己的管理方法和企业文化，优秀企业和优秀企业之间的企业文化本来就有互通性，这种互通性会成为企业与企业之间彼此信任的基础。双方的企业文化相近，在有共同战略目标的前提下，企业和企业之间会彼此在管理上互相调节并共同实现战略目标。在一条供应链上，有共同供应链文化的企业互相影响、互相提携，能形成紧密的经营联盟。可以说，当企业以供应链的方式发展时，企业就能实现"1+1+1>3"的效果。

对于任何一种现代的供应链，信息技术都是必要不可少的，包括 GPS、RFID 和 GIS 等技术。供应链技术的未来趋势是人工智能(AI)、高级分析、物联网、机器人流程自动化(RPA)、自主事物、沉浸式体验、供应链中的区块链技术等。

供应链外包可以节约成本、获得外部专门知识、提升运作和服务、专注于核心能力、获取外部技术。供应链外包主要形式有临时项目外包、子网、与竞争者合作和核心竞争力外完全外包。

本章思考题

1. 简述供应链文化战略的内涵。
2. 简述供应链信息技术对供应链都会产生何种影响？
3. 供应链的部分业务为什么要进行外包？
4. 目前都有哪些供应链技术？
5. 供应链业务外包有什么风险？

参 考 文 献

[1]　张潜. 文化供应链及区域发展[M]. 北京：科学出版社，2014.

[2]　何建湘. 企业文化建设实务[M]. 北京：中国人民大学出版社，2019.

[3]　王京生. 华为之企业文化[M]. 深圳：海天出版社，2018.

[4]　李傑. 供应链管理技术[M]. 北京：人民邮电出版社，2020.

[5]　陈晓曦. 数智物流[M]. 北京：中国经济出版社，2020.

[6]　翁丽贞. 物流信息技术[M]. 北京：化学工业出版社，2020.

[7]　黄沫. 物流信息技术与应用[M]. 北京：中国水利水电出版社，2019.

[8]　青岛英谷教育科技股份有限公司. 服务外包导论(第二版)[M]. 西安：西安电子科技大学出版社，2019.

[9]　王晓红，王军平. 服务外包蓝皮书[M]. 北京：中国经济出版社，2019.

[10]　霍红. 物流外包管理[M]. 北京：化学工业出版社，2012.

[11]　李树峰. 供应链管理视角下的港口企业组织结构优化[J]. 交通企业管理，2020，(35).

[12]　谢鹏. 浅议物流外包及风险防范[J]. 时代经贸，2020，(12).

第6章 供应链竞合战略

 学习目标：

1. 掌握供应链核心竞争力的基本概念；
2. 理解供应链企业间如何合作；
3. 掌握供应链合作关系的选择方法和步骤；
4. 了解供应链之间竞争的内涵。

>> 章前引例

海尔与国美合作关系发展历程

1. 交易型合作关系阶段

在国美海尔供应链合作关系发展初期，即 1999 年至 2001 年期间，国美一直奉行低价经营策略，而海尔早期则主张"只打价值战，不打价格战"的经营理念，双方关系一度僵化。由于担心价格战会打乱海尔稳定的价格体系，破坏现有营销网络，失去渠道话语权，海尔的某些区域市场做出了不与国美直接合作的决定，主要借助专卖店、专营商、大商场、批发商及国外连锁(沃尔玛)等销售渠道。尽管这期间也出现了间接合作的情况，即通过专卖店给国美供货，但是缺陷非常明显。随着国美的扩张，海尔迫于市场份额下降的压力，2002 年开始与国美展开合作。从 2004 年开始，海尔调整经营策略，空调等产品改走优质平价路线，与国美的合作不断升级。经过双方的广泛接触，2005 年 6 月，国美海尔签订了包括空调冰箱类应季商品在内的全部 13 大品类，总值高达 6 亿元的采购订单。此举创造了国美电器有史以来与单一上游电器生产厂商一次性签订采购金额的最高纪录。同时，海尔决定依靠其丰富全面的产品线，全方位与国美电器展开深度合作，双方互相承诺开辟供货和结款等诸多方面的"绿色通道"。例如，海尔方面承诺，在销售旺季出现某一产品品类短缺或物流配送紧张时将首先保证全国国美系统的供货，同时在残次品、滞销品的退换上也将予以优先保证。而国美则承诺将尽量增大在各门店中对海尔产品的推广力度，同时对于厂家最关心的售后结款问题也将优先予以保证。总体来看，尽管该阶段双方已经有了较为广泛的接触，但是合作的广度和深度还比较有限，主要还是依据价格决定合作规模及内容。

2．协调型合作关系阶段

2006 年，国美和海尔遇到了各自发展的瓶颈期，有进一步深化合作的强大动力。为应对苏宁、百思买及厂商自建渠道的挑战，国美大力整合供应链、改善零供关系。2007 年 5 月 11 日，国美宣布募资约 65.5 亿港元，其中 40%用于改善与供应商的关系，尤其是缩短应付账周期。经过国美与海尔双方就供应链合作关系的磋商，国美与海尔签署了 2007 年战略合作协议，订单总金额高达 100 亿元，创造了我国家电发展史上最大规模的厂商一次性合作项目。与国美一贯对待供应商的方式不同的是，此次与海尔的战略合作，国美承诺将不再向海尔收取合同外的费用及进场费，逐步实现双方交易透明化；海尔承诺将给国美提供更具市场竞争力和高性价比的商品，并大幅拓展合作领域，双方由单纯的产销关系延伸至市场调研产品研发与制造、供应链价值提升、信息化建设和物流管理等多个系统领域。同时，海尔在国美渠道中设立 100 个"海尔旗舰商品展销中心"和 200 个展示海尔整套家电的"海尔电器园"形象店。为了共同研发适合市场需求的产品，双方决定共同成立"国美海尔事业部"，该事业部由双方采购、销售、研发、服务及财务人员共同组成。

3．战略型合作伙伴关系阶段

之后的几年，海尔与国美持续推进战略合作伙伴关系建设，挖掘合作潜力，拓展合作领域。"国美海尔事业部"在组织和运作上日趋成熟，双方通过开放式的信息化无缝对接，专门针对目标消费群体开发个性化和人性化的产品，并通过双方物流体系的整合，开展 B2B、B2C 业务，提升供应链效率。双方合作内容不仅停留在采与销的业务层面，而是深入到共同分析和研究市场，共用研发商品，共同制定市场营销策略，共同制定服务标准，统一服务行为。这种全新的合作关系不仅有利于消费者，也有利于规范行业竞争，更有利于产业的发展和进步。

2010 年 7 月，国美与海尔签署了一份三年实现 500 亿销售规模的战略合作协议，合作协议内容主要集中在以下四个方面。

(1) 差异化定制产品。合作协议尤其注重双方共同研发个性化商品。协议规定，在双方对消费需求的共同管理下，海尔每年将为国美提供 600 款系列商品，其中差异化商品数量不少于 300 款，并且差异化专供产品将占到双方销售规模的 50%。同时，海尔的制造平台将为国美提供其延伸性 ODM(原始设计制造商)商品的制造支持。

(2) 高端产品体验店。在双方协议中，国美与海尔将在一二级市场实施个性化的产品与卖场合作。国美拥有国内最完善的渠道网络布局，尤其是在一二级市场的优势最明显，这将为海尔提供最佳的展示与销售平台。国美作为海尔最大的渠道战略合作伙伴，将在销售终端全力主推海尔全品类产品，这将有助于国美实现向家电及消费电子综合性指向性卖场的转变。

(3) 深耕三四级市场。目前，国美正采取网络扩张与单店效益提升并举的均衡性发展战略，积极扩大三四级市场。海尔在全国三四级市场推广的物流网、销售网、服务网的三网合一工程正在稳步进行。此次合作中，国美与海尔将强化在三四级市场网络方面的优势互补。例如，海尔在配送方面的优势资源将全面支持国美电器在三四级市场的网络扩展，而国美目前拥有最强大的全国性采购平台，将选择适合于三四级市场的商品，丰富海尔销售网络的商品。

(4)提升供应链效率。国美与海尔还将专门成立两个层级的组织体系，在双方集团总部组成了经营管理团队，关注商品研发、规划、信息平台对接等。在市场终端划分了60个区域市场，每个区域10人，共计600人，共同执行战略合作的实施与推进。同时，双方确定了高层的季度互访制度，以确保战略的无障碍推进。

此次合作不仅诞生了我国家电业规模最大的合作项目，而且也创造了我国新的商业合作模式。双方的合作不再局限于传统的、一年一度短期的供销双方的利益博弈，双方更注重合作关系的协同性和长期规划，在产品定制、渠道建设，组建经营团队及双方优质资源互补，供应链效率整合等方面展开全面的供应链深度合作，并通过双方的整合更好地服务消费者。这种合作模式标志着双方传统的供应链合作关系已转变为协同型合作关系，双方致力于打造"利益共同体、命运共同体"的战略伙伴关系。

资料来源：根据网络资料整理。

6.1　供应链竞争战略

6.1.1　供应链竞争概述

1. 供应链竞争的内涵

供应链经济系统指的是当各成员企业按照某种方式整合为一个系统后，就会产生整体具有而个体或个体总和所没有的东西，如供应链经济系统整体的形态、整体的行为、整体的状态、整体的功能、整体的机遇及供应链整体解决问题的能力。

一旦供应链瓦解，单个企业就不具有这些特性了。换句话说，供应链经济系统与其成员相比有了一个质的飞跃。当子系统要素由独立的个体成为该系统的成员时，就会具有一些新的性质和功能。而当这些制造企业、零售企业和供应商等形成了一个供应链经济系统时，就好像具有一种整体能力的战斗力。

经济一体化时代各企业已经不是单打独斗了，企业发挥各自特长从供、产、销出发建立起各自的链条，就形成了链条之间的竞争了。

美国著名经济学家克里斯多夫讲过："市场上只有供应链而没有企业。现在，真正的竞争不再是个别企业与企业的竞争，而是供应链与供应链之间的竞争。"

牛津大学的马丁·克里斯多夫教授的主要观点是："21世纪的竞争不再是企业与企业之间的竞争，而是供应链与供应链之间的竞争。"

可见，现在的竞争主要依赖于供应链，所以商家找一家好的物流公司，让自己的供应链强大，自己才能强大。

2．供应链竞争优劣的影响因素

上海师范大学旅游学院陈萍的文献《供应链竞争优势影响要素及其实现机制研究》将影响供应链竞争优势的因素划分为如下五类。

1）供应链柔性

柔性作为竞争优势根本体现的核心能力，不仅来源于生产技术方面的业务能力，而且源自能够保持系统灵活调整和适应及控制变化的能力。这不仅要求组织具有柔性化的体系和过程，能够在变化来临之时加以吸纳或者缓冲，而且要求组织体能产生特定的反应行动，去适应或者引导环境的变化。柔性的提高很明显可以提高客户的满意度、增加对需求变动的响应度、减少过期订货和错过机会的可能性，也有利于增强开拓新市场和新产品的能力，其不仅影响供应链绩效，而且影响整体获利能力。因此，柔性的高低成为评价供应链竞争优劣的一个指标。

2）供应链协同

为使竞争优势最大化，供应链中所有企业必须无缝合作，缺乏协调的供应链容易导致双重边际效应、牛鞭效应等低效率结果。供应链中的节点企业并不具备获取所有最佳资源的能力，但以协同互补为基础形成的供应链网络组织有可能获取所需的各项最佳资源，并实现优化配置。在既定的资源与能力前提下，以互补或协同为原则组建的网络组织可以提高现有竞争优势。在供应链中，制度的安排不仅承认物质资产和知识产权，而且承认主体间的相互关系是组织的资产，承认各类资源选择的扩大是资产的增值。这样，对竞争优势的认识将被修正，"特殊关系资产、知识(资源)共享制度"被认为是潜在的组织间竞争优势的来源。

3）供应链速度

速度体现了供应链对客户需求的敏感度及创新产品或服务的能力，客户需求改变时，拥有快速价值创造能力的供应链在竞争中容易胜出，甚至反败为胜。速度主要指供应链的反应速度，尤其是对市场需求的反应速度，用来衡量供应链将创造的价值传递给客户的快慢。价值的实现最终都是通过客户购买实现的，在竞争日益激烈及客户的要求日益苛刻的环境下，不存在绝对的高价值。价值具有时效性，一旦比竞争对手晚一步，所创造的价值也就难以得到认可了。因此，如何将供应链创造的价值先于竞争对手送达客户或让客户感知到则是另一个关键因素。

4）供应链质量

供应链质量管理是对分布在整个供应链范围内的产品质量的产生、形成和实现过程进行管理，从而实现供应链质量控制与保证。供应链产品的生产、销售、售后服务需要由供应链节点企业共同完成，产品质量客观上是由供应链中各成员共同保证和实现的，产品质量的形成和实现过程分布在整个供应链范围内，供应链中每个节点企业效益都与产品质量休戚相关。确保供应链具有持续而稳定的质量，就可能对客户和市场需求做出快速响应，提供优质的产品和服务，提高市场和最终客户的满意度，增强供应链整体竞争优势。因此，达到与保持物流服务质量的高水平，是供应链管理的重要目标。而这一目标的实现，必须从原材料、零部件供应的零缺陷开始，直至供应链管理全过程、全人员、全方位质量的最优化。

5）供应链成本

供应链作为一个整体，需要考虑整体价值，降低总成本，从而提高供应链整体的竞争优势。因此，成本是供应链竞争优势非常重要的考量因子，有些研究甚至以成本为单一指标评价供应链竞争力。供应链成本是指为保证供应链正常运作而支付的各种成本和费用的总和。为产品付出的所有成本在最终进入市场时，都会通过最终客户付出的价格得到反映。"降低成本"一直是供应链绩效管理的主题，同时成本的降低是指供应链总成本，而不是单个企业成本的降低。

6.1.2　供应链的核心竞争力

1. 核心竞争力的概念

核心竞争力是指能够为企业带来相对于竞争对手的竞争优势资源，以及资源的配置与整合方式。随着企业资源的变化及配置与整合效率的提高，企业的核心竞争力也会随之发生变化。凭借着核心竞争力产生的动力，一个企业就有可能在激烈的市场竞争中脱颖而出，使产品和服务的价值在一定时期内得到提升。

2. 核心竞争力的概念来源

在美国学者普拉哈拉德(C.K.Prahalad)和哈默(G.Hamel)看来：首先，核心竞争力应该有助于公司进入不同的市场，它应成为公司扩大经营的能力基础；其次，核心竞争力对创造公司最终产品和服务的客户价值贡献巨大，它的贡献在于实现客户最为关注的、核心的根本利益，而不仅仅是一些普通的、短期的好处；最后，公司的核心竞争力应该是难以被竞争对手所复制和模仿的。

核心竞争力是一个企业能够长期获得竞争优势的能力，是企业所特有的、能够经得起时间考验的、具有延展性的，并且是竞争对手难以模仿的技术或能力。

核心竞争力，又称"核心（竞争）能力""核心竞争优势"，指的是组织具备的应对变革与激烈的外部竞争，并且取胜竞争对手的能力的集合。

核心竞争力是企业竞争力中那些最基本的能使整个企业保持长期稳定的竞争优势，获得稳定超额利润的竞争力，将技能资产和运作机制有机融合的企业自身组织能力，是企业推行内部管理性战略和外部交易性战略的结果。现代企业的核心竞争力是一个以知识、创新为基本内核的企业某种关键资源或关键能力的组合，是能够使企业、行业和国家在一定时期内保持现实或潜在竞争优势的动态平衡系统。

3．核心竞争力的识别标准

核心竞争力的识别标准包括以下几条。

1）价值性

这种能力首先能很好地实现客户所看重的价值，如能显著地降低成本，提高产品质量，提高服务效率，以及增加客户的效用，从而给企业带来竞争优势。

2）稀缺性

这种能力必须是稀缺的，只有少数的企业拥有它。

3）不可替代性

竞争对手无法通过其他能力来替代它，它在为客户创造价值的过程中具有不可替代的作用。

4）难以模仿性

核心竞争力还必须是企业所特有的，并且是竞争对手难以模仿的，也就是说它不像材料、机器设备那样能在市场上购买到，是难以转移或复制的。这种难以模仿的能力可为企业带来超过平均水平的利润。

4．供应链与核心竞争力的关系

1）供应链产生和存在的本质是为了增强和发挥企业的核心竞争力

随着科学技术的不断进步和经济的不断发展，加之全球化信息网络和全球化市场的形成及技术变革的加速，围绕产品创新的市场竞争也日趋激烈。技术进步和需求多样化使得产品生命周期不断缩短，企业面临着缩短交货期、提高产品质量、降低成本和改进服务的压力。传统的生产与经营模式已无法快速响应市场需求和维持企业的竞争优势。企业为了最大限度地发挥自身的优势，取得特定的绩效，管理的重心转为以核心竞争力为焦点的企业规模缩减化，同时把非核心竞争力的部分通过外部委托的形式来取得相应的资源。正因为如此，构筑相关企业的网络成为企业经营管理中取得竞争优势的主要源泉。在当今竞争日益激烈的环境下，企业为了维系现有的市场份额，并取得长足的发展，就必须使供应商、生产商、零售商和最终客户等经济主体之间建立长期合作伙伴的关系。

2）供应链管理与企业核心竞争力有着密切的联系

供应链管理中的一个重要内容就是供应链各节点企业之间如何链接的问题，而供应链中每一个企业的边界的确定是研究和确定供应链节点企业之间链接问题的一个重要前提。企业可以被看成是一组核心竞争力和支持核心竞争力的补充性资产的整合。企业的边界可以通过组织学习、路径依赖、技术机会、环境选择和企业的补充性资产中的地位等因素来理解。根据这些因素来确定每一个企业的边界，然后使供应链中的节点企业在合理确定的边界的基础上衔接起来。而这几个因素与企业的核心竞争力有密切的联系。企业的边界问题就是企业经营范围的问题。企业边界和范围的确定与企业核心竞争力及其提升有密切的联系。如果企业的经营范围过小，企业的核心竞争力就不能充分发挥作用；如果企业经营范围过大，企业中的某些业务可能就会缺乏核心竞争力的支撑。因此，从供应链管理的内容可以看出供应链管理与企业的核心竞争力有着密切的联系。

3）供应链管理本身就属于企业核心竞争力的一个构成要素

供应链管理是目前企业管理的一种先进模式。它注重的是企业核心竞争力，强调根据企业的自身特点，将主要精力放在企业的关键业务上，将非关键业务转由供应链中的其他企业完成，充分发挥各相关企业各自的核心能力，形成优势互补，从而更有效地实现最终客户的价值，提高企业的核心竞争力。在生产上对所有供应厂家的制造资源进行统一集成和协调，使它们能作为一个整体来运作，是供应链管理的一种重要方法。因为，企业往往有很多供应商，为了满足某一个具体的客户目标，就必须对所有供应商的生产资源进行统一集成和协调，使它们能作为一个整体来运作。企业在长期的经营过程中所掌握的、对其所有供应商的制造资源进行统一集成和协调的技术，是企业最重要的核心竞争力之一。

5. 供应链提升企业核心竞争力的途径

供应链提升企业核心竞争力的途径包括以下几个方面。

1）内部供应链提升企业核心竞争力

供应链是上下游企业之间各自取长补短，整合各自的核心竞争力，以提高整条供应链效率的过程，这就要求成员企业在竞争中具备独特的核心竞争力。企业通过内部供应链管理，可以实现企业内部核心竞争力的整合。

内部供应链是指由企业内部产品生产和流通过程中所涉及的采购部门、生产部门、仓储部门、销售部门等组成的供需网络。内部供应链管理的核心是效率问题，主要考虑在优化资源、能力的基础上，以最低的成本和最快的速度生产最好的产品并快速地满足客户的需求，以客户需求和高质量的预测信息驱动整个企业供应链的运作，提高企业反应能力和效率。内部供应链的管理问题说到底就是企业内部市场化运作的问题。我国最早推行内部供应链管理的是海尔集团。海尔集团通过实施内部供应链管理促进了产品适销率、质量和客户满意度的"三提高"，实现了零库存、零营运资本和与客户零距离的"三零经营"目标。

大企业是由许多内部企业组成的，这些内部企业之间相互发生着交易，它们同时也与本企业之外的客户进行着交易，于是产生了内部市场。内部企业和内部市场的存在导致企业内部市场化运作的机制出现。实施内部市场化把各利益主体紧密联系起来，有效地整合资源，抢占相当的市场份额以提高整个企业的整体竞争优势。供应链管理是一种集成的管理思想和方法，其出发点是高度关注客户的实际需求，实质是使供应链节点上的各相关企业充分发挥各自的核心竞争力，形成优势互补，从而更有效地实现最终客户的价值。而企业内部市场化运作最根本的目的是加强相关流程间的供求关系。企业内部各相关流程之间的关系可以看成是企业内部供应链上经济实体的关系——内部供应链。

内部供应链管理的本质是整合内部的核心竞争力。供应链产生和存在的原因及供应链管理的核心内容都是为了实现供应链中企业之间核心竞争力的整合。实行内部市场化运作的企业内部的流程之间的供应与需求的关系越来越与供应链中企业之间的关系相似。供应链是供应链中的企业的核心竞争力的整合，具体讲，是供应链中的企业将核心竞争力与供应链上的其他企业的核心竞争力进行的整合；而企业是企业内部的各项流程的能力的整合。各项流程对企业整体都有自己独特的功能和贡献，对企业核心竞争力分别都有特殊的贡献，这就是企业内部核心竞争力。企业通过内部供应链管理达到对相关流程的需求及其变化做出快速反应，同时控制和减少各流程经营成本的目的，从而提升企业内部核心竞争力。

内部供应链管理的问题实际上是企业内部流程之间的协调与整合的问题，协调与整合的内容是各流程为企业所贡献的内部核心竞争力。通过内部核心竞争力形成企业的核心竞争力，可以实现企业竞争力的增强。

2) 外部供应链提升企业核心竞争力

外部供应链是指企业外部的，与企业相关的产品生产和流通过程中涉及的原材料供应商、制造商、批发商、零售商及最终客户组成的供需网络。供应链管理则是对整个链条的计划、控制、协调等经营活动的管理，其目标就是将客户所需的正确产品，在正确的时间，以正确的数量、正确的质量和正确的状态，送到正确的地点，并使这些活动的总成本最小，实现高的客户满意度。

供应链管理追求整个链条收益最大化，这种整体利益的最大化改变了过去企业间"各自为政""互为对手"的格局，建立了成员之间的合作伙伴关系。通过协调供应链成员之间的行为，可以降低交易风险，实现链上各节点企业间的共赢。信息技术的发展，为提高供应链管理水平提供了技术支撑。通过供应链之间网络体系的搭建，信息被快速、准确地传递，有利于企业对市场需求做出快速反应。通过供应链，与其他企业建立战略联盟，企业可以轻装上阵，将有限的资金和精力投入到自己的核心业务中，形成核心竞争力，把非核心业务交由联盟企业完成，实现企业核心竞争力的互补。供应链各成员建立了信息系统，信息代替了库存，整个供应链的运作建立在"按需生产"的基础上，大大降低供应链各企业持有的库存，节约资金占用。据统计，世界级的供应链管理在分销渠道中的库存水平要比同行业不进行供应链管理的对手低 50%。

外部供应链管理中要特别注重战略伙伴关系管理。管理的焦点要以面向供应商和客户取代面向产品，通过建立良好的合作伙伴关系，企业就可以很好地与客户、供应商和服务提供商实现集成和合作，共同在预测、产品设计、生产、运输计划和竞争策略等方面设计和控制整个供应链的运作，达到共同获利的目的。

3) 企业核心竞争力的提升取决于内部供应链与外部供应链的整合

供应链管理的基本思想就是实现核心竞争力的整合。通过内部供应链管理实现企业内部核心竞争力的整合；通过外部供应链管理实现供应链上各节点企业之间核心竞争力的整合；通过企业内部供应链与外部供应链的整合，使企业内部供应链与外部供应链相匹配。

内部供应链与外部供应链的整合是一个动态的过程，是在内部供应链与外部供应链的相互作用和影响下完成的。内外供应链的整合，一方面要根据企业内部供应链的状况，选择合适的外部供应商；另一方面要根据所处的外部供应链的情况，对企业内部供应链进行调整。在对内外供应链整合时要分别对内外供应链进行评价，明确企业内部供应链和外部供应链的状况。在对企业内部供应链和外部供应链评价的基础上，本着与产品特点相适应、核心竞争力互补和消除供应链中的瓶颈企业的原则来选择外部供应链。但有时由于企业内外部环境所限，对于特定企业而言，供应链重新选择和转换的实现往往要付出极大的代价，甚至根本无法做到。此时，企业就只有通过调整内部供应链来适应所在整条供应链的要求。

6.1.3　供应链的电子化竞争

根据复旦大学管理学院唐跃军的文献《供应链与供应链的竞争》，在当前由企业与企业之间的竞争逐步演化为供应链与供应链之间的竞争的背景下，企业需要专注于构建电子化的全程供应链管理系统，通过让据推理融合(dempster-shafer，DS)系统进行有效的信息整合，建立核心竞争力联盟并积极运用竞争力策略，才有可能真正和供应链上的其他企业联合起来，获得广泛的技术及在质量和可靠性方面的快速反应能力，以及持续的成本优势，以此应对供应链与供应链之间的竞争。

现代供应链管理的核心是通过客户和供应商网络进行有效的协作，提高生产率，降低成本和增强客户服务的潜力，但潜力变为实实在在的竞争优势有赖于电子商务(electronic commerce，EC)的有效应用，电子商务运作架构如表 6-1 所示。

表 6-1　电子商务运作架构

品类管理体系			
建立基础设施	新品上市	最佳品目	最佳促销
产品补充体系			
融合供应	同步生产	自动补货	自动订货
可靠有效的作用		串连接驳	
技术体系			
电子数据交换	金属电子数据交换		项目数据库

如表 6-1 所示，电子商务的运作，建立在三个基础架构上，最底层是技术体系，包括电子数据交换、电子资金移转等，中层是产品补充体系，包括同步生产、自动订货等，上层是品类管理体系，包括新品上市及最佳品目等，各系统之间均能彼此串连接驳，迅速提

供交易决策的信息及可靠有效的作业。

显然，信息的质量比以往更加重要。实际上，从信息角度看，有效的供应链管理是将正确相关的信息在正确的时候提供给正确的人。企业间信息需求、库存状况、订单确认、供应商和其他业务活动信息的交流将改变企业销售产品、提供服务和结算收款方式。电子化的供应链把企业、客户、供应商在全球范围内紧密地联系起来，并及时地交换信息。快速、集成的信息流可以使供应链中的每一实体及时响应实际的客户需求，从而相应调整实际的物流。对许多企业而言，有效的供应链管理是新的利润增长点和提高竞争力的手段，但有效的供应链管理无疑将来源于完全电子化的供应链，以及由扩展的 EP 系统和电子商务平台完美结合的供应链管理信息系统的有力支持。也就是说，我们将借助 IT 创新各环节业务流程及业务模式，实现全程供应链管理，即以 EIP（企业信息门户）组织起来的"CPC（协同研发制造）+ERP/SCM+CFM+物流+EIP"模式。

扩展阅读6.1
企业的核心
竞争力理论的
起源与发展
案例分析

6.2　供应链合作战略

6.2.1　供应链合作关系

1. 供应链合作关系的定义

供应链合作关系是供应链各企业之间在一定时期内共享信息、共担风险、共同获利的合作关系，它能改善和提高供应链企业的财务状况、质量、产量、客户满意度和业绩等。其发展使供应链管理从以产品和物流为核心转向以集成和合作为核心。

2. 供应链合作关系的动力

供应链合作关系的动力包含以下几个方面。

1）核心竞争力

核心竞争力是建立在企业核心资源的基础之上的，企业技术、产品、管理、文化的综合优势在市场上的反映。核心竞争力是一个组织内部具有的一系列互补的技能和知识的结合，既具有一项或多项业务达到竞争领域一流水平的能力，又可以为客户提供某种特殊的利益。

2）不断变化的客户期望

企业通过建立合作伙伴关系满足客户的期望：个性化的产品设计、广阔的产品选择范围、优异的质量和可靠性、快速满足客户要求和高水平的客户服务。

3）外包战略

外包的好处包括成本优势、质量优势、柔性优势、专业优势和核心竞争力优势。

3．供应链合作关系的形成

在一个企业能从实施供应链战略合作关系获益之前，必须要认识到这是一个复杂的过程，供应链合作关系的建立不仅是企业结构上的变化，而且在观念上也必须有相应的改变。因此，必须一丝不苟地选择供应商，以确保真正实现供应链合作关系的利益。

1）传统关系

传统关系是指以传统的产品买卖为特征的短期合同关系。买卖关系是基于价格的关系，买方在卖方之间引起价格的竞争并在卖方之间分配采购数量来对卖方加以控制。

2）物流关系

物流关系以加强基于产品质量和服务的物流关系为特征，将物料从供应链上游到下游的转换过程进行集成，注重服务的质量和可靠性。供应商在产品组、柔性、准时等方面的要求较高。

3）合作伙伴关系

合作伙伴关系是企业与其合作伙伴在信息共享、服务支持、并行工程及群体决策等方面合作，强调基于时间和基于价值的供应链管理。

4）网络资源关系

网络资源关系以实现集成化战略合作伙伴关系和以信息共享的网络资源关系为特征。信息技术高度发展及在供应链节点企业间的高度集成，使供应链节点企业间的合作关系最终集成为网络资源关系。

4．供应链合作关系的意义

供应链合作关系的意义包括以下几个方面。

1）可以减少不确定因素

供需关系上的不确定因素可以通过相互之间的合作消除。通过合作，共享需求与供给信息，能使许多不确定因素明确。

2）可以快速响应市场

集中力量于自身的核心竞争优势，能充分发挥各方的优势，并能迅速开展新产品的设计和制造，从而使新产品响应市场的时间明显缩短。

3）可以加强企业的核心竞争力

以战略合作关系为基础的供应链管理，能发挥企业的核心竞争优势，获得竞争地位。

4）可以使客户满意度增加

制造商帮助供应商更新生产和配送设备，加大对技术改造的投入，提高产品和服务质量，增加客户满意度。

5．供应链合作关系的制约因素

供应链合作关系的制约因素包括以下几个方面。

1）高层态度

良好的供应链关系首先必须得到最高管理层的支持。只有最高管理层领导赞同合作伙伴，企业之间才能保持良好的沟通，建立相互信任的关系。

2）企业战略和文化

企业战略和文化可以消除企业结构和文化中社会、文化和态度之间的障碍，并适当地改变企业的结构和文化。在合作伙伴之间建立统一一致的运作模式或体制可以消除业务流程和结构上存在的障碍。

3）合作伙伴的能力和兼容性

合作伙伴的能力和兼容性包括总成本和利润的分配、文化兼容性、财务稳定性、合作伙伴的能力和定位、自然地理位置分布和管理的兼容性等。

4）信任

在供应链战略合作关系建立的实质阶段，需要进行期望和需求分析，相互之间需要紧密合作，加强信息共享，进行技术交流和提供设计支持。在实施阶段，相互之间的信任最为重要。

5）利益共享

供应链合作中各方的付出与收益不均衡，必须有一个各方都能接受的协调各方利益的标准。

6.2.2　如何选择供应链合作伙伴

1．选择方法

1）直观判断法

直观判断法是指根据征询和调查所得的资料并结合人的分析判断，对合作伙伴进行分析、评价，倾听和采纳有经验的采购人员意见，或者直接由采购人员凭经验进行判断。该方法常用于企业选择非主要原材料的合作伙伴。

2）招标法

由企业提出招标条件，各招标合作伙伴进行竞标，然后由企业决标，与提出最有利条件的合作伙伴签订合同或协议。该方法适用于订购数量大、合作伙伴竞争激烈时的情况。

3）协商选择法

由企业先选出供应条件较为有利的几个合作伙伴，同他们分别进行协商，再确定适当的合作伙伴。该方法适用于供货方较多和企业难以抉择的时候。

4）采购成本比较法

通过计算分析针对各个不同合作伙伴的采购成本，从中选择采购成本较低的合作伙伴。该方法适用于对质量和交货期都能满足要求的合作伙伴。

5）成本分析法

通过计算合作伙伴的总成本来选择合作伙伴，适用于分析企业因采购活动而产生的直接和间接成本的大小。

6）层次分析法

根据具有递阶结构的目标、子目标等来评价方案，采用两两比较的方法确定判断矩阵，然后把判断矩阵最大特征相对应的特征向量的分量作为相应的系数，最后综合给出各方案的权重。该方法的可靠性高、误差小，不足之处是遇到因素众多和规模较大的问题时，容易出现问题。

7）神经网络算法

模拟人脑的某些智能行为，如知觉、灵感和形象思维等，具有自学习、自适应和非线性动态处理等特征，建立更加接近于人类思维模式的定性与定量相结合的综合评价选择模型。通过对给定样本模式的学习，获取评价专家的知识、经验、主观判断及对目标重要性的倾向。当对合作伙伴做出综合评价时，该方法可再现评价专家的经验、知识和直觉思维，从而实现定性分析与定量分析的有效结合，也可以较好地保证合作伙伴综合评价结果的客观性。

2. 选择步骤

步骤 1：分析市场需求和竞争环境，以及合作关系建立的必要性。市场需求是企业一切活动的驱动源。同时，分析现有合作伙伴的现状，分析、总结企业存在的问题。

步骤 2：确立合作伙伴选择目标。企业必须明确需要什么样的合作伙伴，合作伙伴评价程序如何实施，信息流程如何运作和谁负责等问题，必须建立实质性的和实际的目标。

步骤 3：制定合作伙伴综合评价标准。合作伙伴综合评价标准是企业对合作伙伴进行综合评价的依据和标准，是反映企业本身和环境所构成的复杂系统中不同属性的指标，是按隶属关系、层次结构有序组成的集合。

步骤 4：建立评价组织。企业必须建立一个小组来控制和实施对合作伙伴的评价。评价小组必须同时得到制造商企业和合作伙伴企业最高领导层的支持。

步骤 5：合作伙伴参与。一旦企业决定进行合作伙伴评价，评价小组必须与初步选定的合作伙伴取得联系，以确认他们是否愿意与企业建立供应链合作关系，并尽可能早地让合作伙伴参与到评价设计的过程中。

步骤 6：评价合作伙伴。评价合作伙伴的一个主要工作是调查、收集有关合作伙伴的生产运作等全方位的信息。

步骤 7：决定合作伙伴。根据评价结果确定合作伙伴，如果选择成功，则可开始实施供应链合作关系，如果没有适合合作的伙伴可选，则返回步骤 2 重新开始评价选择。

步骤 8：实施供应链合作关系。由于市场需求的不断变化，可以根据实际情况的需要及时修改合作伙伴评价标准，或重新开始合作伙伴评价选择。在重新选择合作伙伴的时候，应给予旧合作伙伴以足够的时间适应变化。

3. 供应链核心企业对供应链合作关系的影响

核心企业除能创造特殊价值，长期控制比竞争对手更擅长的关键性业务工作以外，还要协调好整条链中从供应商、制造商、批发商、零售商直到最终客户之间的关系，为了控制整个增值链的运行，核心企业必然成为整个供应链的信息集成中心、管理控制中心、物流中心，它也是物流各环节(如运输、保管)之间相互转换的桥梁。供应链是围绕核心企业建立起来的。核心企业对供应链战略伙伴关系的影响表现在以下几个方面：

(1)核心企业的规模及其在行业中的影响；

(2)核心企业的产品开发能力和导向能力；

(3)核心企业产品在市场中的占有率；

(4)核心企业主导产品结构；

(5)核心企业的商业信誉；

(6)核心企业的经营思想与合作精神。

4. 以核心企业为中心建立组织结构的形式

1)核心企业作为客户企业的组织结构

作为这类核心企业，它本身应拥有强大的销售网络和产品设计等优势，销售、客户服务这些能力就由核心企业自己的销售网络来完成。供应链的管理重点应放在供应商的选择及信息网络的设计、生产计划、生产作业计划、跟踪控制、库存管理、供应商与采购管理等方面。

2)核心企业作为产品或服务供应者的组织结构

作为这类核心企业，它本身享有供应和生产的特权，或者具有在制造、供应方面不可替代的优势，但其在分销、客户服务等方面则不具备竞争优势。因此，在这一模型中，供应链管理主要集中在经销商、客户的选择、信息网络的设计、需求预测计划与管理、分销渠道管理、客户管理与服务等方面。

3)核心企业同时作为产品和服务的供应者和客户的组织结构

这类核心企业主要具有产品设计、管理等优势，但是，在原材料的供应、产品销售及各市场客户的服务方面，缺乏足够的力量。因此，它必须通过寻求合适的供应商、制造商、分销商和客户构建整个供应链。供应链管理主要是协调好产、供、销的关系，如信息网络的设计、计划(控制、支持)管理、物流管理、信息管理等方面。

4)核心企业作为供应商与客户之间的中介的组织结构

这类核心企业往往具有良好的商誉和较大的经营规模，并且掌握着本行业大量的信息资源。它主要通过在众多中小经销企业和大的供应商之间建立联系，代表中小经销企业的利益，取得同大的供应商平等的地位，从而建立起彼此合作的战略伙伴关系。供应链管理主要集中在中小经销企业与大的供应商之间的协调、信息交换以及对中小经销企业的控制等方面。

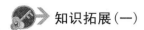 知识拓展（一）

协同效应理论

1971 年，德国物理学家赫尔曼·哈肯提出了"协同"的概念，1976 年他系统地论述了协同理论，并发表了《协同学导论》等著作。协同理论认为整个环境中的各个系统间存在着相互影响而又相互合作的关系。社会现象亦如此，如企业组织中不同单位间的相互配合与协作关系，以及系统中的相互干扰和制约等。

协同效应就是指企业生产、营销、管理中的不同环节、不同阶段、不同方面共同利用同一资源而产生的整体效应，或者是指并购后竞争力增强，导致净现金流量超过两家公司预期现金流量之和，又或合并后公司业绩比两个公司独立存在时的预期业绩高。

一个企业可以是一个协同系统，协同是经营者有效利用资源的一种方式。这种使公司整体效益大于各个独立组成部分总和的效应，经常被表述为"1+1>2"或"2+2=5"。安德鲁·坎贝尔等（2000）在《战略协同》一书中说："通俗地讲，协同就是'搭便车'。""当从公司一个部分中积累的资源可以通过横向关联取得协同效应，被同时且无成本地应用于公司的其他部分的时候，协同效应就发生了。"他还从资源形态或资产特性的角度区别了协同效应与互补效应，即"互补效应主要是通过对可见资源的使用来实现的，而协同效应则主要是通过对隐性资产的使用来实现的"。蒂姆·欣德尔（2004）概括了坎贝尔等人关于企业协同的实现方式，指出企业可以通过共享技能、共享有形资源、协调战略、垂直整合、与供应商谈判和联合力量等方式实现协同。

20 世纪 60 年代美国战略管理学家伊戈尔·安索夫（H. Igor Ansoff）将协同的理念引入企业管理领域，协同理论成为企业采取多元化战略的理论基础和重要依据。1965 年，伊戈尔·安索夫首次向公司经理们提出了协同战略的理念，他认为协同就是企业通过识别自身能力与机遇的匹配关系来成功拓展新的事业，协同战略可以像纽带一样把公司多元化的业务联结起来，即企业通过寻求合理的销售、运营、投资与管理战略安排，可以有效配置生产要素、业务单元与环境条件，实现一种类似报酬递增的协同效应，从而使公司得以更充分地利用现有优势，并开拓新的发展空间。伊戈尔·安索夫在《公司战略》一书中，把协同作为企业战略的四要素之一，分析了基于协同理念的战略如何可以像纽带一样把企业多元化的业务有机联系起来，从而使企业可以更有效地利用现有的资源和优势开拓新的发展空间。多元化战略的协同效应主要表现为：通过人力、设备、资金、知识、技能、关系、品牌等资源的共享来降低成本、分散市场风险及实现规模效益。哈佛大学教授莫斯·坎特（R. Moss Kanter）甚至指出："多元化公司存在的唯一理由就是获取协同效应。"

6.3 本章小结

　　本章主要介绍了供应链竞合战略，即供应链间的竞争和合作战略，供应链间既要竞争，又要在某一领域合作。供应链竞争力主要体现在供应链的核心竞争力上，核心竞争力是指能够为企业带来相对于竞争对手的竞争优势资源，以及资源的配置与整合方式。随着企业资源的变化及配置与整合效率的提高，企业的核心竞争力也会随之发生变化。凭借着核心竞争力产生的动力，一个企业就有可能在激烈的市场竞争中脱颖而出，使产品和服务的价值在一定时期内得到提升。供应链产生和存在的本质是为了增强和发挥企业的核心竞争力，供应链管理与企业核心竞争力有着密切的联系，供应链管理本身就属于企业核心竞争力的一个构成要素。

　　供应链合作关系是供应链各企业之间在一定时期内共享信息、共担风险、共同获利的合作关系，它能改善和提高供应链企业的财务状况、质量、产量、客户满意度和业绩等。供应链合作关系的发展使供应链管理从以产品或物流为核心转向以集成和合作为核心。供应链要通过一定的方法选择好相应的合作伙伴，并对合作伙伴进行有效评价。

本章思考题

1．概括供应链竞合战略的内涵。
2．什么是企业核心竞争力，核心竞争力可以复制吗？
3．简述核心企业对供应链战略伙伴关系的影响。
4．简述供应链合作伙伴的选择方法。
5．讨论以沃尔玛为核心的供应链的核心竞争力。

扩展阅读6.2
本田公司与
其供应链的
合作伙伴关系
案例分析

即测即练

参 考 文 献

[1] [美]苏尼尔. 供应链管理[M]. 杨依依，译. 北京：中国人民大学出版社，2021.

[2] 戚风. 供应链管理从入门到精通[M]. 天津：天津科学技术出版社，2019.

[3] 邓明荣. 供应链管理：战略与实务[M]. 北京：机械工业出版社，2012.

[4] 鲁其辉. 供应链竞争与协调管理理论研究[M]. 北京：科学出版社，2014.

[5]　葛泽慧. 竞争与合作——数学模型及供应链管理[M]. 北京：科学出版社，2020.

[6]　熊伟. 供应链竞争力与经济发展[M]. 北京：航空工业出版社，2015.

[7]　赵海霞. 供应链与供应链竞争的纵向结构与合同选择[M]. 成都：四川大学出版社，2018.

[8]　姜宏锋. 决胜供应链[M]. 北京：中国人民大学出版社，2019.

[9]　[美]李令遐. 建立具有竞争力的供应链——供应链管理理论与方法[M]. 张根林，译. 北京：中国水利水电出版社，2000.

[10]　胡琴芳. 供应链合作关系中的连带责任治理模式研究[M]. 长春：吉林大学出版社，2019.

优 化 篇

第7章 供应链"三流"战略

学习目标：

1. 掌握供应链物流管理战略的基本内涵及重要内容；
2. 了解供应链财务战略的基本概念及财务供应链解决措施；
3. 理解供应链信息战略的重要地位；
4. 掌握供应链节点企业间信息共享的重要性；
5. 理解供应链信息共享的模式。

>>> 章前引例

宝供物流案例

宝供储运，是一家民营的中型储运企业，它从1994年年底成立到现在仅仅有四年多的历史。但是，在这四年多的成长过程里，它对应用信息技术的追求却贯穿始终。对不太了解储运行业的人来说，可能很难想象这类在印象里靠"搬东西、看仓库"赚钱的企业，特别是这么一个原本很小的民营企业，对信息技术的应用竟然会这么执着。甚至，一些储运业的同行也不一定会理解或者赞同宝供储运的这种"另类做法"。

宝供储运的总经理和创始人刘武在1992年承包了广州的一个铁路货物转运站。在那个时候，这个小小的转运站在铁路货运方面已经开始小有名气，这主要就是因为它承担下来的货运任务大多都能及时完成，运输质量比较好，仓库也比较干净，另外他的货运站也是当时唯一一家能够提供24小时货运仓储服务的企业。也正是因为这些原因，1994年刘武终于迎来了一个对自己和自己未来事业都将产生巨大影响的客户——宝洁公司（P&G）。

1994年，美国宝洁公司进入中国市场，并在广东地区建立了大型生产基地。对于刚刚进入中国市场的宝洁公司来讲，产品能否及时、快速地运送到全国各地，是其能否快速抢占中国市场的一个重要环节。1994年的广东，国营储存和运输两种不同类别的公司占据了物流行业的主导地位。宝洁公司首先联系的就是这些大型国营储存和运输公司，但却发现这些公司要么只管仓库储存，要么只负责联系铁路运输，而且，搞储存的仓库却又脏又乱。更严重的是，这些国营单位的职工每天17:30就下班，其后想发货也找不到人。而搞运输的公司只要货物一送上火车，就概不负责了，货物何时到站，有没有人接货，货物破损率情况等等与他们再没有任何的关系。几个月后，宝洁终于忍无可忍，开始把目光投向了民营储运企业。

刘武说："传统的运作方法必须改变，我必须要知道客户需要些什么，然后想办法去满足他。否则人家又何必来找你一个小公司呢？这个想法后来也促使我下决心创办了宝供储运这个企业。"其实，刘武之所以寻求自己创业，很大一部分原因是在经营思想上受到了很多国有企业体制的掣肘。为了可以按照自己的理解来做储运，不在这个框框里面受那么多限制，1994 年的时候，刘武一咬牙，拿出几年来攒下的积蓄，注册成立了广州宝供储运有限公司。

为了更好地满足宝洁的要求，刘武曾经仔细思考过自己该怎么去做，铁路运输为宝洁节省了成本，但是铁路运输的特点就是环节多，时间不可靠，再加上一些装卸运输过程中的野蛮作业，所以残损率也比较高。另外宝洁还曾经一再表示，传统的储运公司让客户觉得很麻烦，货到了以后，还要委托另外一个供应商来提货，或者派自己的人去提货，而一旦出现短少、破损，或者提货不及时等问题时，往往就会造成互相扯皮的现象。在宝洁的启发下，刘武决定要在全国建立一个运作的网络，以保证货物都是按照同样的操作方法、同样的模式和标准来运作，而且这样在公司内部信息沟通、协调起来也会比较方便。于是宝供储运成立后的两个月里，刘武一直都是在外面搞试点，并很快就在成都、北京、上海、广州设立了 4 个分公司。分公司的设立，比较好地解决了以上的大部分问题。由宝供承运的货物到达目的地后，将仍然由受过专门统一培训的宝供储运的人来接货、卸货、运货，为宝洁公司提供门到门的"一条龙"服务。

资料来源：根据网络资料整理。

7.1 供应链物流战略

7.1.1 供应链物流

1. 供应链物流的概念

供应链物流是为了顺利实现与经济活动有关的物流，协调运作生产、供应活动、销售活动和物流活动，进行综合性管理的战略机能。供应链物流是以物流活动为核心，协调供应领域的生产和进货计划、销售领域的客户服务和订货处理业务，以及财务领域的库存控制等活动，包括了对涉及采购、外包、转化等过程的全部计划和管理活动及全部物流管理活动。更重要的是，它也包括了与渠道伙伴之间的协调和协作，涉及供应商、中间商、第三方服务供应商和客户。

2．供应链物流的模式

根据协调运作生产、供应活动、销售活动和物流活动的机能的差异性，可以把生产企业供应链物流归纳成三种模式：批量物流、订单物流和准时物流。

(1)批量物流的协调基础是对客户需求的预测，生产企业的一切经济活动都是基于对客户需求的预测而产生的。在预测的前提下，生产企业的经济活动都是批量运营的，批量采购、批量生产和批量销售，这也必然伴随着批量物流。

(2)订单物流的协调基础是客户的订单，生产企业的经济活动是基于客户订单而产生的。在订单的前提下，生产企业的经济活动都是围绕订单展开的，根据订单进行销售、生产和采购，而物流也是在根据客户订单产生的经济活动中形成的。订单物流主要表现为两种模式，一是以最终客户的订单为前提的最终客户订单驱动模式，如戴尔模式；二是以渠道客户的订单为前提的渠道客户订单驱动模式，如海尔模式。海尔模式最大的特点是"一流三网"的物流体系。"一流"是指订单流，即海尔通过客户的订单进行采购、制造等活动，海尔的客户主要是海尔专卖店和营销点，所以海尔是渠道客户订单驱动的供应链物流模式。

(3)准时物流是订单物流的一种特殊形式，是建立在准时制管理理念基础上的现代物流方式。准时物流能够达到在精确测定生产线各工艺环节效率的前提下，按订单准确的计划，消除一切无效作业与浪费，如基于均衡生产和看板管理的丰田模式。

3．供应链物流特点

森尼尔·乔普瑞和彼得·梅因德尔都认为供应链的特点是在反应能力和盈利能力之间进行权衡。每一种提高反应能力的战略，都会付出额外的成本，从而降低盈利水平。因此，供应链有两种类型的竞争优势：一是反应优势，二是成本优势。影响供应链反应能力和盈利能力的因素包括库存、运输、设施和信息。从这些影响因素来看，森尼尔·乔普瑞等所指的供应链，更倾向于指供应链物流。所以，生产企业供应链物流也应具有两种类型的竞争优势，即反应优势和成本优势。

森尼尔·乔普瑞等认为供应链的反应能力主要体现在完成以下几个任务的能力：对大幅度变动的需求量的反应，满足较短供货期的需求，提供多品种的产品，生产具有高度创新性的产品，满足特别高的服务水平要求。

我们可以进一步把这些任务细分成两类反应能力：一类是需求变化反应能力，另一类是供货需求反应能力。需求变化反应能力指当市场需求发生波动时，依据需求变化速度来改变供货速度的能力，主要体现在对大幅度变动的需求量的反应，提供多品种的产品，生产具有高度创新性的产品等能力上；供货需求反应能力是指在客户发出货物订单后所需要的供货周期，主要表现在满足较短供货期的需求，满足特别高的服务水平要求等能力上。生产企业供应链物流的反应优势指的是具备需求变化反应能力，或是具备供货需求反应能力，或是同时具备这两种反应能力所产生的竞争优势。

日本诊断师物流研究会认为，现代物流成本是生产成本和物流成本的合计。生产企业供应链物流成本所包含的成本也应该是这两者之和。根据供应链物流的竞争优势理论，在分析生产企业供应链物流模式的成本优势时，我们主要关注对供应链物流总成本起决定影响的那部分。基于此，我们认为生产企业供应链物流成本应该包括三个方面：过剩成本、投资成本和批量成本。过剩成本是指由于生产过剩所引起的供应链物流成本，以及为过剩产品所支付的销售、生产、采购和物流成本。过剩成本又包括两类：一是在规定的时间内产生了数量过剩的产品，即实际产出量大于实际需求量；二是在规定的时间提前完成了生产任务，即在需求产生之前完成了生产任务。投资成本是指为了实现供应链物流的高效率而支付的成本，如为提高客户的需求反应所投资的成本。批量成本是指在供应链物流过程中由于流量的大小所引起的成本。供应链物流的成本优势是指供应链物流的总成本达到行业的最低水平。

4．供应链物流管理

供应链物流管理，是指以供应链核心产品或者核心业务为中心的物流管理体系。前者主要是指以核心产品的制造、分销和原材料供应为体系而组织起来的供应链物流管理，如汽车制造、分销和原材料的供应链的物流管理，就是以汽车产品为中心的物流管理体系。后者主要是指以核心业务为体系而组织起来的供应链物流管理，如第三方物流或者配送、仓储、运输供应链的物流管理。这两类供应链物流管理既有相同点，又有区别。

供应链物流管理的方法主要有：联合库存管理、供应商掌握库存、供应链运输管理、连续补充货物、分销资源计划、准时化生产、快速响应系统和有效率的客户响应系统。

7.1.2　供应链物流管理战略

随着世界经济的快速发展和现代科学技术的进步，现代物流业作为现代经济的重要组成部分和工业化进程中最为经济合理的综合服务模式，正在全球范围内迅速发展。在国际上，物流产业被认为是国民经济发展的动脉和基础产业，其发展水平成为衡量一个国家现代化程度和综合国力的重要标志之一，被喻为促进经济发展的"加速器"。在国内，随着产业结构的不断调整及优化，物流产业已经成为国民经济发展中的关键环节。而供应链的运营管理是物流产业中的核心环节，它的效率直接影响物流产业价值的创造，因此，供应链物流管理战略就显得十分必要。

1．成本管理战略

在企业经营活动中，物流供应链渗透各项经营活动。现代供应链成本是指从原材料供应开始一直到将商品送达客户手上所产生的全部费用。由于供应链成本没有被列入企业的财务会计制度，制造企业习惯将供应链费用计入产品成本，商业企业则把供应链费用和流通费用混在一起。因此，无论是制造企业还是商业企业，不仅难以按照供应链成本的内涵完整地计算出供应链成本，而且连已经被生产领域或流通领域分割开来的供应链成本，也不能单独真实地计算并反映出来。企业经营的一个重要目标是以最小的投入获取最大的收益。而实现这一目标的重要途径是成本管理，供应链成本的控制是对成本限额进行预算，将实际成本与目标成本限额加以比较，纠正存在的差异，提高物流活动的经济效益。一般地，控制供应链成本可采用生产率标准、标准成本和预算检验物流绩效等方法。战略成本管理是一种全面性与可行性相结合的管理技术，它使企业在产品策划与设计阶段就关注到将要制造的产品成本是多少。战略成本管理最关键的因素是目标成本。

通过对企业供应链成本的分析，降低供应链成本的基本途径有以下五种。

（1）通过效率化的配送来降低供应链成本。企业可以通过实现效率化的配送，减少运输次数，提高装载率及合理安排配车计划，选择最佳的运送手段，从而降低配送成本。

（2）利用物流外包降低企业供应链成本。企业把物流外包给专业化的第三方物流公司，可以缩短商品在途时间，减少商品周转过程的费用和损失。有条件的企业可以采用第三方物流公司直供上线，实现零库存，降低成本。

（3）借助现代化的信息管理系统控制和降低供应链成本。在传统的手工管理模式下，企业的成本控制受诸多因素的影响，往往不易也不可能实现各个环节的最优控制。一方面，企业采用信息管理系统可使各种物流作业或业务处理准确、迅速地进行；另一方面，通过信息管理系统的数据汇总进行预测分析，可对物流成本进行事前控制。

（4）加强企业职工的成本管理意识。把降低成本的工作从物流管理部门扩展到企业的各个部门，并从产品开发、生产到销售整个周期中进行物流成本管理，从而使企业员工具有长期发展的战略性成本意识。

（5）对商品流通上网全过程实现供应链管理。商品流通上网全过程实现供应链管理的目的是实现供应链整体化、系统化、物流一体化和供应链利益最大化，从而有效降低企业供应链成本。

2．库存管理战略

在供应链管理模式下，库存量的高低不仅影响着单一企业的综合成本，也制约着整条供应链的性能。如何建立适当的库存量，既可以减少库存成本，又不影响正常的产品生产以及对客户的服务，已经成为企业管理者在实施供应链管理中必须考虑的问题。如何建立与市场不确定性需求相对应的库存，也是管理者在优化供应链时必须考虑的重要问题。库存是整个供应链上的无缝连接器，库存越多，缺货的风险就越小。然而，库存越多，货物积压和资金占用就越多，供应链的营运成本也就越高，企业竞争力就会降低。目前，我国供应链物流效率低下的原因主要有库存积压、呆滞物料占供应链的成本过高等。因此，降低库存，提高供应链效率，具有非常重要的意义。传统库存管理模式主要是以单一企业为对象的库存，每个节点独立管理，从企业自身利益最大化角度通过确定订货点及订货量以寻求降低库存、减少缺货、降低需求不确定的风险。这种模式使得供应链上的各企业之间缺乏信息沟通，企业间合作的程度很低，因此产生了供应链上的一种需求变异逐级放大的效应，通常称之为牛鞭效应。这一效应是供应链下库存管理的特点，只有创新供应链库存管理才能解决该问题。可以通过以下四种措施来减少牛鞭效应。

(1)实现信息共享。牛鞭效应主要是由于供应链各阶段按订单而不是按顾客需求进行预测造成的，而供应链的唯一需求就是满足最终客户的需求，如果零售商与其他供应链成员共享销售时的数据，就能使各成员对实际客户要求的变化做出响应。

(2)改善操作作业，通过缩短提前期和减少订购批量来降低牛鞭效应，通过先进的通信技术缩短订单处理和信息传输的信息提前期，通过直接转运缩短运输提前期，通过柔性制造缩短制造提前期，通过实行事先送货预告缩短订货提前期。

(3)稳定价格，制定相应的价格策略，鼓励零售商进行小批量订购并减少提前购买行为。

(4)建立战略伙伴关系，实现信息共享，使供应链上每个阶段的供应与需求都能很好匹配，从而降低交易成本。

当今流通领域人们普遍关注的是如何提高商品物流的效率并降低其成本。成本管理战略和库存管理战略上的创新，有利于企业增强自身的竞争力，优化行业结构并提高管理水平。此外，企业应该首先确定自身的经营战略，在构筑信息系统时积极吸收并运用高新技术，同时注重发展和巩固企业间、行业间的战略伙伴同盟。

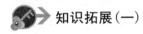 知识拓展(一)

供应链管理战略产生的背景

供应链管理战略产生的背景有以下几点：

(1)产品寿命周期越来越短；

(2)产品品种数量飞速膨胀；

(3)对交货期的要求越来越高；

(4)对产品和服务的期望越来越高。

7.2 财务供应链战略

7.2.1 财务供应链概述

1. 财务供应链的出台

ERP 是过去二十年间企业计算领域的一股大浪潮，《财富》排名前 1 000 家的企业有

85%实施了 ERP。《财富》排名前 1 000 家的企业在 20 世纪 90 年代初的库存储备成本大约为 1 500 亿美元，若能减少库存，则能大大节省储备成本。美国商务部统计，在 1980 年到 1990 年期间，库存比例从 5.4%下降到了 4.8%。

可以看到，现金储备在某些方面与库存非常类似，如果对其来源及其使用缺乏预见性，那库存和现金都要储备得多一些。但如果从相关供应链获取信息并加以管理，就可以减少不确定性，这对库存来说是原料与服务供应链，对现金来说就是财务供应链。

据估计，《财富》排名前 1 000 家企业的现金储备成本高达 900 亿美元。虽然目前的电子采购几秒钟之内就可以完成，货物次日即可发送，但资金流动仍然需要几个月的时间。事实上，不少重大的电子采购行为还没有实现付款流程的自动化，主要问题在于单点解决方案不完善，整合非常有限；企业之间的集成和自动化程度有限；争议解决、对账调节和付款仍采用人工方法等。

如果能够构建一个完善的财务供应链管理系统，那企业不仅能够使现金流更加透明和健康，还能帮助供应商实现自助管理，降低发票处理及对账调节的成本，改进期末结算，消除重复付款现象等。

2．财务供应链概念

财务供应链管理(financial supply chain management，FSCM)，就是指对从客户下订单、单据核对，到付款给卖方的所有与资金流动有关的交易活动的管理。企业以安全透明的方式管理从订购至结算的购买和财务交易活动流程，从而优化现金流转，更好地管理企业的营运资金，提高资金利用率。一般来说，完整的供应链包括五个环节，即供应商、制造商、批发商、零售商和最终客户。从上面给出的几个相关概念可知，所谓财务供应链简单来说，就是供应链三流(信息流、物流和资金流)中的资金流。

7.2.2 财务供应链实施环境

1．经济环境分析

资金是一个企业的主要经济命脉，企业如果资金运作不善还去谈发展，那么将是无本之木。只有在企业资金运作顺畅的情况下，企业的运作才会顺畅，才能更好地发展。目前，我国经济还处于持续高速增长阶段，持续的高速增长会刺激市场需求，而在这种国家宏观经济呈良性发展的状态下，企业应该抓住机会，采取扩张战略，扩大规模。而处于成长期的企业需要充足的资金来发展，通过快速、廉价地融通资金，弥补资金不足。

改革开放以来，在我国经济处于强势发展的状态下，我国金融市场也获得了较大的发展，金融工具种类不断增加。但与国外发达国家，甚至一些新兴市场国家和地区相比，还有很大差距。目前，我国金融工具种类仍然偏少(尤其是衍生金融工具种类)，金融市场规模小，种类不齐。企业想从金融市场快速融资，困难比较大。因此，在没有一个良好的外部环境能够使企业快速融资、投资的情况下，企业想要改善资金状态，使资金流更为顺畅，只能另外开辟通道，而引进财务供应链，可以使企业满足资金方面的需求。

2．技术环境分析

有关专家指出，对财务供应链进行管理，有两个方面特别关键：一是能否获得有关将来现金支出需求及现金流入的准确信息，这方面的信息可以从相关的财务供应链中获取；二是基本的技术实现是否已经到位。在最近的几年里，互联网已成为企业之间非常经济的沟通方式，并且成为处理业务的可靠手段，企业的业务流程都建立在可信赖的网络基础之上。实现发票收据、税款计算、发票核准、付款及现金管理方面的流程自动化时机已成熟，其安全措施也足以支持电子支付系统所要求的技术升级。也就是说，财务供应链管理所要求的技术条件已经具备。网络技术的发展使运用财务供应链管理的企业现金流有以下两方面的潜在优势。

1）财务交易自动化

在常见的交易流程中，卖方在出货时将商业发票给买方；买方的应付账款经理人核对发票和订单，将订单先交给收货人批准，再交给高层主管批准拨款；最后经核准的账单再送至银行转账。可以看出这种人工管理文件的方式非常耗时，也容易发生错误，如价格不符、拼写错误、订单号码不对、送货错误等。错误的发生无形之中又使交易的过程延长。在目前价格竞争越来越激烈的情况下，企业逐渐不再采用时间过长的流程。此外在这种常见的交易流程中，传统的流程是依靠纸质文档来完成的，也增加了交易的成本。财务供应链的出台和网络技术的发展使资金可以快速支付，如接受订单、开立发票、发票审核、货款支付等都可以通过网络进行。

下面对一个财务供应链服务公司——Trade Card 公司的服务流程进行简单介绍，其财务供应链流程如图 7-1 所示。

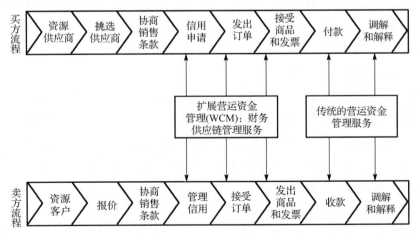

图 7-1　Trade Card 公司财务供应链流程

Trade Card 平台上的买方利用 E-mail 或电子数据交换下达订单，此笔订单资讯将传到 Trade Card 系统。Trade Card 平台上的卖方看到订单后，决定是否接单。买卖双方可以利用 Trade Card 平台在线上进行谈判协商，双方同意订单上的约定后，就可以签订订单合约，此合约是以数字签章方式订立的。而 Trade Card 平台上的信用保险机构将承担买方的信用风险，信用保险机构会对买方信用进行调查，根据卖方信用调查结果提供给买方一个信用额度，在此额度下，卖方可以得到保障。另外，这项服务还可以提供以下两项利益。

第一，差异的解决。在 Trade Card 平台上，双方可以通过信用保险公司快速解决差异问题。

第二，弹性的信用保护时间期限。在此平台上，信用保护时间期限由双方自行决定，一旦买方发生信用风险，保险机构将进行赔付。卖方制作并核发装箱单和商业发票后，Trade Card 系统会通知物流公司装运货物；货物一经装运，物流公司便填妥并认证货件运抵证明文件，Trade Card 核实系统会核对货件运抵文件是否符合订单上的装运日期、装运目的地、交易当事人和收货人等；收货人按照交易要求，在 Trade Card 系统内制作并确认货件运抵证明文件，以便 Trade Card 文件核实系统启动付款作业。在经过有关验收以后，卖方如果想提前获得货款(假设卖方给予买方延长的信用期限)，Trade Card 系统会将卖方制作的融资申请文件传送给选定的融资供应商，由其直接与卖方洽谈融资条款；在买方核准付款交易后，融资供应商将通过 Trade Card 平台上的融资提供者获得款项，同时将融资款拨付给卖方(这个过程也就是应收票据贴现，产生一笔应收账款承购贷款金额)；至于融资费用，由卖方与融资供应商自行约定所有费用。在付款期限内，买主将货款付给融资供应商，融资供应商在收到买方支付的全部交易货款后将货款余额(货款金额扣除卖方应支付给 Trade Card 公司和其他服务供应商的任何费用后的余额)直接拨付给卖方。这是常见的财务交易过程，卖方也可选择在付款期到期时收回全部货款，或者用订单获得融资(一般是在货物发出后)，而不必等到货款验收后才融资。在企业资金吃紧的情况下，用订单提前取得现金可以改善企业营运资金管理。卖方可以根据企业的具体情况，自由选择融资时间。

值得说明的一点是，一般企业运用应收票据(或订单)向银行(或金融机构)融通资金，周期较长，而且只能获得票据金额的 70%~80%，还要付出高昂的利息成本，且企业从银行融通资金有一定的额度。而运用财务供应链管理交易平台，企业不仅可以迅速将订单转化为现金(一般来说，从企业提出申请到取得现金可以在一个工作日完成)，而且根据与融资供应商达成的协议，可以 100% 获得订单金额，利息费用成本也较低。

此外，财务交易自动化能缩短资金周转天数，改善企业流动资金状况。一般来说，资金周转天数=存货周转天数+应收账款周转天数−应付账款周转天数。运用财务供应链管理交易平台，企业可以提前把订单转化为现金，这样可以缩短应收账款周转天数，加上能够随意安排付款日期，大大补偿了浮动收入带来的任何损失，也就是说企业可以延迟付款，增加应付账款周转天数。根据以上公式可知，财务供应链管理可使资金周转天数大大缩短，从而使企业流动资金状况得到极大改善。

2）端到端的流程

运用财务供应链管理企业现金流，结合网络技术的发展，使企业财务交易实现了端到端的流程。企业在发出采购订单的同时，财务供应链管理系统会自动收集所有的采购订单，企业可以整合所有的应付账款，了解每笔账款的交易对象，根据需要决定付款顺序，这给企业管理应付账款带来了极大的方便。另外，企业每年有大量的应付税款，同时，每年税法规定和税率也都在不断变化，财务供应链管理模块可以自动计算应纳税款等。可以看出，端到端的流程能在提高企业运营效率的同时节省财务管理成本。Sarbanes-Oxley 法案在法规方面要求企业提供准确、透明的财务信息报告，这给企业运营带来了新的压力。如今，企业可以利用财务供应链提供端到端的自动化解决方案，实现 Sarbanes-Oxley 法案所要求的"报告准确、迅速和透明"。

7.2.3　财务供应链整合

价值链管理的思想和成本效益法则是整合财务供应链的指导原则，首先应对整个财务供应链的关键财务流程进行价值分析，消除无效和非增值服务作业，然后可以根据具体情况采取以下三种途径对财务供应链进行全面整合，即利用新技术对关键财务流程重组、构建共享服务中心及业务流程外包。下面对这三种途径展开具体分析。

1. 关键财务流程重组

传统的资金管理、支付和交割等流程通常被认为占据了财务职能的大部分成本，这些职能涉及大量的运营成本，对这些关键财务流程进行重组是提升整个财务供应链效率的关键。在流程重组过程中，标准化是一个基本前提，而自动化和商业智能化则是发展方向和趋势。在企业实践中，企业通常关注以下环节的改造和整合。

（1）文档传递流程电子化。这种转化可以借助高度的自动化来完成。电子发票更容易和订单进行核对，在审批的过程中也容易传递。应用标准的工作流程后，电子发票可以快速地在系统内部流转，这样可以节省出时间来处理一些额外事件，包括处理引起购销双方争议的差错。

（2）资金交易流程自动化。手工支付电子化以后，付款流程得到了充分的控制，企业就可以随时支付款项。电子支付并不一定就会缩短付款周期，如果你希望维持 30 天的付款期限，电子支付可以到最后一天才付款。不过，有了电子支付工具，企业就可以及时、安全地付款，因而能够以缩短付款时间为谈判筹码，得到更优惠的采购条件，因为电子支付可以做到精确、及时。

（3）负债管理流程自动化。如果没有端到端的自动化解决方案，企业不可能准确、快速、真实地反映经营状况。而且，企业需要面对大量的应付税款，同时每年纳税规定和税率都在不断地变化，这也使依法纳税成为企业新增的成本和新添的烦恼。此时自动化的便利又一次得到体现，它不仅可以节省企业的成本，而且更重要的是，企业还可以放心地依法经营。

(4)内部现金、银行流程和关系管理流程的自动化。加强企业与供应链上其他企业的财务部门及银行的联系，减少付款过程中的不确定性，企业可以着手优化现金管理。企业通过对日常应收和应付款项的充分掌握来管理现金，可以改善信贷决策，这仅仅是在内部流程方面取得的改善。在外部，如果企业管理财务供应链的效率高，还能够以优惠的费率获得类似于保理这样的融资。

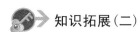 知识拓展（二）

保 理 融 资

保理融资（Factoring）是指卖方申请由保理银行购买其与买方因商品赊销产生的应收账款，卖方对买方到期付款承担连带保证责任，在保理银行要求下还应承担回购该应收账款的责任，简单地说就是指销售商通过将其合法拥有的应收账款转让给银行，从而获得融资的行为，一般分为有追索与无追索两种。

保理融资也会比商业银行贷款困难得多。银行管理非常严格，它们可以提供有竞争力的利率和商品化的信贷服务，因此，除了少数情况之外，创业者能够很容易预计出贷款的成本和期限。保理融资就没这么规范了，但部分的承购业务是由较小的、非传统的出借人开展的，这个领域缺乏足够的监管，承购方的质量、可靠性和信誉差异很大。

之所以有越来越多的创业企业采取这种昂贵、风险较大的融资方式，原因也很简单：这通常是它们能够获得现金的唯一渠道。如果选择保理融资，最重要的事情就是尽职调查承购方从事这项业务有多长时间、公司总部和分支机构的分布、管理团队的背景等；从其当前的客户那里了解反馈；通过网络搜索、相关政府机构等途径调查针对它们的投诉和诉讼。另外，如果你感觉无法信任承购方，最好不要选择此种融资方式。

2. 共享服务中心

对于规范大处理量及非关键的财务交易流程，构建共享服务中心能够以更低的成本为经营单位提供财务及其他服务，实现规模经济效益。通常，构建共享服务中心最基本的规则是同类的交叉经营活动适用共享服务。以下几项是我们应该关注的重点：①应付账款；②应收账款；③差旅费用；④总分类账和合并账；⑤工资和津贴。

通过共享服务整合资源和流程可以使企业实现规模经济效益，流程处理也从经营单位向专业中心转变，大大提高了整个财务供应链的效率，使企业可以在地区、国家甚至全球范围内提供服务，消除了许多重复的成本，同时也解放了经营单位，使其能够致力于更高的增值服务。

3．业务流程外包

在整合财务供应链的过程中，对于某些财务流程，如果能够通过第三方外包者得到最好的管理——它们只需以最小的成本来提供更优质的服务，那么可以考虑将这些业务流程进行外包。但是，外包通常是在仔细选择确定的非核心活动中才会取得较好的效果，外包最大的风险在于失去控制权或受制于单一供应商，所以在决定是否采用内部或外部外包时，应考虑以下因素：

(1)企业文化是否倾向于保持对关键服务的直接控制；

(2)企业关心的是战略性改变，而不只是聚焦于成本；

(3)企业是否已经获得内部规模效益；

(4)企业没有并且无法建立有竞争力的内部资源。

虽然降低成本仍然被引证为外包的主要动力，但是仍然有 75%的大规模外包协议没有显示出节省的收益。外包可能比典型的大规模内部服务中心多支出 10%～15%的成本，因此外包的益处并不完全在于节约成本，而更侧重于提高企业的核心竞争能力。

7.2.4　财务供应链解决方案

1．提前支付(early-payment)

通常，拥有自主品牌的企业与合同厂商之间会存在"资金成本"差异，这种差异催生了供应链金融市场。早在 20 世纪 90 年代末期，许多金融机构开始为卖方提供提前支付服务。与此同时，卖方也必须向买方提供相应的折扣优惠。刚开始，使用这种供应链金融产品的大多是买方或进口商，这和传统的代收货款服务完全不一样(通常是卖方或出口商使用)。

2．抵押库存所有权

除提前支付方法之外，一些专业的金融服务机构还在考虑其他方法，以优化供应链的资金成本。抵押库存所有权已经逐步成为原料供应商筹集资金的有效途径。因为这种方法不仅能帮助它们节省一部分营运成本，而且可以在原料供应商需要持有大量的在途库存或者寄售库存时，作为它们筹集资金的新途径。

3．改善财务供应链的新途径

(1)应用正规的"供应商风险评估"流程。

(2)评估支付规则和体系，以确保货款与订货相吻合。

(3)发展协同的资金筹集方案。

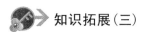 **知识拓展**（三）

供应链金融

供应链金融（supply chain finance，SCF），是商业银行信贷业务的一个专业领域（银行层面），也是企业尤其是中小企业的一种融资渠道（企业层面）。

供应链金融指银行向客户（核心企业）提供融资和其他结算、理财服务，同时向这些客户的供应商提供及时便利的贷款，或者向其分销商提供预付款代付及存货融资服务。（简单地说，就是银行将核心企业和上下游企业联系在一起提供灵活运用的金融产品和服务的一种融资模式。）

以上定义与传统的保理业务及货押业务（动产及货权抵/质押授信）非常接近，但也有明显区别，即保理和货押只是简单的贸易融资产品，而供应链金融是核心企业与银行间达成的一种面向供应链所有成员企业的系统性融资安排。

一般来说，一个特定商品的供应链从原材料采购，到制成中间及最终产品，最后由销售网络把产品送到客户手中，将供应商、制造商、批发商、零售商、最终客户连成一个整体。在这个供应链中，竞争力较强、规模较大的核心企业因其强势地位，往往在交货、价格和账期等贸易条件方面对上下游配套企业要求苛刻，从而给这些企业造成了巨大的压力。而上下游配套企业大多是中小企业，难以从银行融资，结果造成资金链十分紧张，整个供应链出现失衡。供应链金融最大的特点就是在供应链中寻找出一个大的核心企业，以核心企业为出发点，为供应链提供金融支持。一方面，将资金有效注入处于相对弱势的上下游配套中小企业，解决中小企业融资难和供应链失衡的问题；另一方面，将银行信用融入上下游企业的购销行为，增强其商业信用，促进中小企业与核心企业建立长期战略协同关系，提升供应链的竞争能力。在供应链金融的融资模式下，处在供应链上的企业一旦获得银行的支持，将资金注入配套企业，也就等于进入了供应链，从而可以激活整个"链条"的运转，而且借助银行信用的支持，还可以为中小企业赢得更多的商机。

7.3 供应链信息流战略

供应链是一个包含供应商、制造商、运输商、零售商及客户等多个主体的系统。供应链管理就是指对整个供应链系统进行计划、协调、操作、控制和优化的各种活动和过程，其目标是将客户所需的正确的产品，能够在正确的时间，按照正确的数量、质量和状态送到正确的地点，并使这一过程所耗费的总成本最小。显然，供应链管理是一种体现着整合与协调思想的管理模式。它要求组成供应链系统的成员企业协同运作，共同应对外部市场复杂多变的形势。

　　然而，面对经济全球化时代复杂多变的市场环境，要实现高效率的供应链管理很不容易。其中一个重要原因就是市场上每时每刻都会出现大量的信息，其中蕴涵着丰富的机遇，也预示着不小的风险。但是供应链中的企业往往不能及时、准确地掌握有用的信息，因而在决策时十分茫然，难以做出正确抉择。也就是说，各成员企业间应该进行充分的信息共享，消除供应链系统内部的不确定性。解决这一难题的最佳办法就是进行信息化。

　　可是，信息化的方式是多种多样的，选择不当就不能达到预期效果。那么对于我国企业来说，应该如何确定自己的信息化策略呢？正确的信息化策略必须满足两个要求：一是能够让企业管理者实时获取各种必要信息；二是便于与其他企业展开合作。应该在考虑我国企业现状的基础上，运用供应链管理的思想，提出能消除企业信息瓶颈、改善企业管理绩效的信息化策略。

　　企业应该尽可能地选择供应链伙伴作为信息化合作对象，实施供应链信息化。这是因为企业的根本目标在于追求自身利润的最大化，而这一目标的实现，是通过很好地满足下游企业的需求来实现的。在这一过程中，还必须依赖上游企业的供应，所以供需关系是联结企业与企业的最紧密的关系。每个企业都应该从供需匹配的视角来思考问题。对于供应链中的一个节点企业来说，它很关心来自上游的供应信息和下游的需求信息。如果能够充分了解这些信息，它就能有的放矢地进行生产、运输和销售等方面的安排。供应链管理要求信息化完成以后，企业的管理人员能够通过信息系统有效地了解这些信息，而不是像传统的单企业信息化那样，只具备掌控本企业中局部信息的能力。

　　21 世纪的竞争是供应链与供应链之间的竞争。信息技术的发展与市场竞争的日趋激烈，使产品更新淘汰周期缩短，小规模客户定制化的趋势日趋明显，企业管理的趋势也越来越倾向于和贸易伙伴不断推进相互之间的合作，这促使企业越来越注重协调供应链成员之间的关系，而协调供应链的关键就是实现信息共享。供应链信息共享是指供应链中各企业的客户订单、库存报告和销售数据等信息能够从一个企业开放、自动地流向另一个企业，使供应链各级企业可以及时了解客户需求变化，并尽早对客户的需求变化进行快速反应，避免需求信息逐层传递造成的信息延迟和信息偏差累计效应造成的库存浪费。

7.3.1　供应链信息流

　　信息是供应链成功的关键，因为拥有更多、更有效的信息，能够使管理者的决策更加有效。成功的供应链管理是基于整个链条的，把供应链当做一个整体考虑和决策，而不是只考虑某个阶段。通过供应链信息的收集、处理、传输和应用，供应链管理者就有可能根据整个供应链的情况，结合影响整个供应链的所有因素来制定战略决策，从而使供应链整体运作效率提高。基于供应链一体化的管理和决策，使供应链整体运作效率提高，提升了供应链的盈利能力，供应链节点企业也在这一过程中获益。供应链信息流管理的对象可以分成以下四个部分，这种分类分别对应着供应链中的不同阶段。

1．供应源信息

供应源信息包括能在多长的订货期内，以什么样的价格购买到什么产品、产品能被送到何处、订货状态如何、更改及支付如何处理等。

2．生产信息

生产信息包括能生产什么样的产品、数量多少、在哪些工厂进行生产、需要多长的供货期、需要进行哪些权衡、成本多少、批量订货规模多大等。

3．配送和销售信息

配送和销售信息包括哪些货物需要运送到什么地方、数量多少、采用什么方式、价格如何、在每一地点的库存是多少、供货期有多长等。

4．需求信息

需求信息包括哪些人将要购买什么货物、在哪里购买、数量多少、价格多少等。

总之，当决策者拥有良好的信息，并且具有基于供应链决策的能力时，他们就能对供应链做出更有效的决策。供应链的各节点企业在决策时应符合"刺猬理论"，即在不影响整体发展趋势的情况下，坚持自己的原则，不断推陈出新，通过一系列管理方法和管理手段来适应供应链需求并实现供应链和企业利益双重最大化。因此，信息管理是供应链成功的关键。

7.3.2 供应链信息流管理

1．供应链信息流管理的内涵

信息对供应链的运作至关重要，因为它提供了供应链管理者赖以决策的事实依据。没有信息，决策者就无法了解顾客的需要、库存数量及什么时候应当生产更多的产品并发运出去。总之，没有信息，决策者只能盲目地制定决策，供应链就不可能将产品高效地送到顾客的手中，而拥有信息，决策者就能进行科学决策以改善公司及整个供应链的运营。从这个意义上来说，信息是供应链最重要的管理要素。一个完整的供应链环节包含了核心节点企业、为核心节点企业进行货物供应的供应商、承销或最终使用产品的下游单位。

在供应链管理环境下，信息流广泛存在于供应链的各个环节，并在不同节点企业之间实现共享，以协调和保证供应链的有效运作。在此基础上，可以将供应链信息管理定义为：供应链信息管理就是通过供应链中的信息系统，实现对供应链的数据处理、信息处理和知识处理的过程，使数据向信息转化，信息向知识转化，最终形成企业价值。

2．供应链信息流管理的特点

在供应链中，信息流管理具有以下五个特点。

1)供应链信息来源多样化

供应链信息除了包括来自企业内部的各种信息之外，还包括供应链各参与企业共享的各类信息。企业竞争优势的获得需要供应链各参与企业之间相互协调合作，协调合作的手段之一是信息及时交换和共享。

2）供应链信息量大

物流信息随着物流活动及商品交易活动的展开而大量发生。多品种少批量生产和多频度小数量配送使库存、运输等物流活动的信息大量增加。零售商广泛应用 POS 系统读取销售时点的商品品种、价格和数量等即时销售信息，并对这些销售信息加工整理，通过 EDI 向相关企业传送。随着企业间合作倾向的增加和信息技术的发展，物流信息的信息量在今后将会越来越大。

3）供应链信息范围广

供应链环境下的信息来源于供应链各参与企业，信息的来源、处理和传输跨越了不同部门和企业。供应链信息管理充分关注供应链各个层次的决策，提供的信息由基层作业部门向管理层甚至决策层传递，提高了信息传递的效率。

4）供应链信息更新快

在供应链管理环境下，信息产生于各个运作环节。多品种少批量生产和多频度小数量配送等运作模式的广泛使用，要求供应链信息不断更新，而且更新的速度越来越快。

5）供应链信息强调客户服务

在供应链中，供应商、制造商、批发商、零售商均与最终客户发生着信息交流，体现出为客户提供个性化服务的特性。

3. 供应链信息流管理的作用

信息和信息管理不仅是供应链每个阶段的关键要素，而且是每个供应链阶段制定决策的关键因素。例如，信息及信息分析在供应链战略形成过程中就起到了举足轻重的作用，管理者必须明白如何分析信息能进行科学决策。供应链的多种决策问题都需要在信息获取基础上的有效信息管理的支撑，以实现供应链决策的优化和供应链运作的协调。

1）库存决策

最优的库存策略选择，需要掌握大量的信息，并对信息进行加工，以获取与决策相关的主要信息，如需求类型、库存成本结构和订货成本等。例如，家乐福公司收集了详细的需求、成本及供应商信息等，以制定自己的库存策略。

2）运输决策

供应链环境下的运输决策受多种因素的影响，如运输网络、线路、方式的选择和成本、客户分布及商品规模信息。例如，家乐福运用信息管理做到了与供应商行动的高度一致性。这种一致性使其在多个运输环节可以实现对接，以达到节约库存和运输成本的目的。

3）设施选址决策

设施的区位选址需要综合衡量供应链效率和柔性的相关信息，以及需求、汇率等其他影响因素。例如，家乐福的供应商根据家乐福提供的需求信息来安排生产，通过需求信息来布局新的商店和货物对接。

在供应链决策过程中，需要大量的信息作为支撑，以及有效的信息管理来实现决策的有效性。通过供应链信息管理可以协调供应链节点企业的运作，实现供应链管理过程中的可视化。

7.3.3 供应链信息共享

1．供应链信息共享的概念

供应链信息共享就是对供应链节点企业所涉及的信息，如库存信息、运输信息、采购信息、订单信息和生产信息等，通过如 EDI 和 Internet 等工具，实现正确、有效和及时的传递和共享，有效避免信息失真。

2．供应链信息共享的重要性

供应链中各个企业在进行信息共享之前，供应链中企业间的信息传递速度往往会慢于物流速度，信息的加工处理这一步骤通常需要在不同企业之间来回重复，这必然延缓了信息的传递速度，而且在传递过程中信息也会因为处理人的不同而存在一定的差异从而造成严重的失真问题。此外，生产商在供应链的环节上往往缺乏灵活性，无法与各个供应商进行紧密的联络，它们之间通常只存在订单数量关系，只能按照初始的决策进行工作。因此，企业之间进行信息共享对供应链中的企业建立良好的合作关系有很大的影响，同时也有利于供应链管理的实现。

在当代的供应链管理模式中，各企业之间虽然存在激烈的竞争但它们也同样注重彼此之间的合作。各企业在彼此对发展战略有共同认知的基础上，通过采取各种合作方式，相互共享自身掌握的信息，一起确保产品质量，减少生产成本，满足客户的需求，以确保企业自身可以在市场竞争中站稳脚跟。对企业间传递的信息进行集成化的管理，可以做到信息在各个企业之间的共享，从而使供应链中的企业克服信息交流的阻碍，尽可能地消除信息失真等不稳定性因素，最终增加企业可以获得的收益。

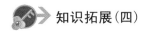 知识拓展（四）

零 和 关 系

零和关系就是一方之所失与另一方之所得相等。

以往，人类始终生活在短缺世界中。因此，以前的社会全都是一方得益引起另一方受损的社会。在这种社会中，可利用的自然财富是有限的，这种状况不可避免地导致个人之间和国家之间为了生存和发展而进行损人利己的争夺和战争。

当代，由于科学技术的高度发展和知识经济时代的到来，人类社会已进入一个物质财富能满足所有人类需求的非零和关系的世界。在这种世界中，必将引发人们对人类社会发展和前景(或人类存在的目的)的进一步思考。

目前，首要的问题是，我们能否构建这样的社会关系:让今日对重组的物质财富的利用和支配可以与血族社会中利用自然界充足的物质财富同样自由和公平。更重要的是，在这种世界中，战争和征服几乎已不再是致富和强国之道，发动大规模战争将使胜利者和失败者同归于尽，因为其前景将是一场核毁灭。

3. 供应链中需要共享的信息

供应链中需要共享的信息包括以下几种。

1)库存信息

共享库存信息是供应链成员间最常用的协作方式，通过获取供应链的库存信息可以降低整个供应链的库存水平。

2)营销信息

销售数据一般来源于 POS，供应链成员可以通过共享销售数据来分析销售趋势、客户偏好和客户分布等，实现对客户个性化、差异化服务，最大限度地满足不同类型客户的需求。

3)订单信息

一般情况下，下游企业对上游企业订单执行情况是很难掌握的，因而当上游企业的订单执行延迟时，会造成下游企业的损失。因此，及时得知订单的生产状态，可以对供应链运作过程中出现的问题做出快速反应，提高供应链企业的决策效率。

4)生产信息

在供应链中，下游企业需要依据上游供应商的生产来决定自己的库存、生产和销售计划。因此，生产信息的共享是消除供应链上各个企业生产盲目性和无计划性、降低供应链成本的关键。

5)产品信息

共享产品信息是供应链存在的基础，是上下游企业建立供需关系的桥梁。只有建立顺畅的产品信息共享渠道和良好的信息共享机制，才能使供应链上的企业得到最大限度的满足并建立起密切的合作关系。

6)物流信息

高效率物流是供应链运作的重要因素之一，因此将物流信息纳入供应链管理中，可以使物流环节的企业与供应商、销售商和客户等共同构建供应链的主体。

4. 供应链信息共享模式

供应链信息共享模式主要由共享的内容、共享的范围和共享的结构模型三个方面构成。

1）供应链信息共享的内容

如前所述，由于供应链节点企业的差异性及其关联程度的不同，信息共享的内容是不一致的。有的仅共享作业层信息，如产品的品种、价格及其他有关订单处理的信息；有的共享管理层信息，如生产能力、库存状态、供货提前期和送货时间等；还有的共享决策层信息，如促销计划、市场预测能力、新产品的设计信息和生产成本等。因而，从其层次级别上，信息共享内容主要分为作业层信息、管理层信息和决策层信息。

2）供应链信息共享的范围

供应链信息共享的范围是指具体的信息在供应链中哪些成员之间共享。供应链中节点企业按不可替代性强度可分为三类：核心企业，主要是指供应链中主要产品、服务及渠道的提供者，在合作关系上具有较强的不可替代性；非核心重要成员，主要指提供的产品在市场上不可替代性较强的成员；一般成员，主要指提供的产品可替代性较强的成员。同时，处于网络供应链环境的节点企业往往不希望让某一条供应链的其他节点企业了解它在另一些供应链中的情况，如既要共享信息（如库存信息等），又要保密（如价格协议等）。在这种情况下，需要提高企业的信息处理能力，在不同的供应链上选择不同的信息共享范围。

3）供应链信息共享的结构模型

通常信息共享的结构模型一般包括三种方式：信息传递模式（点对点模式）、信息中心模式和综合模式（协同决策共享模式）。其中，信息传递模式是指供应链中各个企业之间进行点对点的信息传递，信息直接从发出方传递给接收方；信息中心模式是将供应链的共享信息集中在一个公共数据库中，各个企业根据权限对其进行操作；综合模式是点对点模式和信息中心模式的综合，通常以一个主要的信息平台为核心进行构建。

（1）点对点共享模式。点对点共享模式也叫信息传递模式，即供应链节点企业通过自身建立的内部信息系统直接共享双方数据库中的信息，而不需要经由其他数据转换或存储中心，信息的共享是多对多关系，即共享信息在多个信息系统间进行两两传递。目前，根据采用的信息技术可分为 EDI 模式和数据接口模式。

EDI 模式（如图 7-2 所示）是指供应链节点企业通过 EDI 软件将企业间需要传递的信息翻译成 EDI 的标准格式，在特定的通信网络中，如增值服务网络（value added network，VAN）中实现传输和交换，而信息接收方则通过反向处理，最后转换为客户应用系统能够接受的文件格式，从而获取需求信息。由于采用相同的数据标准，一方的信息输出就是另一方的信息输入，采用这种模式的共享双方拥有明确的信息需求，准确性和安全性高；但同时，这种方式以两个节

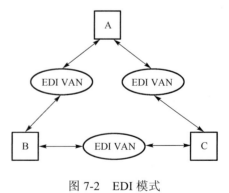

图 7-2　EDI 模式

点企业为基本单位,信息共享的整体协调性没有得到根本改善,而且由于企业间要采用 VAN 或 EDI 专线，成本费用高。

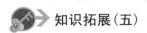 知识拓展(五)

EDI

电子数据交换(electric data interchange,EDI),是一种利用计算机进行商务处理的新方法,它是将贸易、运输、保险、银行和海关等行业的信息,用一种国际公认的标准格式,通过计算机通信网络,在各有关部门、公司和企业之间进行数据交换和处理,并完成以贸易为中心的全部业务过程。

由于 EDI 的使用可以完全取代传统的纸张文件的交换,因此也有人称它为"无纸贸易"或"电子贸易"。随着我国经济的飞速发展,各种贸易量逐渐增大,为了适应这种形势,我国将陆续实行"三金"工程,即金卡、金桥、金关工程,这其中的金关工程就是为了适应贸易的发展,加快报关过程而设立的。

数据接口模式基于 Internet/Extranet/Intranet 技术,是企业内部信息系统的对外延伸。企业通过网络从企业内部和外部两个信息源中心收集和传递信息。供应链节点企业通过授权经过防火墙,利用 Extranet Web 服务系统使其他企业访问企业内部数据,从而及时掌握供、产、销信息。应用这种模式的优点是相比 EDI 模式费用较低,系统简单易用,只需采用统一浏览器来访问各种网络,系统开放性强。当然,这种方式的安全性不够高,信息需求不如 EDI 模式明确,企业内部在共享前要进行必要的协调。数据接口模式如图 7-3 所示。

(2)信息中心模式。信息中心模式即信息集中管理模式,它在供应链中创造一个新的功能节点,各节点企业的信息收集于此,形成信息共享源,各个企业根据权限对这个公共数据库进行操作。按照公共数据的提供者划分,这种模式可分为信息服务模式和信息平台模式。

信息服务模式也称第三方模式,由第三方信

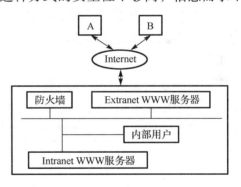

图 7-3 数据接口模式

息服务商提供公共数据库,从供应链各节点企业内部和外部收集信息,并对信息进行加工处理,形成公共信息数据库。这种情况下,节点企业应先建立自己的共享数据库,向信息中心提供共享信息。信息服务模式如图 7-4 所示,这种模式的信息共享内容较为广泛,且供应商是在全局范围内提供经过加工后的信息,信息的开放性强,也可大幅度降低企业相互传递信息的复杂度和困难度。但由于信息服务提供商与节点企业是一种合作关系,因此对其信用要求较高并且这种模式的信息安全性也不太高。

信息平台模式是指用信息平台取代了第三方信息企业,企业内部数据库和信息平台数据库间的数据传输和处理由计算机自动完成。信息平台服务商只对平台进行维护或根据客户的需要开发新的功能模块，不提供具体的信息服务，共享信息的种类需要由供应链相关企业商定。信息平台模式如图 7-5 所示，采用这种信息共享模式，信息共享的公平性和安全性较高，对供应链合作伙伴企业的信息系统限制不大，可适用于不同信息化水平的企业。但这种模式对信息平台提供商的硬件设备要求较高，并需对现存信息系统按一定标准进行整合或重新建设，信息集成难度大。

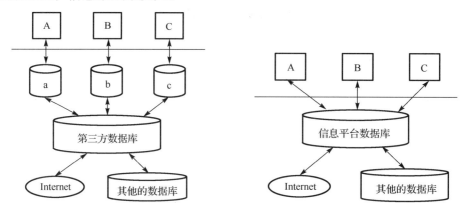

图 7-4　信息服务模式　　　　　　　图 7-5　信息平台模式

　　(3)协同决策共享模式。严格来说，协同决策共享模式也是在前两种模式基础之上发展而成的一种综合模式。该模式既具有点对点模式信息共享的及时性、准确性和安全性的特点，也包含信息中心模式信息共享面向供应链范围的整体协调性和实现的简易性优势。除此之外，协同决策模式的优势更在于共享企业之间的决策信息，企业之间的决策是一种协同决策，各个节点企业通过由核心企业提供的数据平台进行数据交换和协同决策。这种模式要求将企业内部的应用程序和商业过程与企业外部业务流程高度集成，成为面向供应链的企业应用集成系统。协同决策共享模式如图 7-6 所示。

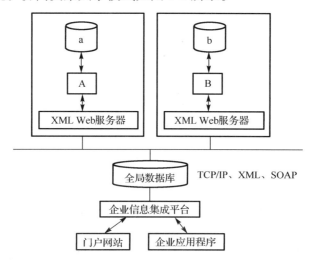

图 7-6　协同决策共享模式

前面分析了供应链企业点对点、信息中心和协同决策三种不同的信息共享结构模式。供应链联盟应根据实际业务的需要、综合信息需求、安全性、协调性和费用等因素综合考虑。现从三种模式的信息共享内容、信息共享范围、信息共享结构、技术支撑和对决策支持程度五个方面进行比较分析。三种信息共享模式比较如表 7-1 所示。

表 7-1 三种信息共享模式比较

共享模式	点对点模式	信息中心模式	协同决策模式
信息共享内容	作业层信息	作业层信息 管理层信息	作业层信息 管理层信息 决策层信息
信息共享范围	仅在相邻节点之间	所有成员	动态联盟成员
信息共享结构	点对点模式	点对点/中心协调型	综合模式
技术支持	EDI 技术、VAN 网、Internet/Extranet/Intranet	Internet、分布式数据库、TCP/IP、WWW	TCP/IP、XML、SOAP、分布式数据库、Web 服务
决策支持程度	企业内部独立决策	考虑下游企业与最终客户需求进行决策	支持企业间协同决策

点对点模式集中在相邻节点间两两传递信息，共享的主要是订单处理状态和价格等作业层信息。技术上既可选择相对安全但费用较高的 EDI、VAN 网，也可选择费用低廉但安全性较差的 Internet/Extranet/Intranet 技术。信息中心模式中，节点企业形成共享信息源即共享数据库，并根据权限对其操作，企业共享的内容除包括作业层信息外，还可共享生产计划、库存状态等管理层信息以保证供应链整体协调性和一致性。相对于点对点模式，这种信息共享程度较高。协同决策共享模式是信息共享程度最高的一种模式，除共享作业层信息、管理层信息外，还可共享整条供应链上的企业决策信息，最大程度上保证了供应链行为的一致性，将不确定性降到最低程度。同时，信息集中平台和企业各自的资源系统既联系又保持独立，保证了共享信息的安全性，减少了暴露性。由于信息集中平台统一负责联盟企业共享资源的注册和维护，这种模式更适合敏捷生产类型的供应链联盟。

5. 供应链信息共享障碍

信息共享是目前学术界公认的解决信息风险问题的有效策略，也是提高供应链管理效率，使供应链利润最大化的有效途径。然而在供应链实际运行中实现真正意义上的信息共享举步维艰，面临的主要障碍表现在以下三个方面。

1）标准化的障碍

标准化是实现供应链管理信息集成的基础，信息集成又是信息共享的前提。只有统一标准，信息才能有效集成，资源才能共享。目前，我国企业供应链信息管理中严重缺乏统一的信息化技术标准，加之缺乏规范非标准化信息的支持手段，加大了我国企业供应链信息共享的难度。

2)利益不均的障碍

共享信息能够促进供应链整体收益的提高，但并不是供应链每个节点企业都能增加收益。共享的信息主要来源于下游企业，而利润的增加主要体现在上游企业。由于各个企业有自己的利益，如果整体利润的增加不能合理分配到各企业，必然造成部分企业的抵制，甚至由此破坏合作关系。此外，下游企业向上游企业提供自己的私有信息会增强上游企业在供应链内部的权威，使下游企业在谈判中处于不利地位而失去获利优势。处于信息优势的一方在契约制定过程中有较大的主动权，可以压低订货价格或抬高供货价格，这会损害信息共享企业的利益。

3)管理参差不齐的障碍

供应链信息共享要求各节点企业完善内部信息管理，并按供应链信息管理的要求建立或重构企业内部信息系统，实现信息收集、处理和传递的规范化。但是，核心企业构建的供应链上的节点企业信息管理水平参差不齐，利用现代信息技术的程度高低不一，达不到供应链信息管理的基本要求，导致信息流动不畅，信息共享受阻。

6. 供应链信息共享策略

通过对以上几点障碍的分析，为了更有效地推进供应链信息共享的实施，企业可采取以下策略。

1)加快信息共享标准化建设

供应链管理中对共享信息的标准要求是：信息必须规范化，要有统一的名称、明确的定义、标准的格式和字段要求，信息之间的关系也必须明确定义；信息的处理程序必须规范化，处理信息要遵守一定的规程；企业各部门按照统一数据库所提供的信息和管理事务处理准则进行管理决策，从而实现企业总体经营目标。

2)建立利润共享机制

作为供应链的核心企业在供应链管理中起着重要作用，应该制定与信息共享的收益、成本及风险相匹配的激励策略，鼓励供应链中企业积极主动地进行信息共享，避免恶性竞争博弈。核心企业可按照上下游企业提供信息的价值，对上下游企业的供销价格采取区别对待，对供应商或分销商提供一定的价格补偿。

3)构建信息共享平台

完善企业信息平台，协调供应链企业间的信息系统的接口，实现信息的快速、准确传递。建设公共平台后，企业内部信息数据库和信息平台数据库间的数据传输和处理可由计算机自动完成。建立企业信息门户，将企业的所有应用和数据集成在一个信息管理平台上，并以统一的客户界面提供给客户，使企业可以快速地建立企业对企业和企业对内部雇员的信息通道。

供应链的共享信息涉及整条供应链上各类企业多方面的活动和各节点企业的信息。要获得供应链上各节点企业所提供的全部信息，实现供应链信息的共享和集成，是一个难度极大的工程。只有在市场运行机制的严格监督与约束下重建企业信用，实现企业管理水平与应用 IT 技术方面的长足进步，建立科学的、合理的利益共享与风险、成本共担的激励机制，才能够真正做到供应链企业间信息共享，从而提高供应链运作效率，促进供应链资源的整合。

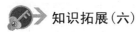 **知识拓展(六)**

全球物流供应链信息化发展趋势

在经济全球化的大趋势下，随着物流供应链信息技术的迅速发展和竞争环境的日益严峻，要大幅度降低中国企业的物流成本，增强企业的国际竞争力，就必须以信息技术和信息化管理来带动物流行业的全面发展，这就迫切需要物流信息化在信息资源上实现共享化、在信息网络上实现一体化。

1. 物流供应链信息资源共享化

开发物流信息资源既是物流信息化的出发点，又是物流信息化的归宿，同时，信息整合也会推动物流行业相关资源和市场的整合。我国要发展现代物流，抓住全球化和信息化带来的发展机遇，必须加强物流信息资源整合，大力推进公共信息平台建设，建立健全电子商务认证体系、网上支付系统和物流配送管理系统，促进信息资源的共享。调研数据显示，在当前物流企业的信息化发展中，对公共信息网络平台的需求比例大约为 56.67%。有关专家建议，物流信息化应纳入国家信息化发展的总体规划，统筹考虑、协调发展，从体制上打破条块分割和地区封锁，从信息资源整合入手，抓好物流资源的整合。

2. 物流供应链信息网络一体化

随着经济全球化及国际贸易的发展，一些国际大型物流企业开始大力拓展国际物流市场。而物流全球化的发展走势，又必然要求跨国公司及时准确地掌握全球的物流动态信息，调动自己在世界各地的物流网点，构筑起全球一体化的物流信息网络，为客户提供更为优质和完善的服务。加入世界贸易组织以后，我国的物流企业要想适应国际竞争并在竞争中盈利，建立全国性乃至全球性的网络系统同样必不可少。

7.4　本章小结

本章主要介绍了供应链的"三流"战略，即物流战略、财务供应链战略和信息流战略。这三种战略对供应链至关重要。

供应链物流是为了顺利实现与经济活动有关的物流，协调运作生产、供应活动、销售活动和物流活动，进行综合性管理的战略机能。财务供应链管理(FSCM)，就是指对从客户下订单、单据核对,到付款给卖方的所有与资金流动有关的交易活动的管理。企业以安全透明的方式管理从订购至结算的购买和财务交易活动流程,从而优化现金流转,更好地管理企业的营运资金,提高资金利用率。一般来说,完整的供应链包括五个环节,即供应商、制造商、批发商、零售商和最终客户。从上面给出的几个相关概念可知,所谓财务供应链简单来说就是供应链三流(信息流、物流和资金流)中的资金流。

信息是供应链成功的关键,因为拥有更多、更有效的信息,能够使管理者在决策时更加有效。成功的供应链管理是基于整个链条的,把供应链当作一个整体考虑和决策,而不是只考虑某个阶段。通过供应链信息的收集、处理、传输和应用,供应链管理者就有可能根据整个供应链的情况,考虑影响整个供应链的所有因素来制定战略决策,使得供应链整体运作效率提高。基于供应链一体化的管理和决策,使供应链整体运作效率提高,提升了供应链的盈利能力,供应链节点企业也可在这一过程中获益。

供应链中的信息有供应源信息、生产信息、配送和销售信息和需求信息等。在供应链中,信息管理具有以下五个特点:①供应链信息来源多样化;②供应链信息量大;③供应链信息范围广;④供应链信息更新快;⑤供应链信息强调客户服务。供应链信息共享就是对供应链节点所涉及的信息,通过如 EDI 和 Internet 等工具,实现节点企业之间信息的正确性、有效性和及时性的传递和共享,有效避免信息失真。供应链中需要共享的信息包括库存信息、营销信息、订单信息、生产信息、产品信息和物流信息。供应链信息共享模式主要由共享的内容、共享的范围、共享的结构模型三个方面构成。供应链信息共享模式有点对点模式、信息中心模式和协同决策模式。供应链信息共享有很多障碍,为了更有效地推进供应链信息共享的实施,企业可采取很多策略,如加快信息共享标准化建设、建立利润共享机制和构建信息共享平台。

本章思考题

1. 供应链节点企业间为什么要进行信息共享?
2. 讨论供应链"三流"之间的内在联系。
3. 以现实中的一条供应链为例,试讨论有哪些信息需要共享?为什么?
4. 简述财务供应链的实施环境。
5. 简述供应链物流的基本模式。

扩展阅读7.1
建立供应链综合
信息共享平台优化
供应链融资模式

案例分析

即测即练

参考文献

[1] 孟凡朝,赵姗如,曾心. 整合财务供应链——提升企业价值[J]. 财经界,2007,(3).
[2] 贺碧云. 财务供应链模型的构建及其实施环境[J]. 财会通讯(理财版),2006,(01).

[3]　柳荣．新物流与供应链运营管理[M]．北京：人民邮电出版社，2020．

[4]　[英]马丁·克里斯托弗．物流与供应链管理(第 5 版)[M]．何明珂，等译．北京：电子工业出版社，2019．

[5]　李爱红，陈洪波．ERP 财务供应链[M]．北京：高等教育出版社，2016．

[6]　王成．财务与供应链综合实践教程[M]．北京：机械工业出版社，2018．

[7]　宋华．供应链金融[M]．北京：中国人民大学出版社，2015．

[8]　吴科．供应链金融[M]．南京：东南大学出版社，2020．

[9]　蒋焱焱．对供应链管理下的企业财务管理研究[J]．财会学习，2020，(13)．

[10]　王翔．浅析大数据环境下的企业供应链财务管理[J]．当代会计，2020，(07)．

[11]　刘松慧．企业供应链金融的财务管理与风险[J]．财经界(学术版)，2020，(07)．

[12]　王晓丽．供应链财务管理的重要作用与完善策略分析[J]．财会学习，2020，(05)．

第8章 供应链其他优化战略

 学习目标：

1. 掌握供应链协调的概念和方法；
2. 理解供应链协调的战略；
3. 了解供应链分销渠道的相关知识；
4. 理解服务供应链的内涵。

章前引例

宝洁和沃尔玛的协调

对手变盟友，一份战略联盟协议让沃尔玛和宝洁化干戈为玉帛，成为供应链中的合作伙伴，从而结束了二者长期敌对的局面。宝洁是消费型产品的全球领导者，零售巨擘沃尔玛是它最大的客户之一。

20世纪80年代中期，这两家巨型企业之间的关系变得剑拔弩张。宝洁的促销力度很大，给零售商很大的折扣优惠。沃尔玛趁机以超出常规的购买量大量吃进并囤积宝洁的产品。这就给宝洁造成了很多麻烦。为了提高现金流，宝洁于是提供更多的推广优惠，而沃尔玛的反应是买得更多，于是这两家公司之间的恶性循环就这样持续下去。凯梅尼（Jennifer M.Kemeny）和亚诺威茨（Joel Yanowitz）在《反省》（*Reflections*）一书中对此的描述是："两家公司所采取的应对措施都在尽力破坏对方成功的可能性。"于是，宝洁下决心要化敌为友，向沃尔玛抛出了成立战略联盟的橄榄枝。第一个难题是如何组建一支由双方的管理人员所组成的运作团队，凯梅尼和亚诺威茨说："他们举行了数天的研讨会，通过运用系统思维工具，在共同的商业活动将会给双方带来的结果方面达成了共识。"来自宝洁和沃尔玛的管理者们发现，彼此的举措原来可以是合理的，而不是自利的行为。充分理解对方的需要之后，这两家公司在双赢战略的基础上开始合作，而宝洁也无须再向沃尔玛提供折扣。这个战略的实施非常成功，于是被推而广之，宝洁甚至几乎停止了所有的降价推广活动，为此它几乎得罪了整个零售业。

但是这样做的结果却是，宝洁的盈利大幅攀升。为了使合作可以运转，这两家公司把软件系统连接到一起，很多信息都实现了共享。据报道，当沃尔玛的分销中心里宝洁的产品存货量低时，它们的整合信息系统会自动提醒宝洁进行补货。该系统还允许宝洁通过人造卫星和网络技术远程监控沃尔玛每个分店的宝洁产品专区的销售情况，而网络会把这些信息实时反映给宝洁的工厂。宝洁的产品无论何时在收银台扫描，这些工厂都可以知道。这些实时信息使宝洁能够更准确地安排生产、运输，以及为沃尔玛制定产品推广计划。节省下来的库存费用就使得宝洁可以向沃尔玛提供更加低价的产品，这样沃尔玛就能继续它的"每日低价"策略了。

现今的中国流通领域，制造商和连锁零售企业在合作中存在着激烈的对抗。从表象上来看，主要是源于在产品价格和营销政策上的分歧，但实际上却是源于对渠道控制权的争夺，以及由此带来的对产品资源、营销资源和人力资源的抢夺和攫取。连锁零售企业以压低进价、迟付货款及收取进场费、节日促销费等方式企图尽量占有厂家资源，并将成本转嫁给制造商。而制造商为了避免失去主动，不得不继续保持原有效率并不高的自有渠道，以最大限度地维持对产品价格和货物走向的控制，以期对连锁零售企业进行战略制衡。

这样你来我往，双方的成本自然居高不下，赢利能力和成长性均受到严重制约。而"宝洁—沃尔玛模式"告诉我们，要改变这一现状，制造商和零售商必须摒弃"冷战思维"，应在建立充分信任关系的基础上，把对渠道资源的抢夺和攫取转移到对供应链的再造和价值的增值上来，一定要注意供应链节点间的相互协调。

资料来源：根据网络资料整理。

8.1　供应链协调战略

8.1.1　供应链协调的概念和方法

1. 供应链协调的概念

供应链协调是指为使供应链的信息流、物流和资金流能无缝、顺畅地在供应链中传递，减少因信息不对称造成的生产、供应和销售等环节的不确定性，以及消除因供应链各成员目标不同而造成的利益冲突，提高供应链的整体绩效而采取的各种行动。如果供应链的所有阶段都采取能促进整个供应链的利益提升的行为，显然供应链的协调性就会得到改善。供应链的协调要求供应链的每个阶段都考虑自身的行为对其他阶段的影响。

2. 供应链协调的方法

供应链的协调包括两个层次：一个层次是指供应商、制造商和销售商之间的相互协调，即宏观层次上的协调；另一个层次是指供应商、制造商和销售商各自内部各种活动之间的协调，即微观层次上的协调。从宏观战略的角度来看，可选择的供应链协调方法主要包括以下三个方面。

1）建立战略合作伙伴关系

供应链战略合作伙伴关系是供应链成员之间在一定时期内共享信息、共担风险、共同获利的协议关系，强调通过合作最大限度地提高客户满意水平，达到"双赢"效果。这种合作伙伴关系在一定情况下可以有效地改进供应链，提高供应链的效率，但是许多经验证明这种方法具有相当的局限性，并不是解决供应链协调的完美方法。

2）集中控制供应链

供应链中核心企业通过采用兼并、购买入股的方式获得它们本来并不拥有的一些能力，如技术、设施和渠道等，从而控制"供应—生产—分销"整条供应链的信息共享、利益分享，达到优化供应链的目的。这种方法理论上是可以达到供应链协调的，因为此时供应链中只有一个决策者——核心企业，供应链的最优决策即为核心企业的最优决策。但是，控制整条供应链需要强大的资金作为后盾，而且需要将更多的精力投入到协调控制供应链中去，这势必会影响核心企业本来的优势能力的发展，最终导致供应链竞争能力的降低和供应链的失败。

3）供应链契约协调

供应链契约是指通过合适的信息和激励机制，保证合作的交易双方协调，优化销售渠道业绩，明确权利与责任关系的有关条款。供应链契约是为了保证双方能达到最好的收益，即使供应链达不到最好的协调，也可能存在帕雷托（Pareto）最优解，以保证每一方的利益至少不比原来差。

近年来，大量学者对供应链契约问题进行了研究，研究的内容主要涉及三个方面：第一方面，是讨论给定契约条款下契约参数的确定；第二方面，是讨论某种契约条款对供应链及其成员绩效的影响及如何提高系统的运作绩效；第三方面，是确定需求模式与契约条款之间的关系。供应链契约的制定除了与上述协调方式有关以外，与最终顾客的需求模式也有很大的关联。

由于价格、提前期、订货数量是与买卖双方有关的决策变量，是契约中的重要组成部分，因此，对供应链契约的研究往往把这些变量作为决策变量。实践和理论研究中较为典型的契约协调策略有以下七种。

（1）数量折扣（quantity discount）。供应商根据零售商订单数量提供批发价折扣，订单数量越大折扣越多，从而促使零售商提高订单数量。这是目前应用最多的一种策略，已有相当多的理论和实践成果，主要是基于需求的确定性和不确定性进行研究。

（2）回购策略（buy-back or return）。回购又称为返销，是在实践中比较常见的一种协调机制。它针对需求的不确定性，允许下游成员以低于批发价的返销价格将剩余订货退售给上游成员，从而到达双方共担风险的协调目的。理论证明这种策略能消除双重边际化。

（3）数量柔性（quantity flexibility）。数量柔性契约是指针对需求的不确定性，对订货量施加约束，使供应链上下游企业共担风险，减少生产和库存波动，从而提高系统性能。该契约主要有最小批量承诺和柔性批量承诺两种形式。该契约广泛用于电子产品和计算机产业的零部件买卖。

（4）质量担保（quality contract）。质量问题构成了采购商和供应商的谈判矛盾。供应商知道自己的生产质量，拥有信息优势，而采购商却处于信息劣势。由于信息不对称，为了保证采购商和供应商自身利益不受侵犯，并保证供应链绩效最优，契约谈判双方必须运用合作机制（一定程度上的信息共享），设计契约惩罚（供应商提供不合格产品的惩罚）。

（5）最低购买数量（minimum purchasing）。在最低购买数量契约下，采购商在初期做出承诺，将在一段时期内至少向供应商购买一定数量的产品。通常供应商根据这个数量给予一定的价格折扣，购买产品的单位价格将随数量的增加而降低。这种契约在电子产品行业较为普遍。

（6）备货契约（backup contract）。零售商和供应商通过谈判规定契约：供应商为零售商提供一定的采购柔性，零售商承诺在销售旺季采购一定量的产品，供应商按其承诺数量以一定比例为采购商保留存货，并在销售旺季到来之前发出其余所有的产品。零售商可以按原始的采购成本采购供应商保留的商品并及时得到货物，但要为未采购的部分支付罚金。

（7）提前期（lead time）。在契约中记入提前期条款，可提高收益，减少不确定性。对协调供应链来说，不同的契约具有不同的目的和作用，也各有其不足。同一个功能也可以由不同的契约来实现。

3．供应链协调的注意事项

1）了解真实的需求量信息

获得全面的需求量信息的供应链经理往往能够做出更好的规划，避免浪费。供应链经理与供应链合作伙伴频繁开展准确的信息沟通，有助于了解真实的需求量，而协同规划与预测工具则可以改善信息共享。在过去的几年中，新技术的发展为供应链协同做出了重大贡献，但是如果想要实现真正的协同效应，我们必须放弃过去为避免供应短缺而夸大需求量的做法。

2）改善供应链总成本的透明度

为了维持较低的供应链成本，我们首先需要了解供应链上下游所有合作伙伴的成本。但是大多数供应商为了保护其核心知识、竞争优势及议价能力，都试图"隐瞒"其真正的成本，这使得我们很难获得合作伙伴的成本信息。尽管如此，我们还是有办法更好地了解供应链合作伙伴的成本结构。例如，某些原始设备制造商在其工厂内部建立了与供应商类似的生产作业部门，从而能够合理地估算出供应商成本。

3）统一奖励机制

在最佳运作的供应链中，如果供应链经理能够准确地预估需求量，就能获得一定的奖励。事实上，即使供应链经理已经获得了所有必要的信息，但是他们依然不是十分乐意帮助供应链合作伙伴降低成本，除非其能够获得相应的奖励。况且公司高管也并不要求自己的经理帮助供应链合作伙伴降低成本，除非公司能够共享利益。解决这一问题可以从两个方面考虑：针对供应链经理的奖励机制，以及允许公司共享供应链改善后生成利益的战略。我们经常建议供应链经理签订共享节约协议，并在达到运营目标后获得奖金(折扣)，而最佳奖励往往是与降低供应链总成本挂钩的。

4)决策协调与合规跟踪

如果没有供应链上所有公司的协同行动与绝对合规，那么减少供应链浪费的希望将十分渺茫。通常而言，一个强大的供应链参与者会在确保协同与合规方面起带头作用，但是如果没有这样一个强大的参与者，我们也可以建立一个跨公司组织来填补这一角色空缺，负责供应链协同与合规，并授予决策权，从而实现节约成本的目标。

8.1.2 供应链协调的效益

统一协调的供应链将有助于降低成本、提高质量及改善服务。

1. 降低成本

一旦生产规划与进度安排的效率提高，所有成本均会有所下降，其中以加班费和生产线换型成本的下降幅度最大。如果我们将供应链成本定义为与运输、仓储、库存持有成本及制造业差异相关的所有成本，其实我们还是可以期待实现 20%的成本削减目标。当我们在未来需求的基础上进行决策之后，需要尽可能采取激励的方法，以期获得更加准确的产能投资预测。设备的优化利用有助于将供应链相关投资降至最低，而更准确的产能预测则又能避免系统过载和费用高昂的外包需求。此外，加强对需求的关注也有利于降低整个系统的库存水平。

2. 提高质量

协调统一的供应链有助于避免系统过载和最后时刻的生产变化，同时也可以降低系统变动性。对于一个系统而言，若能以最佳水平及更加恒定的速度运作，系统错误率就会相对较低。如果确实无法避免系统错误的发生，那么也可以轻松地识别错误并加以管理。

3. 改善服务

协调统一的供应链能够带来更加稳定的系统，而这一更稳定的系统能够帮助我们更加轻松地识别需求变化，并且做出应对，提高公司的运作效率，最终更好地响应客户需求。

然而，即使所有不协调问题已经解决，并且也实现了应有的效益，但大多数的预算中并不一定会出现成本误差(或者说至少很难被界定为误差)，所以导致供应链失调的现象依然普遍。此外，只有极少数的主要决策者拥有解决供应链失调所必需的信息、奖励机制和权力。

8.1.3　供应链失调的问题及原因

1.　需求的不稳定性

通常生产商会通过不断调整生产计划来响应需求波动，从而推动供应、需求的调整。即使没有受到多于生产商所受的需求波动的影响，供应商也对此深有体会，即所谓的牛鞭效应。供应商被迫不断调整其生产计划，以满足生产商的采购需求，但最终它们却总是不得不采用加班和持有过剩库存的方法来解决问题。

原因：生产调度员的奖励机制是为了降低公司内部的生产成本，而供应商的成本却并不包含在预算或奖励机制中。因此，如果供应商未能以更具成本效益的方式快速灵活地应对需求变化，那么问题就出现了。那些使用昂贵的专业设备生产某种单一组件的供应商承担的风险最大，因为一旦该组件的需求没有了，那么这一整套设备就成了闲置品。而对于那些在生产中需要较长的生产线换型与启动时间的供应商而言，需求的不稳定性同样也是它们面临的一大问题。然而需求的不稳定性对商品类产品供应商造成的影响较小，因为它们可以用某一客户的需求来弥补另一客户的订单损失。

2.　产能投资不足

如果供应商在未明确生产商采购需求的前提下已经投资了某种专用产能设施，那么可能就会面临重大风险。一旦产品卖不出去，这一昂贵的生产设施就会成为闲置品。因此，供应商的产能投资总是低于预期需求。此类投资不足的现象通常以生产线超载的形式出现，导致产品延迟推出、延时交付、质量问题及低劣的服务质量。供应商往往不会为产能投资不足承担责任(其实他们也很难自圆其说)，因此通常由生产商负责识别投资不足的症状，并快速做出应对。

原因：通常在重大需求未定的情况下(如新产品的推出)会发生产能投资不足的现象，此时供应商为某种特定用途不得不购买昂贵的设备。

3.　供应商产能过剩

生产商经常会夸大需求预测，诱导供应商进行充足的产能投资。夸大需求可能会导致供应商产能过剩，反之又会推高供应链各个环节的成本。这似乎是高价值组件产业中的一个常见问题，如汽车业和航空业，通常这些产业使用的设备价格昂贵。供应商产能过剩的现象同时也是劳动密集型生产企业的一大常见问题，当实际需求低于预期需求时，供应商往往缺乏劳动弹性化，无法适当削减人员配置。

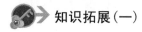 知识拓展（一）

供应链协调的层次

学者 Bhatnagar 等将供应链协调分为两个层次：一般协调(general coor-dination)和多工

厂协调(multi-plant coordination)。其中,一般协调又可以进一步分为三个方面:供应—生产活动协调、生产—分销活动协调、库存—分销活动协调。多工厂协调主要是研究生产计划和生产、库存数量方面的问题。学者 Thomas 等把供应链协调分为三个方面:买—卖协调、生产—分销协调、库存—分销协调。

华中科技大学管理学院马士华教授认为供应链协调有两种划分方法。根据协调的职能可划分为两类:一类是不同职能活动之间的协调与集成,如生产—供应协调、生产—销售协调、库存—销售协调等协调关系;另一类是根据同一职能不同层次活动的协调,如多个工厂之间的生产协调。根据协调的内容划分,供应链协调可划分为信息协调和非信息协调。学者陈剑等也将供应链中的协调分为两个层次:企业内的协调和合作伙伴间的协调。企业内部的协调是指供应商、制造商和销售商企业内部各部门之间各项活动的协调,包括物流、资金流和信息流的协调;合作伙伴间的协调是指供应商、制造商和销售商之间的相互协调,供应商、制造商和销售商之间的有效协调能够降低成本,可以提高整个供应链的管理水平和运作效率,从而提高供应链整体绩效。商品除了将供应链协调分为企业内的协调和合作伙伴间的协调外,还根据企业在供应链中所处的地位和所起的作用,将供应链协调分为垂直协调(vertical coordination)和水平协调(horizontal coordination)。垂直协调是指贯穿于整个产品生命过程中的相关企业之间的协调,也就是说从原材料的采购到产品的生产、销售直到最终客户的相关供应商、制造商、销售商之间的协调;而水平协调是指供应链中处于同一地位的各个企业之间的协调,如各个零售商之间的协调。

8.2 供应链渠道战略

8.2.1 分销渠道战略

1. 分销渠道的功能

分销渠道有以下功能:

(1)研究,即收集制订计划和进行交换时所必需的信息;

(2)促销,即设计和传播有关商品的信息,鼓励消费者购买;

(3)接洽,即为生产商寻找、物色潜在客户,并和客户进行沟通配合,即按照客户的要求调整供应的产品,包括分等、分类和包装等活动;

(4)谈判,即代表买方或者卖方参加有关价格和其他交易条件的谈判,以促成最终协议的签订,实现产品所有权的转移;

(5)实体分销,即储藏和运输产品;

(6)融资,即收集和分散资金,以负担分销工作所需的部分费用或全部费用。

2．分销渠道存在的问题

1）分销渠道缺乏效率

我国传统销售渠道模式是"厂家—总经销商—二级批发商—三级批发商—零售商—最终客户"的经典层级模式，呈金字塔状。这种一级压一级的分销模式虽有极强的市场辐射力，但会使厂家对销售渠道的了解与管理处于非常被动的地位。在这种传统的销售渠道体系中，每一个渠道成员都是相互独立的利益体，它们以追求自身利益最大化为经营目标，为此甚至不惜牺牲渠道系统和厂商的整体利益。随着市场的扩展，控制难度加大，在企业没有直接面对消费终端的情况下，多层级的渠道结构降低了效率，无法形成有利的竞争价格，不利于企业及时沟通信息，而信息反馈严重滞后又会造成政策不能及时到位，浪费资源，最终影响分销渠道竞争力的培育和产品知名度的形成。

2）渠道冲突严重

由于市场竞争的压力与需要，企业在同一区域市场往往会使用多种分销渠道，最大限度地覆盖市场，这样就会不可避免地发生几种分销渠道将产品销售给同一客户群的现象。有些恶性渠道冲突极具破坏性，会降低渠道的销售效率，导致本企业产品的相互竞争并增加销售成本，同时妨碍渠道经营的柔性化，甚至动摇企业的整个分销网络。窜货是最典型的渠道冲突，在我国表现为：分销渠道中某些成员受利益驱动，逾过自己的辖区，以低于厂家规定的售价向辖区之外的市场（如畅销地区、新市场或正在启动的市场）倾销产品。窜货造成价格体系混乱，降低中间商的利润以及生产商的忠诚度，阻塞渠道通路，甚至给假货以可乘之机。

3）专业化渠道企业发展缺乏稳定性

在我国，市场经济的形成至今也不过几十年，所以无论是渠道理论、渠道体系，还是渠道规模和专业化深度，都还缺乏整体性，专业化渠道企业发展缺乏稳定性，渠道企业自身没有明确的职能定位和一体化发展的理念。在这种背景下，中国专业化渠道企业的发展陷入了迷茫和徘徊的境地，它们不得不在业务和融资上寻求多元化。而这样做的结果一方面影响了渠道企业自身的稳定性，另一方面降低了企业分销和服务方面的集中投入。

3．分销渠道发展的趋势

1）渠道结构扁平化

随着经济的不断发展，企业之间的竞争愈演愈烈。技术不断创新，消费者的需求也在改变，这就要求企业加强对销售终端的控制，缩减渠道费用，把更多的精力和资源投入最终客户端。当然，由于分销商一般对当地的客户购买行为和市场形态较为熟悉，并拥有一批基本的客户，能够帮助厂家规范交易和减少经营风险。通过分销商能够减少自设销售网络所必需的高昂费用，并能对客户服务要求进行快速响应，用优质服务抓住客户的心，实现渠道结构的相对扁平化。

2) 渠道终端个性化

渠道终端个性化分两种情况：一种是直接面对消费者的情况，由于生活水平要求不断提高，消费需求千差万别，消费将进入个性化时代，所谓"一对一营销""定制营销"将越来越显；另一种是直接面对零售商的情况，适应消费多元化的需要，零售业态将更加丰富，如利基商店(集中经营特定的商品)、特许经营店、品牌专卖店等将更多涌现，形形色色的零售业态使企业要去面对更加个性化的销售终端。

3) 渠道关系互动

随着互联网技术发展和网上交易环境的配套，网络营销逐渐兴起且呈普及趋势。互联网技术使销售活动电子化和网络化。渠道关系互动主要指制造商与各商家、客户之间的互动。

4) 渠道服务高级化

随着消费者的日益成熟，许多服务原本是消费者的期望产品，现在却已变成了一般产品。这就要求经销商进行服务升级，对分销商进行多方面的业务培训和交流。

5) 销售人员高素质化

通路创新(分销渠道的创新)的具体实施最终必须通过分销人员不断推动和操作来实现，分销人员个人素质(营销技能和对市场的洞察力等)的高低直接决定了通路创新的成败。

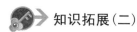 知识拓展（二）

通 路 创 新

通路创新通常指分销渠道的创新，即市场通路策略的变革。在这一变革的过程中，首先要求的就是企业要主动地调整自己的营销策略，尤其是企业的市场通路策略。要学会发现新兴的分销渠道，学会利用新兴的分销渠道，构建企业新的市场通路。例如，好记星在新华书店设专柜，金叶神酒借助烟草发达的物流配送体系及广泛的网点，小家电产品借助房地产交易会等，有效地促进了产品的市场销售，形成了自己的独特竞争优势。分销渠道的创新，已经成为企业新的竞争力，并日渐成为企业克敌制胜的武器。

市场的实践也告诉我们，新通路会给厂商带来意想不到的价值。一是为客户提供购买便利，二是为厂商节省分销成本等。麦肯锡咨询公司分析，新兴的分销渠道在给企业带来全新客户期望值的同时，也深刻地影响着企业的分销成本，甚至可节省 10%～15% 的成本，从而为企业创造成本的优势。

企业要有效应对日益激烈的竞争环境，在推进产品变革的同时，还应有效地推进通路的变革，不断地创新企业产品的分销渠道，发现新的营销模式。在通路创新的过程中，企业应关注以下问题。一是要正确对待传统通路和新兴渠道的关系。发现新的分销渠道并不是一朝一夕的事情，而是一个渐变的接受过程。因此，两者之间要合理兼顾。二是依据企业产品的特征有效地选择新兴的分销渠道。分销渠道再新，如果不能适合产品的消费特征，也是无效的。三是要善于利用好新型业态，在新型的销售业态中找到自己的有效位置等。

企业的发展，既要创新的产品，也要创新产品的通路，二者的有效结合，才能为企业带来新的竞争优势。

8.2.2 双渠道供应链战略

1. 双渠道供应链的概念

双渠道供应链是指分销系统中存在供应商的电子直销渠道和独立零售商传统渠道的供应链，它是多渠道供应链的一种特殊形式。

2. 双渠道供应链策略的实施

1）加强双渠道的管理，消除供需双方的对抗

网络技术再先进，也不能代替线下的体验及服务。目前，传统经销还是最主要的营销渠道。多数客户还是通过传统市场来购买产品。相对于网络渠道，传统渠道可以提供给客户面对面与售货员交流的机会，能够让客户亲眼看到并亲手触摸到商品。相对于网页上的图片，客户更乐于购买实实在在体验到的商品。另外，传统渠道有一个优势，即时性。当某些客户有紧迫性的需求时，他们希望当天就能收到货物，但目前单一网络渠道还不能够达到此要求。因此，制造商如果盲目地去除中间商，而单纯采用网络渠道进行销售，看似降低了成本，但也有可能失去利润以及对营销渠道的控制。因此，双渠道可以相互合作，发挥各自的优势，如制造商通过企业的网站宣传企业文化、发布产品促销动态和新产品动态，给传统经销商带来更多的销量。传统经销商充分利用实体门店，让其发挥体验、配送、自提和售后服务功能。制造商将双渠道相互融合，为客户提供便利、快捷、安全的购物体验。

2）做好双渠道市场定位，实施差异化策略

差异化策略就是尽可能将双渠道销售的产品在品种、品质和目标客户定位等方面尽可能地做到差异化，如在传统经销店以正价新品为主，网店则可以销售限量商品或者折扣的库存商品。从目标客户定位上看，网络渠道的目标客户群可以选择以年轻、高学历、经济比较发达地区的客户，而传统渠道可以选择非城镇居民、西部居民等客户。另外传统经销商应该提高服务质量，提供含附加值高的服务。实施差异化策略是解决冲突最重要的方法之一。

3）供应链上下游应建立合理的运行机制，构建有效的利益分享体系

供应链作为一种共同的组织，其提倡的是供需之间的双赢。供应链上的成员在进行决

策时应从整个供应链角度来分析，考虑决策将会给其他成员带来的影响，应不断进行信息交换与共享，达到供应链成员企业同步化，在保证各方合理利益的基础上，达到各个企业竞争力和盈利能力提高的目标，实现双赢。另外，企业在上下游渠道管理时，应构建有效的利益分配体系。根据每个渠道成员在供应链中的贡献度来权衡利益的分配与让渡。例如，制造商在进行网络渠道销售时，可以采用价格折扣的方式或者销售补偿的形式将利益的一部分让渡给传统经销商，使其有动力完成相应的服务，为供应链的整体利益而努力。这样才有可能防止渠道发生冲突，最终提高整个供应链的竞争优势。

4）促使经销商职能的转变

分销的要义在于货畅其流，这里的流主要包含着商流、物流、信息流和资金流。网络渠道虽然可以实现商流和资金流的瞬时完成，但在商品的售前推广、销售配送及售后服务等方面，仍然需要依赖基于传统经销商的传统渠道。传统经销商不仅掌握着遍布各地的配送中心和销售网点，而且具有与客户交往的丰富经验，这些正是制造商不可或缺的宝贵资源。在网络的发展下，传统的经销商可以转变其职能，如可以为买卖双方提供交易信息服务，也可以从事专业物流服务。

5）建立供应链战略联盟

供应链上下游企业可以通过建立供应链联盟来提升渠道忠诚度。联盟的建立，可以使分销渠道的多方形成利益共同体，有着共同的发展目标，承担共同的风险。这样不仅有利于加强渠道合作，使企业优势互补，有效占领新市场，而且有利于提高各渠道成员的忠诚度。当发生利益冲突时，矛盾更容易得到解决。同时，生产商以协作、双赢和沟通为基点来加强对各分销渠道的控制，为经销商、客户提供更具价值的全方位服务，最终确保整体营销战略目标的实现。

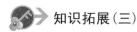 知识拓展（三）

市场营销渠道和分销渠道

市场营销渠道(marketing channel)和分销渠道(distribution channel)是两个不同的概念。一条市场营销渠道是指那些配合起来生产、分销和消费某一生产者的某些货物或劳务的一整套所有的企业和个人。这就是说，一条市场营销渠道包括某种产品的供产销过程中所有的企业和个人，如资源供应商(suppliers)、生产者(producer)、商人中间商(merchant middleman)、代理中间商(agent middleman)、辅助商(facilitators)（又译作"便利交换和实体分销者"，如运输企业、公共货栈、广告代理商、市场研究机构等），以及最终消费者或客户等。

根据上面的分析，举例如下：

(1)食品加工商 A 通过收购商向食品生产者收购原料，同时向其他供应商取得其他生产资源。这些货物由供应商存在仓库，并根据 A 公司加工厂的需要情况有计划地运往工厂。

(2) A 公司通过食品经纪人向各种批发商(如独立批发商、自愿连锁和零售商合作社等)推销产品,通过它们转卖给各种零售商店(如方便商店和超级市场等)。

(3) 市场营销渠道包括食品生产者、食品收购商、其他供应商,各种代理商、批发商、零售商和客户等。

(4) 分销渠道则包括食品加工商,各种批发、代理商、零售商和客户等。

8.3　服务供应链战略

8.3.1　服务供应链

1. 服务供应链的概念

服务供应链(supply chain service)是一种服务的商业模式,可以用来帮助企业以较低的运作成本达到较高的客户服务水平,最终可提高企业的利润率。因为高水准的售后服务能显著提高客户满意度,从而留住客户,产生更多业务量,获得高利润的服务合同,提高公司的获利能力。服务供应链的发展很快,已成为众多企业获得并提高竞争优势的利器。同传统的供应链管理一样,服务供应链的绩效管理是衡量并提高供应链效率的重要手段之一。

2. 服务供应链的研究

(1) 服务供应链的研究从 2000 年开始起步,目前尚处在不成熟的阶段。美国学者 Lisa M. Ellram 在 2004 年发表了《理解和管理服务供应链》一文,标志着服务供应链正式开始得到关注,关于服务供应链行业应用的研究也开始得到开展,比较集中的讨论主要在物业服务、旅游服务和物流服务等行业。

(2) 在物业服务供应链研究方面,学者陈小峰认为,供应链管理主要应用于制造业和零售业,几乎不涉及物业服务。在分析物业服务特点的基础上,他提出了物业服务供应链的特点,认为物业服务供应链是以物业服务供应商、物业服务商和业主为主体的链式结构。他还提出了物业服务供应链的目标,以及物业集成商的业务运营策略。他的研究视角实际上已经比较侧重在物业服务供应链的各个成员之间的关系,但是其研究尚处在概念的层面上,未开展深入探讨。

(3) 在旅游服务供应链研究方面,学者张英姿指出,旅游服务组合产品实际上是一条由一个分工协作的系统提供给旅游者的服务供应链。供应链管理的理念与旅游服务系统的特征相形相应。

(4) 在物流服务供应链研究方面,学者田宇认为其基本结构是集成物流服务供应商的"供应商—集成物流服务供应商—制造、零售企业"模式,其中集成物流服务供应商的供应商指传统的功能型物流企业，如运输企业、仓储企业等，它们因其提供的服务功能单一、标准，且业务开展往往局限于某一地域，而被集成物流服务供应商在构建全国甚至全球服务网络时吸纳为供应商。

（5）此外，学者申成霖认为物流服务供应链是以集成物流服务供应商为核心企业的新型供应链，它的作用是为物流需求方提供全方位的物流服务。集成物流服务供应商最明显的特征是通过业务转包的形式选择合适的功能型物流企业来为物流需求方服务。

（6）学者阳明明提出了港口服务型供应链。他认为港口服务型供应链与典型制造型供应链不同：服务型供应链没有制造环节，它是以服务型企业作为主导供应链的核心企业；港口供应链是指以港口为核心企业，将各类服务供应商和客户有效结合成一体，并把正确数量的商品在正确的时间配送到正确地点，实现系统成本最低。各类服务供应商依赖港口但又独立于港口，它们是港口的服务供应商，在经济上有自己的利润目标。

3. 服务供应链的未来趋势

鉴于服务供应链的定义和基本框架尚未有一个明确的结论，因此，对服务供应链的概念、结构模型及其内涵的进一步明确，为系统研究服务供应链基本理论奠定了基础，这是未来研究的一个重要趋势。

产品供应链的研究已经比较成熟，相关的供应链基础理论已获得较大发展。由于服务供应链具有与产品供应链截然不同的特征，如何结合服务供应链自身特点并将产品供应链的相关理论应用到服务供应链，加强对服务供应链运营的基础理论研究将成为一种趋势。这种趋势包括以下几个方面。

（1）优秀的服务供应链对服务绩效将起到重要作用，而服务供应链的设计和合作伙伴选择作为服务供应链运营管理的前期重要工作，兼有产品供应链的共性和异性，这将成为研究的重要趋势之一。

（2）由于服务产品具有一定的无形性，研究中将进一步侧重对服务供应链中服务协议和服务质量水平的控制，尤其是对非对称信息条件下的服务供应链的质量监督和质量控制。

（3）由于服务供应链评价中人的主观因素影响较大，服务供应链绩效评价指标体系和测度将成为值得重点研究的内容之一。

（4）服务供应链中关于服务能力的传递、控制与执行问题的研究也将得到积极开展。例如，对牛鞭效应问题的研究已取得积极进展，但研究仅侧重在某些特殊行业，还暂不具有普遍性。

由于服务供应链涉及较多的服务行业，而不同服务行业的实际特性又有所区别。因此，研究将形成两类潮流：一类是开展对不同行业的服务供应链的共性研究，在此基础上构建通用模型；另一类是针对不同服务行业，如物流服务行业，结合行业特性对服务供应链开展系统研究，从而更好地指导行业的实践。

8.3.2 产品供应链与服务供应链

1. 产品供应链

供应链迅速改变着农业、制造业、物流业等很多传统产业，通过协调产业链上下游关系，整合和优化供应商、制造商、零售商之间的资金流、信息流和物流，特别是随着物联网、大数据、云计算、人工智能等前沿技术的发展，产品供应链给全球范围内的传统产业都带来了新一轮的深刻变革。供应链运用集成的理念和思想来全方位、全阶段、全范围地优化各项资源，实现整体优势大于各项资源优势的总和，进而促进整个产业的运行效率和效益提升。应该说，供应链思想在农业和工业制造业中的运用获得了巨大的成功。无论是早期的通用汽车、宝洁还是沃尔玛，或是以 EDI 方式连接的企业供应链，还是互联网出现后的以汽车、服装、医药和建材为典型代表的产业供应链，从战略高度把握最终客户需求，通过企业与企业、产业与产业之间的有效合作，在成本、时间和柔性等方面都获得了极佳的管理效果。

2. 产品供应链与服务供应链的区别

服务供应链具有与产品供应链的相同特征，如产生背景都是由于专业化趋势和核心竞争力的发展，这使业务外包成为必然；主要管理内容都是围绕供应、计划、物流、需求等开展；管理目标都是满足既定的服务水平，使系统总成本最小；集成内容等都包括业务集成、关系集成、信息集成和激励机制集成。

但是，服务供应链也与产品供应链存在本质上的区别。两者的区别主要来源于服务产品与制造产品的本质区别，服务产品具有不同于制造产品的六个特征，即客户影响、不可触摸、不可分割性、异质性、易逝性、劳动密集性。这些特征的存在使服务供应链在结构上更多需要采取较短的供应链渠道，典型的结构为功能型服务提供商—服务集成商—客户；在运营模式上更多采用市场拉动型，具有完全反应型供应链特征；在供应链协调的主要内容上更多是服务能力协调、服务计划协调等；在稳定性方面，服务供应链的稳定度较低，这首先是由于最终客户的不稳定性导致的，其次，异质化的客户服务需求使服务企业所选择的服务供应商会随需求的变化而及时调整。

扩展阅读8.1
供应链服务
行业存在的
问题及成因

案例分析

8.4 本章小结

本章主要介绍了供应链的三种优化战略，即供应链协调战略、供应链渠道战略及服务供应链战略，重点是供应链协调战略。供应链协调是指为使供应链的信息流、物流和资金流能无缝、顺畅地在供应链中传递，减少因信息不对称造成的生产、供应和销售等环节的不确定性，以及消除因供应链各成员目标不同而造成的利益冲突，提高供应链的整体绩效而采取的各种行动。如果供应链的所有阶段都采取能促进整个供应链的利益提升的行为，显然供应链的协调性就会得到改善。供应链的协调要求供应链的每个阶段都考虑自身的行为对其他阶段的影响。供应链协调的方法有建立战略合作伙伴关系、集中控制供应链和供应链契约协调。

供应链失调的主要原因是需求的不稳定性、产能投资不足和供应商产能过剩，基于此，要了解真实的需求量信息、改善供应链总成本的透明度、统一奖励机制和决策协调与合规跟踪。

供应链分销渠道存在很多问题，如分销渠道缺乏效率、渠道冲突严重、专业化渠道企业发展缺乏稳定性。实施双渠道供应链策略要做到：加强双渠道的管理，消除供需双方的对抗；做好双渠道市场定位，实施差异化策略；供应链上下游应建立合理的运行机制，构建有效的利益分享体系；促使经销商职能的转变，建立供应链战略联盟。

服务供应链可以用来帮助企业以较低的运作成本达到较高的客户服务水平，最终可提高企业的利润率。因为高水准的售后服务能显著提高客户满意度，从而留住客户，产生更多业务量，获得高利润的服务合同，提高公司的获利能力。服务供应链的发展很快，已成为众多企业获得并提高竞争优势的利器。同传统的供应链管理一样，服务供应链的绩效管理是衡量并提高供应链效率的重要手段之一。

本章思考题

1. 简述供应链协调的方法。
2. 简述供应链分销渠道存在的问题。
3. 讨论服务供应链和产品供应链的异同。
4. 什么是双渠道供应链？
5. 简述服务供应链与供应链服务之间内在联系。

参 考 文 献

[1] 刘伟华. 服务供应链管理[M]. 北京：中国财富出版社，2019.

[2] 徐志涛. 产品服务供应链管理[M]. 北京：机械工业出版社，2018.

[3] 但斌. 双渠道供应链合作与协调[M]. 北京：经济管理出版社，2012.

[4] 刘峥. 双渠道供应链的优化与协调研究[M]. 北京：北京理工大学出版社，2015.

[5] 李寅龙. 不确定条件下的供应链协调机制研究[M]. 北京：经济管理出版社，2016.

[6] 姜金德. 基于质量—品牌—渠道的 OEM 供应链协调研究[M]. 北京：科学出版社，2019.

[7] 白世贞. 珠宝奢侈品供应链协调管理研究[M]. 北京：科学出版社，2020.

[8] 甘卫华. 服务供应链的理论与实践[M]. 北京：冶金工业出版社，2010.

[9] 简兆权. 服务供应链整合：理论与实证[M]. 北京：科学出版社，2020.

[10] 朱英. 基于信息共享的航空物流服务供应链优化研究[M]. 北京：中国水利水电出版社，2018.

高 级 篇

第9章 城市供应链战略

 学习目标：

1. 了解城市供应链的基本概念；
2. 理解城市供应链战略的发展目标；
3. 重点掌握影响城市供应链战略的因素；
4. 了解中国城市供应链管理的现状。

章前引例

城市供应链建设城市试点通知

为贯彻《中华人民共和国国民经济和社会发展第十三个五年规划纲要》及中央经济工作会议关于推进供给侧结构性改革、供应链物流链创新的精神，提高流通标准化、信息化、集约化水平，2017年商务部、财政部在天津、上海、重庆、深圳、青岛、大连、宁波、沈阳、长春、哈尔滨、济南、郑州、苏州、福州、长沙、成都、西安(以下称首批重点城市)开展供应链体系建设。具体要求如下：

一、总体思路和目标

供应链体系建设，要按照"市场主导、政策引导、聚焦链条、协同推进"的原则，重点围绕物流标准化、供应链平台、重要产品追溯，打基础、促协同、推融合；从1 200毫米×1 000毫米标准托盘和全球统一编码标识商品条码切入，提高物流链标准化信息化水平，推动供应链各环节设施设备和信息数据的高效对接；以供应链平台为载体，推动上下游协同发展，资源整合、共享共用，促进供应链发展提质增效；以供应链为渠道，利用物联网、对象标识符等先进技术设备，推动产品从产地、集散地到销地的全链条追溯；围绕建设标准规格统一、追溯运行顺畅、链条衔接贯通的供应链体系，使重点企业标准托盘使用率达到80%，装卸货效率提高2倍，货损率降低20%，综合物流成本降低10%；形成一批模式先进、协同性强、辐射力广的供应链平台，使供应链平台交易额提高20%，供应链交易管理成本下降10%；建成并运行重要产品追溯管理平台，使供应链项目重点支持企业的肉菜、中药材、乳制品等重要产品追溯覆盖率达到80%，使流通标准化、信息化、集约化水平显著提升。

二、主要任务

供应链体系建设的首批重点城市应积极发挥辐射带动周边的作用，形成城市间联动互动局面，提高区域供应链标准化、信息化、协同化水平，促进提质增效降本。主要任务如下：

(一)推广物流标准化，促进供应链上下游相衔接

以标准托盘及其循环共用为主线，重点在快消品、农产品、药品、电商等领域，推动物流链的单元化、标准化。

1. 加快标准托盘应用

鼓励使用符合国家标准 1 200 毫米×1 000 毫米规格和质量要求的标准托盘，支持托盘租赁、交换(不支持用户自购)；推广集团整体推进、供应链协同推进、社会化服务推进、平台整合推进等成熟模式，引导商贸连锁、分销批发、生产制造、第三方物流、托盘运营、平台服务等企业合作开展带托运输；推广"回购返租"模式，加速非标托盘转换。

2. 建立社会化托盘循环共用体系

扩大托盘循环共用规模，完善运营服务网络，由托盘向周转箱、包装等单元器具循环共用延伸；推动"物联网+托盘"平台建设，拓展"配托+配货"服务，鼓励"带托运输+共同配送""带托运输+多式联运"；探索托盘交易、租赁、交换、回收可自由转换的市场流通机制。

3. 支持与标准托盘相衔接的设施设备和服务流程标准化

支持仓库、配送中心、商超、便利店等配送设施的标准化改造，以及存储、装卸、搬运、包装、分拣设备和公路货运车辆(外廓 2 550 毫米)等标准化更新；鼓励以标准托盘和周转箱(符合 600 毫米×400 毫米包装模数系列尺寸)为单元进行订货、计费、收发货和免验货，促进物流链全程"不倒托""不倒箱"；推动利用配送渠道、押金制等对标准包装物进行回收使用；探索标准托盘、箱替代快递三轮车箱体，以循环共用推动分拣前置和环节减少。

4. 支持物流链数据单元的信息标准化

支持探索基于全球统一编码标识的托盘条码与商品条码、箱码、物流单元代码关联衔接，推动托盘、周转箱由包装单元向数据单元和数据节点发展，促进供应链和平台相关方信息数据传输交互顺畅；探索用数据单元优化生产、流通、销售管理，促进降本增效，满足不同商品的不同客户需求和服务体验。

(二)建设和完善各类供应链平台，提高供应链协同效率

以平台为核心完善供应链体系，增强供应链协同和整合能力，创新流通组织方式，提高流通集约化水平。

1. 建设流通与生产衔接的供应链协同平台

支持供应链核心企业建设连接个性化需求与柔性化生产的智能制造供应链协同平台，促进流通与生产的深度融合，实现大规模个性化定制，促进降本增效；支持流通企业与供应商实现系统对接，打造供应链采购协同平台，实现需求、库存和物流信息的实时共享，提高协同计划、自动预测和补货能力。

2. 建设资源高效整合的供应链交易平台

支持建设商品现货交易平台，聚集供需信息，提供信息发布、支付结算、仓储物流、质量追溯等综合服务，提高资源配置效率，降低交易和物流成本；支持传统实体商品交易市场转型升级，打造线上线下融合的供应链交易平台，延伸提供物流、结算、报关等供应链服务，促进商品交易市场与产业融合发展。

3. 建设专业化的供应链综合服务平台

支持供应链服务型企业建设供应链综合服务平台，提供研发设计、集中采购、组织生产、物流分销、终端管理、品牌营销等供应链服务，融通物流、商流、信息流、资金流；通过平台直接服务需求终端，减少流通环节和成本，构建跨界融合、共享共生的供应链商业生态圈。

4. 建设供应链公共服务平台

支持有条件的地方建设供应链公共服务平台和供应链科创中心，完善供应链公共服务，提供政策咨询、信息聚集、经济预警、研发支持和人才培训等服务，加强供应链创新发展的协同监管和治理。同时，鼓励供应链核心企业牵头制定相关产品、技术、管理、数据、指标等关键共性标准，提高供应链协同和整合效率，服务于产业供应链体系。

(三)建设重要产品追溯体系，提高供应链产品质量保障能力

1. 建设城市重要产品追溯管理平台

优化提升原有肉菜、中药材流通追溯管理平台，推进现有各类重要产品追溯体系接入重要产品追溯管理平台；应用对象标识符技术实现不同编码体系的兼容与交互，实现跨部门跨区域追溯信息的互联互通，以及与重要产品追溯管理平台实时对接；鼓励第三方追溯平台建设，建立追溯数据对接评价或认证机制；强化追溯数据分析与成果应用，增强追溯体系对供应链产品质量安全管理和问题事件应急处置能力。

2. 扩大供应链产品追溯覆盖范围

在完善原有肉菜、中药材追溯体系建设的基础上，进一步扩大重要产品追溯覆盖范围，提高肉菜等预包装产品的追溯覆盖率，肉类产品力争实现全覆盖；扩大节点企业覆盖面，使供应链上下游企业全部纳入追溯体系；延伸追溯链条，将相关种植养殖、生产加工、仓储物流、终端消费等环节纳入追溯体系。

3. 支持供应链核心企业追溯系统创新升级

重点推进二维码、无线射频识别(RFID)、视频识别、区块链、对象标识符、电子结算和第三方支付等技术应用，推动追溯系统创新升级；推动大中型批发市场及大型商超、物流企业等开展信息化改造，鼓励商超利用全球统一编码标识进行结算，实现追溯功能，将产品追溯融入现有 ERP 系统，实现企业信息系统与追溯系统的对接；鼓励供应链核心企业线上线下融合发展，形成全渠道整合、线上线下无缝衔接的追溯网络。

三、财政资金重点支持方向和方式

中央服务业发展专项资金支持供应链体系建设，主要立足于弥补市场失灵，做好基础

性、公共性工作，发挥中央财政资金对社会资本引导作用，支持供应链体系中薄弱环节和关键领域建设。

中央财政资金拨付地方后，有关城市应结合本地产业实际情况选择任务方向，统筹使用、加快执行，可采用以奖代补、财政补助、贷款贴息、购买服务等支持方式，完成期限为 2 年；同时，鼓励有条件的地区创新财政政策，支持跨区域联动项目，对在外地注册法人但在本地有实体的非法人机构，以及在本地注册法人但在周边地区建设实体的机构，可在本地申报项目，促进辐射带动周边地区。各地要严格加强资金管理，中央财政资金不得用作楼堂馆所等建设和工作经费；不得支持有金融风险、发展模式不成熟的平台。

资料来源：https://www.sohu.com/a/165689951_800265.

9.1　城市供应链战略概述

随着生产和消费方式的变化，在全球化分工与跨境生产、大规模定制化消费、数字零售与及时响应的经济发展背景下，保障商品和货物在整个"生产—流通—消费"链条中与全部参与者的协同运转越发重要。供应链管理不再局限于企业行为，逐渐形成了与公共部门紧密连接的联动系统。

城市形态是多重要素共同作用下的物质空间结果，社会的进步、技术的革新、政治体制的转变等都可能引发城市形态的变迁。城市形态是城市政治、经济、文化传统、社会结构等内生因素的外在空间体现，包括城市平面形式、内部组织及建筑和建筑群体布局等。近年来，我国城市化进程加快、城市规模不断扩大、电子商务快速发展、流通方式急剧变革、消费者消费要求持续提高，这对物流供应链的流畅运行提出了新的要求，城市供应链战略正日益受到政府部门和企业的高度重视，并逐渐从理论探索走向具体实施阶段。

9.1.1　城市供应链的概念

城市供应链是指支撑一个城市生产与生活的供应链生态体系，它主要是围绕城市生活、工业生产、商贸流通过程展开的，通过对商流、人流、物流、信息流、资金流的控制，将供应商、制造商、批发商、零售商及最终客户连成一个整体的功能网链组织。大城市的集成供应链系统至少需要 150 条涉及不同品类的供应链来维持城市正常运转，并将这些商品配送到城镇区域。城市范围的供应链运行情况如图 9-1 所示。

9.1.2　城市供应链战略的意义

供应链运行根据不同标准可划分为多个层次，城市供应链的服务范畴主要依据行政范围进行界定，城市供应链的运行要求从投入与产出角度实现经济利益最大化，切实保障社会供需安全，以推进微观城市发展，实现环境与人口、经济、安全、国家、社会的协同发展的目标。

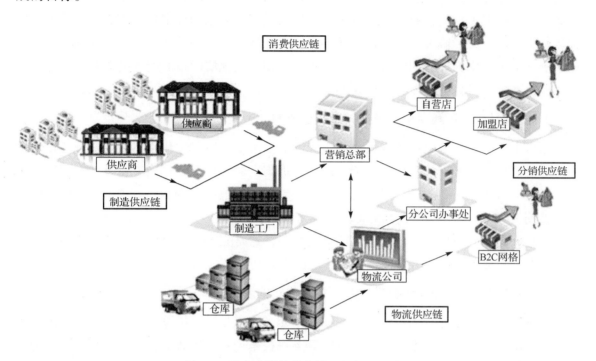

图 9-1　城市范围的供应链运行情况示意图

1. 城市是商品流通和居民生活的聚集区

一方面，城市是交通运输网络中的枢纽节点，是发挥货物集散、转运、分拨等功能的功能实体聚集区域；另一方面，城市也是企业总部、金融机构、供应链服务机构的主体活动区城，为供应商、生产厂家、销售商进行商业贸易活动、资金结算与融通活动提供载体空间，是供应链系统中极其重要的功能载体。城市的顺利运转需要城市供应链网络的支持，尤其是在特殊时期，如新冠肺炎疫情防控期间，应急物资和生鲜配送凸显了城市供应链的重要性，因此应充分重视基础性、民生性和稳定性。

2. 城市供应链服务水平是城市整体竞争力的体现

城市供应链服务水平是反映城市整体竞争能力的重要方面，是一个城市与竞争对手相比在竞争和发展过程中所凸显的吸引资源、创造产品、占领市场、为居民提供福利的能力。城市供应链服务能力不仅表现为城市物流基础设施资源的供给水平，还表现为城市供应链服务需求的满足程度。要以城市商品品类的配送频次和规模把握城市需求的差异性，不断完善多品类商品的城市供应链。

3. 城市供应链发展有利于提高城市相关产业运行效率与效益

城市供应链战略有利于工商企业将制造业物流与商贸物流分离出来交给专业的供应链

服务商，这样制造企业和商业企业能够集中精力提高自己的核心竞争力，通过引入精益生产或定制化服务，实现准时化、柔性化生产，提供个性化服务，既节约了物资、人力与时间成本，又增强了相关企业的核心竞争力。城市供应链体系的稳定发展能够强化城市发展的软硬实力，有助于城市内的企业单元参与更大区域或国际的产业分工，也有利于城市招商引资与扩大再生产等活动的展开，可以吸纳更多、更优质的核心企业与服务机构加入城市供应链系统，提高城市影响力与竞争力。

4. 提高社会资源利用率，降低城市运营成本

城市供应链战略采用系统方法协调供应链上下游主客体，优化整体配置资源，以使整个供应链总成本最低、效率最高、资源利用率最高。研究显示，供应链管理的有效实施可以使运输成本下降 5%～15%，库存下降 10%～30%，总成本下降 20%左右，整个供应链的运作费用下降 10%～25%，大幅降低城市运营成本。

另外，需注意垃圾回收等逆向供应链的构建，这是完善城市供应链系统的重要组成部分，可共同形成供应链闭合回路，实现资源的充分利用。

5. 城市是最便于组织供应链技术与模式创新的场所

城市是区域功能配套相对较完善的空间单元，城市是供应链系统赖以发展的软硬件条件，既是电子商务、大数据与移动互联网等支撑技术创新与模式创新的智库单位汇集地，又是最便于组织技术创新与模式创新应用推广的区域。伴随城市化发展的深入，城市供应链战略势在必行。

9.1.3 城市供应链战略的发展目标

城市供应链系统是在一定的城市规划和企业协作发展环境下，为满足城市经济发展要求和城市发展特点而组织的，涵盖区域性物流设施与供应链服务功能的复杂系统。城市供应链战略的发展目标是实现一个城市的供应链高效运行，包括在一定的时间和空间范围内由城市供应链为企业、居民及相关组织提供整体供应链服务，促进商品、服务和信息要素有机结合等。城市供应链系统是各社会供应链主体的综合，也是各产业供应链系统在城市空间、设施载体上运行的外化表现。

城市供应链的发展目标可从功能、效率、社会等目标界定。城市供应链目标构成如图 9-2 所示。

功能目标：为城市及其辐射影响范围内的与生产生活相关的商流、人流、物流、信息流和资金流系统提供最为便利和最具竞争力的供应链服务。

效率目标：在不影响产业竞争力和供应链成本与效率的前提下尽可能地提供优质的供应链服务。

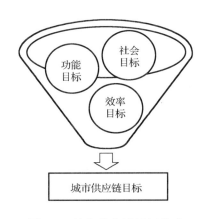

图 9-2 城市供应链目标构成

社会目标：切实保障社会安全、能源、环境、交通等要素的顺利运转，构建宏观层面的供应链系统。

9.1.4 影响城市供应链战略发展的因素

1．政府参与

城市供应链战略运行涉及多个主体的协同参与，相较于单条企业供应链，政府在城市供应链运行中发挥着更加重要的作用。政府在城市供应链的统筹构建中扮演了多重角色。在供应环节，政府通过设立下属机构来安排城市战略物资采购、公共资源调配、战略资源统筹等重要工作。在制造环节，又通过官办投资开发公司来筹集资金和投资建设部分公共产品与开发地方特色资源。在销售和售后环节，政府通过投资开发公司对某些项目提供运营和管理服务，并实现对产品流动的市场引导。在这些角色以外，政府还有一个最重要的职能，就是管控城市流通的一切产品的质量，监督物流行为的规范化，依托执法权塑造城市供应链标准范式。

2．产业基础

城市发展以其独有的自然资源和人文资源为依托，以城市为空间载体发展特色产业，以产业基础为导向实现城市供应链系统构建。为实现高效率的城市供应链管理，应将城市特色产业与城市供应链构建相结合，形成独特的城市供应链模式，探索个性化的城市发展。

3．交通区位

运输作为物流两大核心职能之一，交通运输条件是决定城市供应链能否高效率运行的重要因素。现有城市物流以运输为基础，应将城市供应链规划的要义带入城市物流规划和政策制定中，展现供应链模型更微观、更注重链路、更注重协调的特征，为货物纳入多式联运奠定基础。

各发达城市具有多样的产业发展特色，但共同之处是都处于重要的枢纽集散地位，以其特殊的地缘位置获得了较早的开发优势。例如，青岛、宁波等港口城市依托水港的资源优势，培养临港工业和港口物流业等特色产业，将供应链与临港产业相结合，形成了城市供应链战略的发展核心。

4．地缘经济

地缘经济决定了该城市基本经济部门的发展方向和内容。基本经济部门是城市向内部、外部提供产品和服务的经济活动，是促进城市发展的主要动力。因此，城市供应链除为城市的非基本经济部门服务外，更多的是为城市的基本经济部门服务，地缘经济成为影响城市供应链发展的主要因素。例如，苏州市依托长三角经济圈发展保税物流；深圳市依托珠三角经济圈发展物流总部经济、航运衍生服务等高端物流业态；天津市依托京津冀经济圈构建了"交易+物流+金融及信息服务"三位一体的国际型港航物流服务体系。

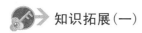 知识拓展（一）

共 同 配 送

目前，共同配送在发达国家已经成为一种潮流，并不是一个全新的概念。早在 1961 年，美国哈灵顿仓储服务公司就将 Quaker 公司、General Mills 公司、Pillsbury 公司及其他公司的日用食品杂货订单整合成一个整车运输发往同一个销售商，这样就大大降低了运输成本。在当时，这种做法只是被简单地称之为库存整合。虽然那时没有像共同配送这样复杂的名词，但是两者其实是一回事。

共同配送是指在一定区域内为了提高物流效率，为许多企业一起进行配送。共同配送的主要追求目标是使配送合理化。共同配送可以分为以货主为主体的共同配送和以物流企业为主体的共同配送两种类型。共同配送也称共享第三方物流服务，指多个客户联合起来共同由一个第三方物流服务公司来提供配送服务。它是在配送中心的统一计划、统一调度下展开的。共同配送是由多个企业联合组织实施的配送活动。共同配送的本质是通过作业活动的规模化降低作业成本，提高物流资源的利用效率。共同配送是指企业采取多种方式，进行横向联合、集约协调、求同存异及效益共享。

9.2　城市供应链战略的优化途径

城市供应链战略的优化与完善，应以实现商流、人流、物流、信息流和资金流五流合一、高度聚集并有序发展为主线，力图从城市供应链系统建设发展的角度建立"最佳城市"。参考国内外各城市在供应链发展方面的实践，可以考虑从以下方面着手优化完善城市供应链系统。

9.2.1　构建稳定的市场竞争环境

构建稳定的市场竞争环境，鼓励供应链上下游主客体企业参与市场竞争。通过颁布相关法律法规、监管经营者行为等手段，推动供应链服务范围不断扩大，为市场主体提供公平、公正、高效率的供应链发展环境，增强市场的活力。为了应对多样化的供应链需要，新型的经营业态及服务内容将不断出现，并且在创造出富有魅力、充满活力的城市供应链服务环境。

通过放松管制和引入社会资本，建立多种运输方式互相联合的一体化综合运输体系，使各种运输方式按照市场机制与遵循低成本和便利性的市场原则进行竞争与合作，同时给予新兴经营业态与新型服务内容宽松的发展环境，为城市及其辐射区域的社会经济系统提供最适合的服务，以满足城市发展多样化的需求。

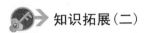 **知识拓展（二）**

市场监管的作用

市场监管不是对某一行业、某一具体市场、某一区域的管理，而是具有普遍性的监督管理。为应对当前电子商务、网上购物的蓬勃发展的市场环境，工商行政管理部门应充分认识市场交易关系的变化，对有形市场从业者和商品、无形市场本身行为和范围加强管理，使监管眼光随经济的发展而发展。

工商行政管理是规范市场行为、维护市场秩序的重要手段，可促进资源配置符合国家政策法律制度的要求，保护和巩固经济关系，达到巩固国家政权、保护公民、法人和其他经济组织合法权益的目的，这说明工商行政管理是行使权力的一种经济管理，是建立和执行市场经济法律制度的管理，也是规范市场行为、调节各种经济关系的管理。

9.2.2　提高基础设施支持条件

根据城市产业经济特点与居民生活水平需要，在科学合理并适时地推进现有批发市场、零售市场的优化升级与改造。根据市场产业基础、商业环境等条件，因地制宜地构建电子商务、大宗商品交易等采购交易平台，推进金融、物流、信息、交通等相关产业的融合发展，提高基础设施条件建设水平。

9.2.3　促进参与主体协调配合

城市供应链内部及其输入、输出端涉及各个产业领域和公共管理部门，要在政府各部门之间、各行业之间、系统内各类运营管理人员之间形成协调配合联动发展的机制。例如，为了改善物流节点便利性、解决货物运输发展的瓶颈问题，各相关政府机关要联合起来共同努力，积极进行基础设施的整合并加强信息化管理等软件方面的互联互通。另外，在开展共同配送等活动时，每个自主经营的经营者、货主、政府部门及社会团体等各种供应链主体之间应积极协作。

9.2.4　加强节点运行整合

1．近城节点整合

物流园区、配送中心等物流节点是城市供应链服务重要的空间载体之一，充分利用市区周边的物流节点，除有助于城市供应链服务的顺畅运行之外，还可以有效地控制进入城市内卡车的运输总量。同时，规模化、集约化的物流节点，能够有效提高城市供应链的信息化、国际化水平，通过近城区合理的区位功能规划为物流单位的大型化发展创造条件，可对意外事故发生造成的城市环境影响和财产损失进行控制。

2．城内节点整合

应加强城市内的末端客户货物的集散和配送等节点的整合，建立并完善城市共同配送系统，优化城市配送中心与末端节点网络，解决城市供应链末端"最后一公里"配送问题。

3．通道与运输路径优化

推进城市连接高等级公路的干线公路、高速公路的出入口周边、工业园区及临港或临空物流基础设施的建设。研究制定城市货运通道系统的通过能力及其路径优化策略，通过信息化、自动化的保管、配送、流通加工等物流活动，提高各种业务的处理能力，完善各种设施的功能。

 知识拓展（三）

"最后一公里配送"的概念

"最后一公里配送"是指客户通过电子商务途径购物后，购买的物品被配送到配送点后，从一个分拣中心，通过一定的运输工具，将货物送到客户手中，实现门到门的服务。配送的"最后一公里"并不是真正的一公里，是指从物流分拣中心到客户手中的这一段距离。由于短距离，俗称为"最后一公里配送"。这一短距离配送，是整个物流环节的末端环节，也是唯一一个直接和客户面对面接触的环节，意义重大。

9.2.5 提高城市供应链服务水平

1．积极推进智慧城市和智慧物流的发展

信息技术的发展极大地推动了智慧城市的建设步伐，移动互联技术和电子商务业态的普及极大地提高了库存管理、订货、发货、分拣、拣选、出货、配送、检验、店面管理等供应链活动的业务效率。在城市供应链的货物交易及运输保管领域中，要解决经常出现的多终端设置等重复投资建设问题，实现不同行业的企业之间的信息高效交换。在管理进出口贸易、出入港口或机场等的行政手续中，要利用信息化的技术，推进客户智能化服务和智慧物流发展。

2．通过标准化推进城市供应链组织的流转效率

在进行城市供应链信息化建设的同时，要大力推进 RFID、数据传送和数据交换的标准化应用，以及通过标识的普及和商品信息数据库的建立，制定对应 EDI 票单及包装标签的标准化，通过政策引导，鼓励企业购买一体化的托盘装卸运输系统等便利的物流机器，推动开发并实施改善货物运输包装等支持策略。

3．新技术的开发和应用

在城市综合运输领域，推进定位系统的有效利用，用于导航、货物位置确认等；提高城市供应链可视化水平与安全性、可靠性；促进冷藏车、冷冻仓库等冷链物流的设施配备；加快功能性薄膜、保冷容器等新鲜度保持材料的开发、引进；推进从产地到消费地的低温物流一体化系统的建设。

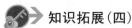 **知识拓展（四）**

智 慧 城 市

智慧城市起源于传媒领域，是指利用各种信息技术或创新概念，将城市的系统和服务打通、集成，以提升资源运用的效率，优化城市管理和服务，以及改善市民生活质量。

智慧城市是把新一代信息技术充分运用到城市中，各行各业基于知识社会下一代创新（创新2.0）的城市信息化高级形态，实现信息化、工业化与城镇化深度融合，有助于缓解"大城市病"，提高城镇化质量，实现精细化和动态管理，并提升城市管理成效和改善市民生活质量。

智慧城市经常与数字城市、感知城市、无线城市、智能城市、生态城市、低碳城市等区域发展概念相交叉，甚至与电子政务、智能交通、智能电网等行业信息化概念发生混淆。对智慧城市概念的解读也经常各有侧重，有的观点认为关键在于技术应用，有的观点认为关键在于网络建设，有的观点认为关键在于人的参与，有的观点认为关键在于智慧效果。一些城市信息化建设的先行城市则强调以人为本和持续创新。总之，智慧城市绝不仅仅是智能城市的另外一个说法，或者说是信息技术的智能化应用，还包括人的智慧参与、以人为本、可持续发展等内涵。

9.3　中国城市供应链战略

9.3.1　中国城市供应链战略发展概况

随着我国城市化水平不断提高，城市人口不断增加，新的发展阶段对城市供应链系统提出了新的挑战。纵观我国城市供应链发展历程，我国城市供应链战略发展模式在不同阶段呈现着不同的运行状态。

在城市发展初期，城市供应链主要满足本地流通消费需求，供应链不连贯且简单。在城市发展中期，产业链特色形成后，城市供应链主要为扩大流通和增加集聚辐射能力服务，供应链长且复杂。在大城市或特大城市发展阶段，城市供应链为跨国经济和全球经济服务，供应链向一体化、全球化方向发展。

1. 新兴城市供应链战略

该阶段城市的发展主要是基于产业基础及满足本地流通消费的经济，为城市基本经济部门服务。相应的城市供应链也是基于城市的资源、产业基础，为非经济部门服务。在企业层面，供应链主要是企业内部功能的集成和企业内部的一体化管理，链状结构尚未形成。

2. 发展中期城市供应链战略

该阶段城市的发展主要是扩大流通，增加集聚辐射能力，产业链特色开始显现。相应的城市供应链战略也是基于城市产业基础和区域经济，为城市基本经济部门服务。在企业层面，供应链发展成为由供应商、生产商、批发商、零售商等多个企业成员共同参与的链状结构，供应链长且复杂。

3. 大城市或特大城市发展阶段供应链战略

由于现代技术革命，尤其是信息技术的快速发展，制造业的全球化趋势不断加强，全球化战略成为指导各跨国公司利用全球资源，开发全球市场，追求全球效率的首选战略。随着全球制造的不断发展，城市供应链战略向全球化、一体化方向发展。该阶段城市供应链的全球化主要有两种模式：一是通过引进大型跨国企业，鼓励本地企业积极嵌入其全球制造和流通网络中去，逐步发展成为跨国企业的战略合作伙伴；二是培育企业构建以自身为主导的全球供应链，积极开展国际分工和产业结构调整。例如，吉利汽车所在的杭州市即采用此种供应链模式。

9.3.2 中国城市供应链战略的发展趋势

1. 基于大数据和移动互联技术的城市供应链协同

供应链可视化技术的发展，使销售计划与供应商信息、生产计划等所需的大部分输入信息可以从底层迅速传递到供应链上相关企业或部门，部分数据直接来自最终客户。一体化的集中供应链计划将极大程度地提高城市供应链系统的整体效率。城市商业供应链中的购买方和销售方有关产品季节性的促销活动及新产品发布等信息的共享，将进一步强化此趋势的发展，从而提高城市供应链体系中相关各方的效益，如更高的客户服务水平、更快的响应速度、更低的供应链成本和更集约的配送系统。应用大数据系统从多种渠道收集信息并进行应用分析，能够帮助城市供应链系统识别那些已经发生但不易被察觉的关键信息，并帮助城市供应链提供预测信息。让供应链管理从局部"盲目"到全链掌控，将每一个环节置于"可视、可控"状态，让城市供应链变得更加"智慧"。

2. 决策分散化，服务个性化

供应链执行决策将变得日益分散化，随着供应链从供应推动模式（面向库存）发展到需求拉动模式（面向需求），成功地运作供应链需要四大关键因素：横跨整个供应链的实时可视性；对于供应和来源选择的灵活性；针对终端客户需求多变和交货周期缩短的响应性；根据市场潮流和新型设计推进新产品上市，满足市场多元化、个性化的需求。

3. 城市供应链流程管理、事件管理与跨部门协调能力显著增强

对供应链效率的不断追求将越来越强调分散与集中相结合的结构和方法，即集中计划与分散执行相协调的模式，这对城市供应链的实时可视性提出了很高的要求，必须具备对于事件的监控管理和快速反应机制，优化城市配送车辆集成管理系统，实现城市配送中心合理布局，对实时问题进行迅速调整和补救。

更高的可视性和更易于访问的实时信息，将大大提高供应链执行决策的预见性。供应链的实时可视性与事件监控和管理系统结合，将提高预见性决策的比例，最大程度地减少计划外情形所造成的不良影响，避免突发事件造成损失扩大化，提高参与部门的决策协调性。

4. 城市供应链更加智慧化与柔性化，交流与共享氛围增强

在互联网与物联网时代，智慧城市建设提倡智能型、柔性化的城市供应链组织生态链，要求城市供应链的管理对商流、人流、物流、信息流、资金流等各种资源实现全程可视化，服务产品实现个性定制化，要求城市供应链战略在发展模式上不断创新，供应链组织与发展模式的创新往往会带来产业结构、空间布局、运作流程的巨大改变，有时甚至可以改变城市整体面貌。从前，城市供应链成员企业在企业文化、经营理念上存在差异，由此会产生由企业边界所形成的技术交流与共享的障碍。随着城市供应链系统的融合，企业逐步认识到充分的技术合作和交流对于实现供应链双赢目标的重要性，通过供应链成员企业间经常性的沟通，拓展原先只存在于企业员工之间的内部技术交流，可实现各成员企业技术交流的集成和汇合，形成一种鼓励技术交流与共享的城市供应链文化氛围。

5. 城市政府相关部门要引导业界建立供应链学习培训体系

供应链各成员企业拥有的是自己领域内的专业技术，虽然这些技术大多可以被其他合作企业通过技术交流得到，但是像员工技能等却不能通过这种方式实现共享。因此，城市公共部门引导行业内部及其行业之间建立完善的供应链学习培训体系，不仅能够使技术最大限度地在供应链中得到共享，而且有利于提高城市整个供应链网的稳定性，促进供应链合作共赢氛围的形成。

9.4　先进城市供应链战略案例

9.4.1　德国西北部中心城市——不来梅

德国综合运输体系发达，公路网密度大、等级高，其中公路交通运输网密度仅次于美国，

居世界第二位。公路运量占全国运输总量的 2/3，货物周转量占 1/2。德国政府认为各种运输方式承担的运量不够合理，公路运输超负荷，而铁路、水路优势尚未发挥。为了均衡利用资源，促进各种运输方式合理分工，德国政府出台了限制公路货运继续发展的政策，减少公路运输比重，以促进货物向铁路分流。政府还对公路运输超长、超重货物实行严格控制，同时减免部分内河航运燃油税费，以充分利用铁路、水运的优势，缓解公路运输压力。良好的运输条件和物流政策为德国工业集聚城市的发展奠定了基础，不来梅即为其中的代表城市之一。

德国北部城市不来梅(Bremen)具有悠久的历史，早在公元 8 世纪，不来梅既已建成。1260 年不来梅加入汉萨同盟，中世纪后期与汉堡、吕贝克等几个重要的汉萨城市控制着北海和波罗的海沿岸的商业通道。1646 年不来梅成为自由帝国城市，不属于任何领主，由帝国直辖，因此不来梅全称为"自由汉萨城市不来梅"。

不来梅是德国西北部的中心城市，以食品加工、航天航空、物流航运、汽车制造、贸易和风电等行业为支柱产业。在城市供应链发展方面，不来梅起步较早，建有德国起步最早的物流园区，形成了以汽车产业为背景的相对完备的城市供应链体系。

1．拥有德国起步最早的物流园区

不来梅物流园区是德国起步最早的物流园区，占地仅 1 平方公里，但是牵动了德国 1/3 的人口从事与之相关的工作，吞吐量高居德国第三、欧洲第四，成为德国物流园区建设的典范。

1986 年，六个入园企业成立了不来梅物流园区管委会(简称管委会)，为园区内企业提供多种服务，如代理危险品检验、集体采购能源等，兴建有综合服务中心、维修站、加油站、餐厅、培训中心等。管委会是一个责任有限公司，目的不是盈利，而是代表这些成员的利益。管委会还运行了许多项目，如不来梅城市物流园区内企业合作、远程信息技术平台等。不来梅物流园区拥有五大特色：专用通道的设计、企业的集群效应、城市物流的基础、能源的高效利用、技术和服务的创新。

2．拥有世界领先的汽车供应链系统

不来梅物流集团公司是德国目前最有名的专业汽车物流公司之一，从事汽车在不来梅港的转运业务。不来梅港是年周转量达 160 万辆汽车的港口，欧洲汽车生产商主要通过不来梅物流集团公司的口岸把汽车船运至美国和东亚，所有从亚洲和美国进口的汽车也首先来到这里。每年大约有 1 500 艘汽车运输船到达口岸，通过不来梅港装船的汽车品牌有戴姆勒-克莱斯勒、宝马、福特、大众、奥迪、保时捷、欧宝等。

不来梅物流集团公司广泛采用了标准化、系列化、规范化的运输、仓储、装卸、搬运、包装机具及条码技术。在整车运输方面，采用门到门专用车、铁路专用车和水运滚装船多式联运的方式进行，运输车辆和包装全部标准化。

3．建有完善的食品保鲜供应链体系

食品加工也是不来梅的支柱产业之一，不来梅拥有先进的食品保鲜和包装技术，无论

是肉类、鱼类，还是蔬菜、水果，从产地或加工厂到销售网点，只要进入流通领域，这些食品始终处在一个符合产品保质要求的冷藏链的通道中。在流通体系的各个环节上，食品安全检验和对保鲜运输的技术要求同样严格，政府通过完善的立法、严格的监督、严厉的惩罚措施等，担当农产品市场的"铁面裁判"。

9.4.2　新加坡城市供应链发展

新加坡位于马来西亚半岛南端，北临柔佛海峡，通过 1 056 米的长堤与马来半岛连通，处于太平洋和印度洋航运要道马六甲海峡的出入口，是世界海运的十字路口之一。当地经济以电子、石油化工、金融、航运、服务业为主，高度依赖美、日、欧和周边市场，外贸总额是 GDP 的四倍，属于典型的外贸驱动型经济。

新加坡是继纽约、伦敦、中国香港之后的第四大国际金融中心，也是亚洲重要的服务和航运中心之一。新加坡的城市供应链发展借助城市特殊的国际中转枢纽港的地理位置，发展成了全球航运与金融中心，已成为全球能源、制造、商贸相关领域供应链的重要节点。

根据新加坡政府的物流和制造业发展规划，新加坡城市供应链发展的目标是将新加坡发展成为全球供应链枢纽和神经网络中心。

新加坡城市供应链战略发展的具体措施有以下两点。

1．港口和机场基础设施建设不断完善

新加坡港是世界第二大集装箱港口，共建有四个集装箱码头，新加坡港务集团每年可装卸超过 3 000 万个集装箱，是世界上最大的单一箱运码头经营机构。新加坡樟宜机场内设有的航空货运中心（空港物流园）是一个 24 小时运作的自由贸易区，基础功能完善，为客户提供装卸航空货物所需的设备和服务，从飞机卸下的货物送到收货人手中，前后只需 1 小时。

此外，新加坡拥有一流的线上通信和电子基础设施，重点发展与城市供应链发展相关的网络，包括贸易网、港口网、裕廊港口网站、海事网、空运货物社群网络。

2．大力发展特色企业供应链

目前新加坡已形成电子、化工、生物医药、资信与传媒、物流、金融等多个产业群，是世界硬盘驱动器的主要供应国，是世界第三大炼油中心和重要的区域石油交易中心，也是跨国公司重要的亚太区域物流与后勤管理中心。借助良好的物流基础设施，新加坡城市供应链战略进入以运作效率高、国际性链接强、官方采用新技术专业化集中发展和服务齐全为特点的全球供应链管理阶段。

扩展阅读9.1
新加坡港概况
案例分析

9.5　本 章 小 结

本章从供应链基础内容出发进行更大范畴的供应链战略研究，从城市供应链的概念入

手，分析城市供应链与其他形式供应链的区别，探索城市供应链战略的理论与实践目标，剖析城市供应链发展的影响因素，以此为基础提出优化城市供应链战略的对策。从宏观层面上了解我国城市供应链战略的发展现状与战略方向，构建宏观战略思维。介绍国际先进国家的城市供应链战略发展，为我国进一步推动城市供应链发展提供经验借鉴。

本章思考题

1．什么是城市供应链战略？
2．城市供应链战略对城市经济发展有什么作用？
3．我国在城市供应链战略构建中有何举措？
4．请列举城市供应链战略实现的基础因素。
5．请举例阐释成功的城市供应链战略有哪些经验可供借鉴。

参 考 文 献

扩展阅读9.2
德国物流教育的启示
案例分析

即测即练

[1] 石少微. 城市形态产品的供应链分析——以合肥政务文化新区为例[J]. 建筑纪实，2018，(03).

[2] 李子文. 国际视野下的供应链政策及启示[N]. 经济日报，2019，(03).

[3] [英]马丁·克里斯托弗. 物流与供应链管理[M]. 何明珂，等译. 北京：电子工业出版社，2012.

[4] 丁俊发. 供应链国家战略[M]. 北京：中国铁道出版社，2017.

[5] 卢凤君，叶剑，孙世民. 大城市高档猪肉供应链问题及发展途径[J]. 农业技术经济，2003，(2).

[6] 陈肖飞，杨洁辉，王恩儒. 基于汽车产业供应链体系的中国城市网络特征研究[J]. 地理研究，2020，39(02).

[7] BONILLA D. Urban Vans, E-Commerce and Road Freight Transport[J]. Production Planning & Control, 2016, 27(6), 433-442.

[8] MCLEOD S, SCHAPPER J, CURTIS C, et al. Conceptualizing Freight Generation for Transport and Land Use Planning: A Review and Synthesis of the Literature[J]. Transport Policy, 2019, 74: 24-34.

[9] 肖作鹏. 从城市物流规划到城市供应链规划[J]. 城市交通，2020.

[10] 黄坤兵. 德国不来梅物流集团公司汽车物流介绍[J]. 铁道货运，2007.

第10章 产业供应链战略

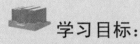

学习目标：

1. 理解产业供应链战略的基本概念，明确产业供应链战略和企业供应链战略的关系；
2. 掌握我国产业供应链战略的发展概况与问题；
3. 借鉴国际先进产业供应链战略发展经验。

章前引例

疫情后的奔驰汽车供应链管理

2020年上半年，新冠肺炎疫情(以下简称疫情)在欧美等发达地区持续发酵，汽车制造业深受影响。在欧洲与美国，梅赛德斯-奔驰的东家戴姆勒集团的大部分汽车零部件工厂被关停，以防止疫情扩散。到了同年3月下旬，又爆出了全球最大的两家欧洲汽车零部件行业制造商博世与大陆集团(Continental AG)关停欧洲工厂的消息。这对梅赛德斯-奔驰的供应链来说，无疑又是雪上加霜。

2020年4月下旬，欧洲疫情刚有所好转，戴姆勒便宣布开启部分企业的生产。梅赛德斯-奔驰德国原厂部分单位开始实施"短工时制"的作业方式。位于昂特尔克海姆(Untertürkheim)、柏林(Berlin)、汉堡(Hamburg)负责制造引擎及相关零件的厂区率先重新启动。位于不来梅(Bremen)、辛德尔芬根(Sindelfingen)负责车辆生产及组装的工厂，也开始进行生产。

2020年5月，随着欧洲疫情的进一步缓解，梅赛德斯-奔驰位于德国拉施塔特(Rastatt)的工厂也开始复产。奔驰将视全球疫情的发展及整体策略，开始逐步恢复全球其他国家的生产线。不过，虽然生产线重启，但生产力要恢复以前的正常水平依然需要时间。

为了保护员工健康安全，梅赛德斯-奔驰各个工厂都严格实施了疫情防控措施，其中包括全员戴口罩、保持1.5米社交距离等规范。

对此，梅赛德斯-奔驰生产和供应链董事会成员优戈-博泽(Yurg Burzer)表示："工厂的弹性便是我们在生产中关注的主题之一……我们的首要任务便是控制新冠肺炎病毒的蔓延，为员工、供应商和相关人员提供一个安全的工作环境。此刻，生产流程符合更高标准的防疫措施，并且逐步并顺利地增加我们的产量。"

这表示，梅赛德斯-奔驰这些复工企业的产能，可能无法维持之前生产线产量，这也从侧面印证了北京奔驰供应链吃紧，需要下调产量的传闻。

供应链吃紧的不仅仅是奔驰一家企业，有行业人士对相关媒体表示："如果海外疫情持续，将有诸多国内车企面临核心零部件断供的危险。"

事实上，由于核心零部件制造技术储备不足，国内不少车企的生产都受限于海外那些核心零部件提供商。海外的停产势必会影响国内的汽车生产，虽然一些车企都有设置相关的预案。但如果疫情持续时间一长，海外的零部件产能不足，国内车企的产量可能依然难以满足国内逐渐恢复的车辆消费需求。

疫情之后，如何加快推进汽车核心零部件自主制造，以摆脱对国外企业的依赖，应该是迫切要做的一件事。

资料来源：https://auto.ifeng.com/quanmeiti/20200401/1403563.shtml.

10.1 产业供应链战略概述

10.1.1 产业供应链战略的概念

一般来讲，产业是指国民经济中生产相同或相近产品的生产单位的总称。产业可以理解为由利益相互联系的、具有不同分工的、由各个相关行业所组成的业态总称。尽管它们的经营方式、经营形态、企业模式和流通环节有所不同，但是，它们的经营对象和经营范围是围绕着共同产品而展开的，并且可以在构成业态的各个行业内部完成各自的循环。

产业不是孤立的，产业内部和产业之间有着千丝万缕的联系，往往用产业供应链来表达产业内与产业间的供需关系。具体来讲，产业供应链是指经济布局和组织中产业内部不同地区、不同产业之间或相关联行业之间构成的具有链条咬合能力的经济组织关系。

产业供应链战略，是指在产业内部纵向上中下游关系或产业之间横向协作关系对供应链发展进行重大、全局性的总体谋划。一般来说，任何一个产业内的各个部门及关联产业间的各个部门都具有供给者和需求者的双重身份，通过供应链的相互联系、相互依存、相互影响，形成产业内部及产业之间有序的、协同的供需网链状关系。

从产业内部来看，产业内供需关系体现为由垂直分工划分而形成的产业上中下游关系。从产业之间来看，产业间供需关系体现为横向协作关系，即相关产业的服务与配套。从维度角度分析，产业供应链的长度是产业核心产品加工深度的体现，供应链越长，表明加工深度越深，产品延伸越好，附加价值越高。产业供应链的宽度则是产业核心环节协作程度的体现。供应链越宽，表明协作程度越高，产业整体规模越大，协作效应越明显。从功能角度分析，产业供应链有机地实现了企业内部、企业之间核心竞争力的整合及产业内外部供应链的整合。通过这种整合，将产业内的企业、同质企业集群及产业间的相关企业形成

一个集成性关联系统，实现产业各要素、功能、环节及各企业组织之间的有机联系和高效
协作，在产业的范围内实现资源、流程的优化及功能、组织上的重组，从而可以产生单个
企业甚至单个产业所不能实现的集成式规模经济效益及协同价值效益。以农业产业供应链
（见图 10-1）为例，农业产品供应涉及多环节主体的共同参与，环节内部主体、上下游主体
之间都存在着紧密联系，为实现农业产业供应链的高效运行，应充分协调各参与者的关系，
避免逆向回流。

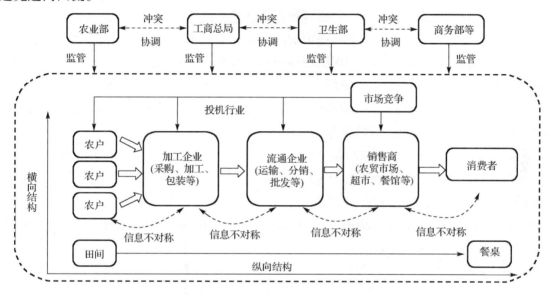

图 10-1　农业产业供应链示意图

因此，产业供应链战略的目的在于在产业内及关联产业间，通过资源整合，降低各种
业务运作成本、交易成本，杜绝无效资源内耗及低效、重复使用现象，形成产业强大的聚
集效应和竞争优势，以利于产业的结构调整和转型升级。

10.1.2　产业供应链战略的作用

产业供应链战略对国民经济的增长有着至关重要的作用，主要体现在产业结构调整上。
一个国家的产业结构的合理程度，很大程度上决定了这个国家国民经济所能达到的高度。
而产业结构的合理程度，一定是和本国的自然禀赋、人口状况、科技水平等紧密相连的。

产业结构较合理的国家，经济就会健康快速地增长；而产业结构不尽合理的国家，经
济增长就会受到很大的制约。

库兹涅茨产业结构演进规律指出：随着经济的增长，第一产业总产值占整个国民经济
总产值的比重将不断下降，同时第一产业就业人数占全部劳动力的比重也随之下降，即农
业在国民经济中的作用越来越低；第二产业在国民经济中的比重随着经济的增长而不断上
升，但第二产业就业比重基本保持不变或小幅度上升，表明工业对国民经济的作用越来越
大；第三产业总产值占国内生产总值的比重随着经济的增长有上升趋势，却不是始终如一

的上升，而第三产业的就业比重却一直保持上升趋势。钱纳里工业化阶段理论认为：随着人均国民收入的提高，产业结构呈现规律性变化，即工业在国民经济中的作用越来越大（即工业总产值占国民经济总产值的比重不断上升），农业所占的比重不断下降，第三产业的份额呈现缓慢上升。

因此，按照库兹涅茨产业结构演进规律和钱纳里工业化阶段理论，无论是发达国家还是发展中国家，其产业结构的演进都是有一定规律的。从纵向比较上来说，这种规律主要体现在第一产业、第二产业和第三产业的比重变化上。随着国民经济的发展和生产力水平的不断提高，第二产业和第三产业将会占据越来越大的比重，经济总量的增长主要依靠第二产业和第三产业的拉动。反过来讲，产业结构的变动，会对国民经济的增长产生显著而深远的影响。与单纯的经济增长不同，产业结构的变动还会对国民经济发展的质量产生直接的影响，产业结构的不断优化，会提高人类开发和利用资源的合理化程度，使得国民经济增长动力持久而强劲。

产业供应链战略对实现国家产业结构调整、优化升级，以及国民经济发展具有重要意义。其目的是满足国家战略需求，实现和维护国家利益，通过国家、产业、企业三个层面主体对产业竞争力的培育提升，使国家战略性产业不断获得竞争优势。

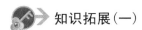 知识拓展（一）

库兹涅兹产业结构演进规律

库兹涅兹产业结构演进规律是阐述国民收入和劳动力在各产业间分布结构的演变趋势及其原因的学说。美国经济学家西蒙·史密斯·库兹涅兹在1941年的著作《国民收入及其构成》中就阐述了国民收入与产业结构间的重要联系。他通过对大量历史经济资料的研究得出了以下重要结论。

(1)农业部门实现的国民收入的相对比重和劳动力在全部劳动力中的相对比重都处在不断下降之中，并且农业的国民收入相对比重下降的程度超过劳动力相对比重下降的程度。农业部门的相对国民收入在大多数国家都低于工业部门和服务部门。因此，在大多数国家农业劳动力减少的趋势仍不会停止。

(2)工业部门国民收入的相对比重呈上升趋势，而劳动力的相对比重则大体不变，从横断面分析看，国民收入相对比重上升是各国的普遍现象。虽然劳动力相对比重因不同国家工业化水平而有差异，但综合起来看没有大的变化。

(3)服务部门的劳动力相对比重几乎在所有国家中都是上升的，而国民收入的相对比重大体不变，略有上升。从时间系列的分析中看，服务部门的相对国民收入（比较劳动生产率）一般呈下降趋势。在服务部门中，教育与科研及政府部门中的劳动力在总劳动力中的比重上升最快。

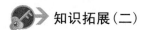 **知识拓展（二）**

钱纳里工业化阶段理论

钱纳里利用第二次世界大战后发展中国家，特别是其中的九个准工业化国家（地区）1960—1980 年的历史资料，建立了多国模型，利用回归方程建立了 GDP 市场占有率模型，即提出了标准产业结构——根据人均国内生产总值，将不发达经济到成熟工业经济的整个变化过程划分为三个阶段六个时期，从任何一个发展阶段向更高一个阶段的跃进都是通过产业结构转化来推动的。

① 初级产业，是指经济发展初期对经济发展起主要作用的制造业部门，如食品、皮革、纺织等部门。

第一阶段是不发达经济阶段。产业结构以农业为主，没有或极少有现代工业，生产力水平很低。

第二阶段是工业化初期阶段。产业结构由以农业为主的传统结构逐步向以现代化工业为主的工业化结构转变，工业则以食品、烟草、采掘、建材等初级产品的生产为主。这一时期的产业主要是以劳动密集型产业为主。

② 中期产业，是指经济发展中期对经济发展起主要作用的制造业部门，如非金属矿产品、橡胶制品、木材加工、石油、化工、煤炭制造等部门。

第三阶段是工业化中期阶段。制造业内部由轻型工业的迅速增长转向重型工业的迅速增长，非农业劳动力开始占主体，第三产业开始迅速发展，也就是所谓的重化工业阶段。重化工业的大规模发展是支持区域经济高速增长的关键因素，这一阶段产业大部分属于资本密集型产业。

第四阶段是工业化后期阶段。在第一产业、第二产业协调发展的同时，第三产业开始由平稳增长转入持续高速增长，并成为区域经济增长的主要力量。这一时期发展最快的领域是第三产业，特别是新兴服务业，如金融、信息、广告、公用事业、咨询服务等。

③ 后期产业，指在经济发展后期起主要作用的制造业部门，如服装和日用品、印刷出版、粗钢、纸制品、金属制品和机械制造等部门。

第五阶段是后工业化社会阶段。制造业内部结构由资本密集型产业为主导向以技术密集型产业为主导转换，同时生活方式现代化，高档耐用消费品被推广普及。技术密集型产业的迅速发展是这一时期的主要特征。

第六阶段是现代化社会阶段。第三产业开始分化，知识密集型产业开始从服务业中分离出来并占主导地位，人们消费的欲望呈现出多样性和多边性，追求个性。

10.1.3 产业供应链结构调整

在产业供应链中，产业内部和产业之间的经济组织关系并不是一成不变的，产业之间的界限也不是固定的，当原来互相独立的产业相互渗透，产业边界逐渐模糊或消失时，产业融合就出现了，产业融合后又会形成新的产业供应链。

产业供应链战略通过产业融合促进经济结构调整，产业融合的发展对经济结构的影响非常显著，产业融合通过技术创新、业务创新、降低企业生产成本与提高生产效率等途径对产业结构、要素结构、需求结构、区域经济结构等经济结构产生重要的影响，有利于促进经济结构转型。产业融合主要通过技术创新、形成新型竞争关系、降低成本和提高效率促进经济结构转型，因此，产业融合对经济结构转型的影响主要集中在对产业结构的影响上。

一是产业融合将直接推进传统产业的改造升级，促进产业结构转型。产业融合导致现代产业对传统产业改造升级，提升其生产效率或产品质量及竞争力等，促进传统产业的优化与升级，进而推动产业结构转型。

二是产业融合促进新型产业的形成与发展，促进产业结构高级化，产业融合导致一大批新兴产业发展，促进了传统产业的优化升级。例如，信息技术与服务业的融合形成了一个新兴产业——信息服务业。随着产业融合的不断深化，信息服务业不断催生出新兴产业，如信息技术与生物、航空、汽车工业、海洋等相关产业的融合，产生了新兴的生物信息产业、航空电子信息产业、汽车电子产业及海洋信息产业等边缘产业，催生了新的产业门类及新的需求，进而促进了经济结构升级。

三是产业融合导致产业边界的模糊或消失，改变了企业或产业间竞争与合作关系，成为促进产业结构转型的内在驱动力，产业融合有利于促进技术互补的相关企业通过合作利用共有资源进行技术创新，减少研发费用，进而降低企业的生产成本与交易成本，提升企业的竞争力。

同时，产业融合导致原本不同市场的产品或不具有替代性的产品市场形成相互替代的关系，从而使原本不具备竞争关系的两个企业或产业被动地处于竞争关系当中，在这种竞争压力下，企业不得不采用相应的行动来提升自身产品的竞争力，如提高产品质量或改善企业管理水平节约劳动力，或采用新技术提升生产率，促进产品生产成本或销售成本的下降。

从空间范畴看，国民经济是由许多产业构成的有机整体。每个产业都有其自身的发展规律，产业内部即组成产业的各个部分之间是相互联系和影响的，同时各个产业之间也相互作用和影响，产业之间只有联系的强弱、繁简之分，没有绝对不联系的。产业供应链反映了产业内部和产业间的这种关联关系，并且具有整体性、层次性、兼容性、开放性的特点。

从时间范畴看，产业供应链是一个发展变化的过程：首先，产业是一个由低级向高级发展的过程；其次，产业间不断演进的总体上升趋势是既定的，但不同条件下的演进速度是不同的；最后，产业融合、产业升级的过程是产业内部矛盾运动形成的替代过程。

产业供应链战略的目标是促进产业融合和产业结构升级，产业融合对促进传统产业创新、催生新兴产业、推进制造业与服务业融合发展、大力发展现代服务业均具有重要的指导意义。产业融合这一种新型创新模式必然极大地扩散渗透，推动产业结构的转换与升级，从而推进经济结构转型。快速对市场需求进行反应，及时转变生产模式，推进功能性产品生产与升级，是产业发展的首要目标。

10.2　中国产业供应链战略

10.2.1　中国产业供应链战略概况

中国在改革开放后，产业结构不断演进的 40 多年中，第一产业的比重在不断下降，并且让位于第二产业和第三产业。第一产业比重从改革开放初期的 30%左右下降至 2022 年的第一季度的 10%左右。工业化程度不断加深，第二产业比重逐步上升至 42%～50%的区间。第三产业也有较快发展，占整个经济的比重为 50.5%，首次突破 50%。虽然经历了类似发达国家的产业结构演进，但是中国的产业结构还存在着一定的问题。例如，第一产业和第二产业比重仍然过高，第三产业内部房地产比重过高，除房地产之外的金融业、信息产业、文化产业等第三产业均与发达国家存在差距。此外，除了通过三次产业分类法，还可以通过基础产业、新兴产业和战略性产业来分析第一产业、第二产业、第三产业与国民经济发展的关系。

改革开放 40 多年来，中国经济以平均每年接近 10%的增长速度快速发展，创造了世界经济史上的奇迹。然而当我们享有快速经济发展带来的工业化与城市化进程成果的同时，也付出了极大的代价。这种依靠能源与资本的高投入，并导致了严重的不平衡和对资源环境的过度消耗的传统工业发展道路是不可持续的。因此，必须实现经济增长方式与发展方式的转变，而这个转变的主要内容是经济结构转型。

产业融合作为一种新兴经济活动，可以有效地促进技术创新，形成新型竞争关系，降低成本及提高效率，形成新的产业供应链。产业供应链战略通过产业融合促进经济结构调整从而促进经济结构转型，具体来说主要可通过提高现代服务业与制造业的融合度、加快高新技术产业与传统产业融合步伐、以信息化带动工业化等手段加快经济结构转型升级。

2016 年 3 月出台的《中华人民共和国国民经济和社会发展第十三个五年规划纲要》提出，优化我国现代产业体系，围绕结构深度调整，振兴实体经济，推进供给侧结构性改革，培育壮大新兴产业，改造提升传统产业，加快构建创新能力强、品质服务优、协作紧密、环境友好的现代产业新体系。2016 年 12 月国务院印发《"十三五"国家战略性新兴产业发展规划》,对"十三五"期间我国战略性新兴产业发展目标、重点任务、政策措施等做出全面部署安排,要求到 2020 年,战略性新兴产业增加值占国内生产总值比重达到 15%,形成新一代信息技术制造、生物、绿色低碳、数字创意这四个产值规模 10 万亿元级的新支柱,并在更广领域形成大批跨界融合的新增长点,平均每年带动新增就业 100 万人以上,产业结构进一步优化,产业创新能力和竞争力明显提高,形成全球产业发展新高地。

10.2.2 中国产业供应链升级

1. 基于劳动职能分工的企业组织结构

传统企业的组织结构大都是基于职能部门的专业化模式,实行的是按职能专业化处理企业业务流程的管理模式。专业化能够提高工作效率,可以通过分工使劳动者成为某一方面的专家,使处理某一问题的单位效率提高,但系统总的效率并不等于单个人效率的简单汇总。为了便于控制,这种分工还具有权力平衡、制约作用,即在管理系统内某一方面的任务需要由几个部门的人一起完成,通过这个过程可以相互制约,使失误率降低。

随着信息社会的到来,在市场环境日趋不确定,客户要求越来越多样化,企业员工强调自我实现,企业不仅追求规模经济效益更强调时间经济的情况下,这种片面化的企业流程越来越难以使企业满足多方面的要求,其组织结构显得越来越僵硬。因为一项任务要按流程流经各职能部门,虽然各职能部门的专业化程度提高了,但由于要等上一个环节的工作完成后才能开始下一环节的工作,结果会导致一个完整的任务或项目所包含的各项作业在职能部门之间被分解得支离破碎,既造成部门之间在衔接中的大量等待,又会使各部门增加很多重复劳动,大大延长了完成任务所花费的时间。

2. 基于 BPR 的企业组织结构

BPR 的核心思想是要打破企业按职能设置部门的管理方式,代之以业务流程为中心,重新设计企业管理过程。BPR 的实践对企业管理效果产生了巨大影响。

基于 BPR 的企业组织结构内容包括以下几个方面。

① 企业是流程型组织。将属于同一个企业流程内的工作合并为一个整体,使流程内的步骤按自然顺序进行,工作应是连续的而不是间断的。整个企业组织结构应以关键流程为主干,彻底打破旧的按职能分工的组织结构。

② 发挥流程经理的作用。所谓流程经理就是管理一个完整流程的最高负责人。对流程经理而言,不仅要有激励、协调的作用,而且应有实际的工作安排、人员调动、奖惩的权力。

③ 职能部门也应存在。在新的组织结构中,职能部门的重要性已退居于流程之后,不再占主导地位,它主要为同一职能、不同流程的人员提供交流的机会。

④ 突出人力资源部门的重要性。在基于 BPR 的企业组织结构中，在信息技术的支持下，执行人员被授予更多的决策权，并使多个工作整合为一个，以提高效率。

⑤ 发挥现代信息技术的支持作用。BPR 本身就是"以信息技术使企业再生"，也正是由于现代信息技术使多种工作的整合、迅速决策、信息快速传递、数据集成与共享成为可能，才彻底打破原有模式，推动组织创新。

3. 供应链管理环境下的企业组织结构

自从 BPR 提出后，适应供应链管理的组织结构变化逐渐从过去的注重功能集合转向注重流程的重构，人们要将流程的整合作为新的工作中心。

① 供应链管理环境下的企业业务流程的主要特征是制造商与供应商之间业务流程的变化。在供应链管理环境下，制造商与供应商、制造商与分销商、供应商与其上游供应商之间一般要借助网络或 EDI 进行业务联系，由于实施了电子化商务交易，就省去了过去很多依靠人工处理的环节。

例如，过去供应商企业总是在接到制造商的订货要求后，再进行生产准备工作，等到零部件生产出来已消耗很多时间。这样一环一环地传递下去，导致产品生产周期很长。而在供应链管理环境下，合作企业间可以通过网络方便地获得需求方生产进度的实时信息，从而主动地做好供应或出货准备。

a. 企业内部业务流程的变化。从国外成功经验看，实施供应链管理的企业一般都有良好的计算机辅助管理基础，借助于先进的信息技术和供应链管理思想，企业内部的业务流程也会发生很大的变化。

例如，生产部门和采购部门的业务关系，过去在人工处理条件下，生产管理人员制订出生产计划后，再由物资供应部门编制采购计划，还要通过层层审核才能向供应商发出订货单。由于流程长，流经的部门多，因而会出现脱节、停顿、反复等现象，导致一项业务要花费较多的时间才能完成。在供应链管理环境下，摆脱了为库存而采购的传统管理动机，以一定的信息技术作为支持平台，数据可以实现共享，并且可以实现并发处理，因而使原有工作顺序的方式发生变化。

b. 支持业务流程的技术手段的变化。供应链管理环境下企业内部业务流程和外部业务流程的变化不是偶然出现的。一般至少有两个方面的原因：一是"横向一体化"管理思想改变了管理人员的思维方式，把企业的资源概念扩展了，更倾向于与企业外部的资源建立配置联系，因此加强了企业间业务流程的紧密性；二是供应链管理促进了信息技术在企业管理中的应用，使并行合作成为可能。

② 一体化的物流组织形式。20 世纪 90 年代初，物流一体化组织结构的雏形出现了。这种组织结构是指在一个高层经理的领导下，统一所有的物流功能和运作，与供应链节点企业形成合作伙伴关系，目的是对所有原材料和制成品进行运输和存储，以使企业产生最大利益。这一时期计算机管理信息系统的发展促进了物流一体化组织的形成，这时的物流

组织将厂商定位在可以处理采购、制造和物资配送之间的利益协调方面，有利于从整体上把握产业供应链全局。

 知识拓展（三）

微 笑 曲 线

宏基集团（acer）创办人施振荣先生，在 1992 年为了"再造宏基"提出了有名的"微笑曲线"（smiling curve）理论，并将其作为宏基的策略方向。历经多年，施振荣先生将"微笑曲线"加以修正推出了所谓施氏"产业微笑曲线"并将其作为台湾各种产业的中长期发展策略的方向。

微笑的嘴型是一条曲线，两端朝上，在产业链中，附加值更多体现在两端，如设计和销售，而处于中间环节的制造附加值最低。微笑曲线中间是制造；左边是研发，属于全球性的竞争；右边是营销，主要是当地性的竞争。当前制造产生的利润低，全球制造也已供过于求，但是研发与营销的附加价值高，因此产业未来应朝微笑曲线的两端发展，也就是在左边加强研发创造智慧财产权，在右边加强客户导向的营销与服务。微笑曲线有两个要点，第一个是找出附加价值在哪里，第二个是体现关于竞争的形态。微笑曲线如图 10-2 所示。

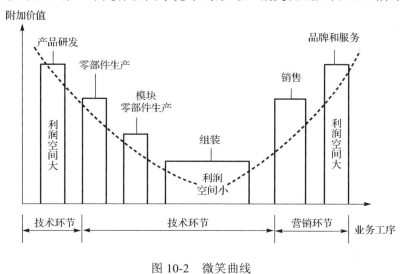

图 10-2　微笑曲线

10.2.3　中国早期产业供应链战略存在的问题与对策

1. 中国早期产业供应链战略存在的问题

1）中国粗放型经济增长方式尚未根本改变

改革开放以来，中国经济取得了巨大的发展，1978—2011 年，国内生产总值平均保持了近 10%的增长速度，这是世界经济发展史中的奇迹。尤其 2002 年中国加入世界贸易组织之后，中国经济取得突飞猛进的发展，投入主导型与出口主导型的经济增长迅速，工业化和城市化进程加速，经济结构发生了巨大的变动，虽然中国经济增长取得了显著的成绩，但是中国经济发展过程中也呈现出了一些新问题，如结构性失衡、产业结构不合理，低高度化、需求结构不合理，对外依赖过大、要素结构不合理，环境污染过度，区域经济发展不平衡等。我国早期这种主要依靠出口与高投入的粗放型增长方式，造成了中国大量的产能过剩、资源的低效率运转及环境的破坏。

经济发展是由劳动力、资本、技术与信息等多种要素投入决定的，在多种要素投入中，是依靠物质资源要素消耗还是主要依靠技术进步、劳动力素质提高及管理创新等来推动经济增长与发展，由此便形成了两种完全不同的路径依赖。在中国经济快速增长的40 多年里，我国采用以物质资源、能源消耗及劳动力的大量投入来推动的发展模式。这种依靠资源大量投入的发展模式不可持续，国家"十二五"规划纲要中明确指出，"我国经济发展中存在经济增长的资源环境约束强化，投资与消费关系失衡，收入分配差距较大，科技创新能力不强，产业结构不合理，城乡区域发展不协调，就业总压力与结构矛盾并存等问题"。

事实已充分证明，中国的物质资源和环境资源无法承受粗放的经济增长方式。我国人均资源占有量低，能源资源消耗大，单位产品能耗高，我国的石油、天然气人均储量都不足世界平均水平的 10%。即使是比较丰富的煤炭资源，人均储量也不到世界平均水平的40%，但我国已经成为全球第二大能源消费国，如钢铁的消费占全球的比例达到 50%，水泥占 40%，煤炭占 40%，但能源效率不高，一些重化工行业单位产品能耗比世界先进水平高 10%～50%，矿产资源总回收率比世界先进水平低 20%，这加剧了能源资源短缺的状况。目前，我国石油、铁矿石、铝土矿、铜矿等重要能源资源的消费对进口的依存度都超过了50%，对经济社会发展形成严重制约，虽然在大气污染治理上取得了一定成效，但城市空气污染问题尚未有效改观，部分地区的水污染问题、工业污染问题依然存在，环境污染已经成为关系社会和谐稳定的一个重大问题。

2) 中国产业结构和空间分布尚不均衡

中华人民共和国成立 70 多年来，中国经历了均衡发展(1949—1978 年)、非均衡发展(1978—2000 年)和协调发展(2000 年以后)三个经济发展阶段，每个阶段都在一定程度上存在区域经济发展不协调和产业空间布局不均衡的问题，没有有效发挥产业联动的跨区域协调作用。均衡发展时期主要表现为不顾经济发展的客观规律强行推进均衡发展，在内陆地区大规模发展重化工业，工业偏向策略拉大了城乡差距，沿海与内地投资比例失衡，区域资源配置与需求脱节；非均衡发展时期为提高资源配置效率支持东部沿海优先发展，进一步拉大了区域产业发展差距，产业同构现象加剧，极大地限制了区域间的产业联动。当前，我国区域经济发展不协调问题依然存在，而且区域间在发展中的基本利益关系还没有理顺，各类配套补偿和保障体系依然不健全。行政与计划手段在解决地方与国家、地区与地区之间的经济矛盾和利益冲突时效力有限,简单的行政命令难以切实保障国家级区域发展规划落实到位。

3)中国全球产业供应链布局尚未掌握主动权

从国内看,尽管我国经济总量已位列世界前列,但生产力水平总体上还不高,产业结构不合理,城乡、区域发展不平衡,长期形成的结构性矛盾和粗放型增长方式尚未根本改变,工业化、城镇化快速发展同能源资源和生态环境的矛盾日益突出,我国科技自主创新能力还不够强,总体上经济发展技术含量不高,很多关键技术和核心技术受制于人,先导性战略技术领域科技力量薄弱,重要产业对外技术依赖程度仍然较高。

从全球范围来看,"欧美消费—中国制造—中东和俄罗斯提供资源"的全球经济模式仍是主流,中国在全球产业供应链中仍处于"微笑曲线"低附加值区域,在全球产业供应链中处于非主动地位,传统的粗放化货物贸易结构还未从根本上消失。

2.中国构建全球产业供应链对策

1)着力推进产业融合联动,促进中国经济增长方式转变

目前我国产业结构呈现不合理现象,如三大产业比重失衡,第一产业、第二产业比重过大,第三产业比重较低,可采取的对策如下:一是通过生产性服务业融合促进我国产业结构转型,即通过生产性服务业的发展有效地促进我国第三产业的发展,使第三产业与第二产业比重不断上升;二是通过信息产业融合促进我国产业结构调整,即通过信息技术的发展,融合研发、生产、流通等各个环节,促进产业供应链的发展;三是通过收入水平、对外开放及政府财政支出等措施引导产业结构升级,如提高对外开放和政府财政支出,来对我国产业结构转型产生积极作用。

推动我国经济增长方式转变,深化产业结构调整,具体可通过以下几种方式进行。

(1)提高现代服务业与制造业的融合度,转变经济增长方式。现代服务业由于具有高附加值、高技术、高知识含量、高人力资本投入及高产业带动力等特点,所以能够提高科技创新能力与信息化水平,着力构建功能完善的现代化服务支撑体系,提高服务业与制造业的融合度,重点推动现代物流业、通信、计算机服务与软件业、研究与试验发展业、综合技术服务业等与制造业密切相关的生产性服务业发展,促进制造业内部服务化比重的提高,形成生产性服务业与制造业互动的格局,进而推动经济结构转型,转变经济增长方式。

(2)加快高新技术产业与传统产业融合步伐,促进经济增长方式转变。通过高新技术产业与传统产业的融合,促进传统产业的生产技术及节能减排技术的提升,有效地降低传统产业的能耗率与污染排放率,提升传统产业的生产效率,对促进我国走资源节约型、环境友好型的发展道路具有重大意义。

(3)以信息化带动工业化,走新型工业化道路,促进经济增长方式转变。以信息化带动工业化,能有效地协调劳动密集型产业、资本密集型产业与技术密集型产业、虚拟经济与

实体经济、三大产业之间的关系，最终实现国民经济结构总体转型与优化升级，从而促进经济增长方式转变。

(4)建立完善的要素市场，大力发展职业教育，促进经济增长方式转变。信息时代的现代化产业发展，对就业者的素质提出了更高的要求，要想促进产业融合快速发展，就必须培养大量精通新技术、新经济的高素质人才。高技能型人才是推动产业融合发展的重要力量，是实现经济增长方式转变的关键。

(5)完善社会保障体系，增加居民收入水平，促进需求结构由外向型向内生型转换，推进增长方式转变。虽然改革开放以来，中国经济发展取得了巨大的成就，居民收入水平不断提高，但消费率还有提升的空间，其深层次的原因是我国社会保障体系尚不完善，居民未来保障力度不足，由此导致我国居民储蓄率较高，消费率较低。因此，完善社会保障体系，增加居民收入水平，能有效地促进我国居民消费，促进从外向型经济向内向型经济转型。

(6)创造良好的产业融合支持外部环境，促进产业融合快速发展和经济增长方式转变。产业融合使得原有产业价值链发生转移，多个产业间的重新组合需要一个良好的外部支持环境。首先，政府应加强促进产业融合发展的法律法规等制度建设，积极促进产业融合机制的建立，主要包括组织协调机制、企业为主体机制及创新服务支撑机制，并进一步放松对相关产业的管制水平。其次，重点扶植优势产业，如通信、计算机与软件业、研究和试验发展业、综合技术服务业、教育、文化与娱乐业、高新技术产业，把这些产业培育成国民经济支柱产业。再次，加大对信息安全的监管力度，在信息化的产业融合中，常常面临着个人信息与隐私的保护、电子交易中的法律保护等问题，如果没有一个良好的信息安全环境，就会阻碍产业融合的发展。

2)重点发展战略性新兴产业，构建中国全球产业供应链体系

(1)大力发展战略性新兴产业，促进中国产业供应链向高附加值产业升级。中国主要依靠通过高资源投入来提高产量的粗放型经济，其增长方式已经受到资源供给约束并带来了自然环境恶化、经济环境恶化的严重后果，这些问题导致我国经济迫切需要向主要依靠通过提高资源利用效率来提升产量的集约型经济增长方式转变。基于此，2009 年我国首次提出战略性新兴产业概念，并于 2010 年 10 月颁布了《国务院关于加快培育和发展战略性新兴产业的决定》，将节能环保产业、新一代信息技术产业、生物产业、高端装备制造业、新能源产业、新材料产业、新能源汽车这七大产业作为现阶段重点培育和发展的产业。这些战略性新兴产业将新兴技术与新兴产业深度融合，符合社会新的市场需求，技术门槛高、带动能力强、综合效益好、成长速度快、市场潜力大、产业规模大，在产业供应链"微笑曲线"中处于高附加值位置，对中国提高产业供应链掌控权和对全球产业供应链体系的构建及国民经济全局和长远发展都具有重要意义。因此，要加强政府宏观指导，提高科技创新能力，完善相关体制机制，统筹战略性新兴产业规划和政策导向，推进战略性新兴产业发展，促进中国产业供应链向高附加值转移升级。此外，美国的以市场化为主发展模式、

日本的政府主导扶持发展模式和韩国的政府与民间相结合的发展模式对我国发展战略性新兴产业都具有一定的借鉴意义。

(2)强化产业布局，实现中国产业供应链资源整合。目前，我国战略性新兴产业初步形成了以长三角、珠三角及环渤海地区为主的产业布局，且产业集聚趋势日益明显。由于在地方产业规划中看重短期利益，跟风现象严重，导致出现了有些产业出现产能过剩，而有些产业满足不了市场需求的现象。此外，还存在地区优势产业趋同、产能分布不均的现象，并没有形成国家范围内的产业分工及产业供应链条，因此，应该对优势产业集中区域做出统一的产业规划，分别选择不同的重点发展方向，使战略性新兴产业在全国范围内协同发展，实现我国产业供应链的资源整合。首先，根据各地区生态资源环境和区域特色优势，优化我国产业总体布局，在形成多个专业性生产基地的基础上形成区域间优势互补、相互促进的机制和格局。其次，加强经济发达地区的辐射带动作用，形成区域分工明确、优势产业互补的产业布局。最后，对于产能过剩部门及时转变生产方式，进行统一规划、实施产业结构调整。注意战略性新兴产业各子行业的协调发展，通过相关政策措施调整资源流向，加强弱势产业的技术研究开发，避免产生"瓶颈"行业。

(3)优化产业结构，建立完整的中国产业供应链条。未来的产业发展不仅是孤立的横向产业间竞争，更是纵向的产业链的竞争。目前我国战略性新兴产业各细分行业中普遍存在产业链条关键环节缺失、各环节之间缺乏有效联动的问题。因此，必须进行产业链有效整合，从而占据产业链的高端地位，在产业链整合过程中，重点发展产业链条的薄弱环节及未来有可能成为"瓶颈"的产业链，使我国战略性新兴产业链条各环节间实现平衡、协调发展，进而形成完善的产业体系，围绕结构调整和升级换代，提高产业的持续发展能力，进行技术、市场、金融多资源的整合，鼓励企业进行资源整合兼并，壮大企业规模，形成一批大规模的优势企业。鼓励产业中介机构及服务行业的发展，促进产业间的垂直整合，有利于形成高端产业链条，完善产业体系。

此外，还应考虑将战略性新兴产业的规划发展与传统产业的改造升级相结合，在有发达传统产业基础的领域及地区，通过引入先进的生产管理技术，完成传统产业顺利改造。

同时，通过培育一批具有国际竞争力的大型企业集团，发挥其在产业中的引领带动作用，鼓励优势企业抓住国际产业结构调整的机遇，充分利用国内外资源，力争在国际产业分工格局中占据更加有利的位置，提高中国在全球产业供应链中的掌控力。

(4)搭建物流网络和信息平台，协调中国产业供应链成员关系。产业供应链构建要有效地发挥其对于经济的推动作用，必须处理好产业供应链上的"四流"，即商流、物流、信息流和资金流，其中物流和信息流是关键所在。一是要重视产业供应链物流资源的整合，建立和产业发展有机衔接的物流网络；二是要加强信息平台的建设，建立风险管理系统；三是要针对不同的产业供应链，构建与之相适应的产业供应链信息平台并处理好长远规划和当前需要的关系。

此外，产业供应链构建更要协调好节点企业关系。产业供应链的目标是形成协同与规模优势，只有参与供应链的各方利益达到相对均衡，才能实现真正的协同，充分把握战略性合作伙伴的竞争力和增值率关系。而产业供应链上的各个节点企业都是独立自主的"有限理性经济人"，利益目标不完全一致，信息结构也不对称，而且性质相同的企业存在着"同极相斥"的内在驱动机制，这些都容易造成冲突和矛盾。产业供应链不仅存在着产业内部的竞争与合作，也存在着产业间的竞争与合作，产业供应链成员间有着更为复杂的竞争与合作关系，因此，要研究产业内企业之间如何实现有效分工，产业间的相关企业如何消除体制性壁垒，实现有效协作，使各个企业依托产业供应链体现出系统化的管理和协同化的操作，构建供应链合作伙伴关系能够有效缩短供应链总周期，达到降低成本和提高质量的目的。

3) 优化我国货物贸易结构，提高在全球产业供应链中的主动权

2014 年 3 月，李克强总理在政府工作报告中指出："从战略高度推动出口升级和贸易平衡发展。"因此，新时期要提升我国在全球产业链分工中的地位，促进外贸平衡发展，优化和调整我国的货物贸易结构，提高我国在全球产业供应链中的主动权。就优化货物贸易结构而言，主要应提升我国出口在全球产业链分工中的地位，积极扩大进口，促进外贸平衡发展，推动产业出口升级，创造外贸竞争新优势。

(1) 创建基于劳动职能分工的企业组织结构。2013 年我国货物贸易总额首次超越美国位居全球第一，占全球货物贸易总额的 12%。但在全球产业链分工中，我国出口基本集中在中低端，质量和效益不高。出口产品主要依赖劳动力密集、技术含量较低、附加值不高的加工组装环节，附加值和技术含量高的研发、设计、营销等环节仍主要掌握在发达国家手中。虽然机电产品和高新技术产品已成为我国出口商品的主体，但具备自主知识产权、自主营销渠道的产品比重低。

以往我国凭借低廉的劳动力成本和资源价格一举成为"世界工厂"，外贸发展主要依靠价格竞争优势，但未来劳动力价格持续上涨，"人口红利"的低成本竞争优势将持续减弱。与此同时，资源、能源和环境约束加剧，也成为制约我国经济贸易可持续发展的重要因素。因此，传统产业出口升级应增加更多技术、品牌、质量和服务的含量，延伸出口产业链，提高我国在全球产业链分工中高端价值增值环节上的供给能力和性价比，增强综合竞争力。2010 年 10 月我国提出新能源、生物、高端装备制造、新材料、新能源汽车、新一代信息技术、节能环保这七个战略性新兴产业应加快其研发、制造、营销等各环节的国际化发展水平，提升全产业链竞争力，在积极促进战略性新兴产业出口规模扩大的同时，着重提升发展质量和全球产业链分工地位，形成我国参与国际竞争新的比较优势。

(2) 积极扩大进口，促进外贸平衡发展。长期实施的"重出口、轻进口、奖出限入"外贸政策，虽然使我国成为世界货物贸易第一出口大国，但由于出口增长明显快于进口增长，形成了巨额贸易顺差，由此带来了贸易摩擦不断升级、能源资源供应紧缺、环境污染严重、

人民币升值压力加大等诸多问题。以不可再生的重要自然资源稀土外贸为例，稀土因其独特的物理化学性质，广泛应用于新能源、新材料、节能环保、航空航天、电子信息等领域，是现代工业中不可或缺的重要元素。中国拥有较为丰富的稀土资源，近年来，中国在稀土的开采、生产、出口等方面的发展，不仅满足了国内经济社会发展的需要，而且为全球稀土供应做出了重要贡献。当前，中国以 23% 的稀土资源承担了世界 90% 以上的市场供应。在快速发展的同时，中国也为此付出了巨大代价：一是资源过度开发。因超强度开采，中国稀土资源保有储量及保障年限大幅下降，主要矿区资源加速衰减，原有矿山资源大多枯竭。二是生态环境破坏严重。稀土开采、选冶、分离的生产工艺和技术落后，严重破坏地表植被，造成水土流失和土壤污染、酸化，使农作物减产甚至绝收，一些地方因稀土过度开采，还造成山体滑坡、河道阻塞等突发性环境污染事件，甚至造成重大灾难事故，给民众的生命健康和生态环境带来威胁。而生态环境的恢复和治理，也成为一些稀土产区的沉重负担。三是产业结构不合理。冶炼分离产能严重过剩，稀土材料及器件研发滞后，低端产品过剩，高端产品匮乏。四是价格严重背离价值。一段时间以来，资源的稀缺性没有得到合理体现，生态环境损失没有得到合理补偿。五是出口走私比较严重。2006 年至 2008年，国外海关统计的从中国进口稀土量，比中国海关统计的出口量分别高出 35%、59% 和36%，2011 年更是高出 1.2 倍。面对稀土出口出现的突出问题，中国政府加大了对稀土行业的监管力度，把保护资源和环境、实现可持续发展放在更加重要的位置。

因此，开放不是一味出口，我们还应发挥好进口的作用，促进外贸平衡发展。进口先进技术设备等投资品，可以提高国内生产效率和技术水平，提高出口产品竞争力；进口消费品可以产生消费示范效应，并传导至生产环节，可以提升国内同行业制造水平以及出口产品档次质量。因此，实施积极的进口战略，对促进我国经济可持续增长，实现产业结构升级，提高居民生活质量，缓解贸易保护主义压力，维护国家经济安全，提升我国的国际竞争力与影响力具有重要意义。

10.3 先进产业供应链战略案例

10.3.1 日本汽车产业供应链战略

丰田汽车公司(简称丰田)是世界十大汽车工业公司之一，是日本最大的汽车公司。丰田的发展史其实就是一部自主发展的历史，它在自己弱小的时候，也曾向美国的通用公司和福特公司、欧洲的宝马公司和大众公司学习，也曾和其他汽车企业进行过合资合作，但丰田始终没有忘记自主造车的梦想。2006 年，丰田共生产 902 万辆汽车，创历史最高纪录。2010 年全年丰田汽车的全球产量为 762.3 万辆，相比于 2009 年 650 万辆的产量上涨了 20%。

丰田产业供应链战略包括以下几个方面。

（1）TPS 应用。Toyota Production System（TPS）即丰田生产方式，丰田经过多年的改善与发展，现已形成一套完整的管理理论和方法体系，简单地说，丰田生产方式就是"为实现企业对员工、社会和产品负责的目的，以杜绝浪费为目标，在连续改善的基础上，采用准时制与自动化方式与方法，追求制造产品合理性的一种生产方式"。由于该方式不仅能使企业不断提高生产效率，增加效益，而且还能满足客户对质量和快速交货的要求，因此，在世界上所有的丰田工厂，都无一例外地采取了这一生产方式。

（2）准时制生产。准时制生产是指，在所需要的时刻，按所需要的数量生产所需要的产品（或零部件）的生产模式，其目的是加速半成品的流转，将库存的积压减少到最低的限度，从而提高企业的生产效益。JIT 生产方式的基本思想是"只在需要的时候，按需要的量，生产所需要的产品"，也就是追求一种无库存或库存达到最少的生产系统。

（3）精益物流。以 JIT 为核心理念，通过系统结构、人员组织、运行方式和市场供求等方面的变革，使生产系统能很快适应客户需求的不断变化，并能使生产过程中一切无用、多余的东西被精简，最终达到包括市场供销在内的生产各方面最好结果的一种生产管理方式。与传统的大生产方式不同，其特色是"多品种""小批量"。

10.3.2　荷兰农产品产业供应链战略

荷兰农业发达，是欧洲第二大农业出口国，其鲜活农产品出口以优质高效著称于世，被誉为欧洲大陆鲜活农产品的分销中心，这与其先进高效的鲜活农产品供应链管理模式紧密相关。

荷兰农业生产的基本单位是分散的家庭农场，虽然规模不大，却具有世界领先水平的自动化和专业化生产，且农户的组织化程度高，几乎全部参加了农业合作社。农业合作社是荷兰鲜活农产品流通的中坚力量，它负责收购农副产品，为农户提供信息、科技、培训等服务，并为农户融资贷款提供方便。目前，荷兰 70%～96% 的水果和蔬菜、82% 的奶制品和 35% 的肉类都是由农业合作社供应的。

荷兰鲜活农产品供应链采用农产品拍卖模式，目前荷兰 80% 以上的鲜活农产品都是通过拍卖市场分销的。拍卖市场是荷兰鲜活农产品供应链管理模式的一大特点，它使鲜活农产品的生产与销售既明确分工又有机结合，保证了鲜活农产品快速高效的流通。荷兰的大多数农户和种植公司均是拍卖市场的会员或股东，生产者可以将鲜活农产品直接运送到拍卖市场进行销售。拍卖市场是公司制与会员制的结合体，在具体事务管理及经营中，重大决策由股东或会员选举的董事会负责，并任命市场管理委员会对拍卖市场进行业务管理。作为商品的集散地，拍卖市场为生产者提供储藏、包装、运输，产品质量等级和竞拍价格的核定等服务。这样就实现了鲜活农产品生产、加工、销售的一体化，减少了生产者之间的直接竞争，有效地降低了鲜活农产品的损耗，促进了产品流通，提高了经济效益。

专门针对鲜活农产品配送运输的物流中心是荷兰鲜活农产品供应链运行的关键环节之一，荷兰在种植区或农产品交易市场附近建立了许多分工不同的专业农产品物流中心，以保证获得成本低廉、质量可靠、品种多样的货物。这些中心凭借已有的四通八达的交通网络构建起自己的专业物流体系，采用先进的物流技术和装备为鲜活农产品流通提供高效率的服务。

便利快捷的运输对于保鲜期短、易腐烂变质的鲜活农产品来说非常重要。荷兰有着十分便利的交通设施，除发达便利的水路、铁路、公路运输外，包括欧洲第三大航空港——谢尔伯机场在内的6个航空港为荷兰提供了便捷的航空运输，使新鲜的蔬菜、花卉、水果可以在12小时内运送到欧洲各国，在24小时内可以将其安全运送到亚洲及北美洲市场。荷兰利用先进的信息技术，建立了电子虚拟的鲜活农产品供应链网络及交易中心，生产者、批发商、零售商、供应商可以直接在网络上进行交易，并实现供应链信息的共享。此外，还能够对联运物流商及集成销售批发商进行协调管理，能够更好地满足客户及零售商的需求，为其提供更高品质的服务。

荷兰政府在行政、金融和价格等方面给予鲜活农产品供应链的支持加强了鲜活农产品流通的协调性。荷兰农业部设有专门的行政机构对鲜活农产品的流通进行管理。它们制定和实施相关政策，颁布农产品的生产配额、销售规程和鲜活农产品的质量等级标准等，为鲜活农产品供应链提供全程多方位的服务，保障了供应链的有效发展。荷兰农业贷款银行的基层组织为农业信贷合作社，实质上是一种互助合作性质的半官方农业信贷机构，它专门负责为符合政府政策要求和国家规划发展的项目办理优先贷款，并提供优惠利率。通过农业贷款银行，荷兰政府为鲜活农产品供应链的发展提供了有力的金融支持。另外，政府每年还会从财政中拨款，对道路、码头、仓库和市场等基础设施建设项目进行补贴。由于鲜活农产品关系民生大计，因此荷兰政府通过价格干预这一方式对鲜活农产品的价格在不同程度上进行了直接或间接的调控，以保障鲜活农产品生产者的利益，保护其生产积极性，同时也稳定了市场，保障了供应链的顺利运行。

10.4 本章小结

产业供应链战略通过产业融合促进经济结构调整，促进经济结构转型，提高产业内部供应链运作效率，提升制造业和现代服务业的融合度，加快高新技术产业与传统产业的融合步伐。本章从产业供应链的概念理论入手，探索中国产业供应链的发展概况与产业结构升级的实践，通过对日本汽车与荷兰农业先进产业案例的研究分析为我国产业供应链管理提供实践经验。

本章思考题

1. 请说明产业供应链的概念。
2. 我国构建产业供应链有哪些举措？
3. 请结合"微笑曲线"对我国产业供应链战略现状进行说明。
4. 结合相关理论阐述我国产业升级的目标与原则。
5. 请总结发达国家和地区的产业供应链经验。

参 考 文 献

[1] 王晓华，尤洋洋．美国、荷兰和日本鲜活农产品供应链管理及其启示[J]．世界农业，2015，(5)．

[2] 潘欣．以"一带一路"南向通道建设推动西部开发新格局[J]．中国经贸导刊，2018，(16)．

[3] 丁俊发．供应链国家战略[M]．北京：中国铁道出版社，2017．

[4] 任宏伟．建设供应链体系推动城市物流绿色智慧发展[J]．中国物流与采购，2018，(15)：27-28．

[5] 夏文汇，张霞等．基于创新性供应链的生鲜农产品冷链物流及协同研究[J]．重庆理工大学学报（社会科学），2018，32(5)：85-92．

[6] 张其仔，郭朝先，白玫等．产业蓝皮书：中国产业竞争力报告（2021）[M]．北京：社会科学文献出版社，2021．

[7] 姚树洁，张帆．区域经济均衡高质量发展与"双循环"新发展格局[J]．宏观质量研究，2021(6)．

第11章 国家供应链战略

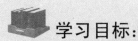 **学习目标：**

1. 了解国家供应链战略的基本概念；
2. 理解我国国家供应链战略对国家经济发展的促进作用；
3. 借鉴学习先进国家的供应链管理战略的经验；
4. 深入剖析城市供应链战略、产业供应链战略与国家供应链战略的联动关系。

>> 章前引例

新疆疫情期间物资供应管理

2020年8月5日下午，新疆维吾尔自治区人民政府新闻办召开新闻发布会，通报乌鲁木齐市目前新冠肺炎疫情（以下简称疫情）和防控工作情况。

乌鲁木齐市工业和信息化局副局长李宁表示："疫情以来，在自治区疫情防控指挥部领导的支持下，我们全力做好应急保障工作，确保各类防疫物资采购到位、调配到位、投放到位、储备到位，全力以赴打赢疫情防控攻坚战。"

一是各类防疫物资库存充裕。根据疫情防控需要，及时摸排全市防疫物资库存情况，迅速开通采购绿色通道，通过组织生产、外部采购、接受捐赠等方式，全力扩大防疫物资采购和储存规模。建立健全各级医疗机构防疫物资统筹调配机制，确保紧急状态下防疫物资征调有力有序。筹集的各类防疫物资，由市疫情防控指挥部统一调配至各发热门诊、检查站、交通枢纽等防疫点位。检测试剂、防护用品、医疗器械、救治药品、消杀产品这五大类防疫物资储备充足。

二是防疫物资供应有序。做好物资精细管理、高效调配，对全市防疫物资进行集中统一管理，动态盘点物资储备，每天通过综合分析、基层排查，科学及时地将物资补充到一线单位。同时，协调本土医药企业扩大防疫物资采购渠道，持续加大市场投放力度。全市24家药品零售连锁总部、1 089家连锁门店、62家药品批发企业正常营业。

三是提升本地防疫物资生产能力。建立全市防疫物资生产联络网，在摸清生产企业、库存、产能等底数的基础上，内部挖潜扩大生产，促进防疫物资企业提升产能。全市共有消毒产品生产企业 10 家，84 消毒液日产量约 50 吨，75%消毒酒精日产量约 10 吨；共有口罩、防护服生产企业 3 家，日生产口罩 40.3 万只，隔离服 3 100 件。

四是建立严格监管机制。对检测试剂、防护用品、医疗器械、救治药品、消杀产品的采购、储存、生产、流通等环节实施全方位监测管控，严守质量安全底线。对囤积居奇、串通涨价、哄抬价格、造假售假等违法行为依法严厉查处，确保疫情期间各类防疫物资供应充足、质量保证、价格稳定。

李宁说，下一步我们将继续在自治区疫情防控指挥部的大力支持下，多方筹措防疫物资，加强储备与调配，建立通畅的物资分拨机制，确保物资按时调运进来、高效分发出去，为打赢疫情防控攻坚战提供坚实保障。

资料来源：https://baijiahao.baidu.com/s?id=1674191208213651186&wfr=spider&for=pc.

11.1　国家供应链战略管理

如果没有整个国家供应链的准确定位与成功运转，任何链条上的企业都不能持久获得成功。构建健康有竞争力的国家供应链体系，不仅关乎产业的竞争优势，关乎链条上各企业的发展，也对国计民生发展有着重要的决定性作用。我国作为世界上最大的发展中国家，只有不断提高国家战略实力，才能从根本上应对国家发展的挑战与考验。

11.1.1　国家供应链战略的定义

国家供应链战略是指国家对本国供应链发展做出的重大、全局性的总体谋划，是国家经济社会发展战略意图在供应链领域的具体化体现。

国家供应链战略既要考虑供应链绩效的提高与成本的降低，更要考虑供应链相关的价值链整体效益最大化(价值链的概念是哈佛大学商学院迈克尔·波特在《竞争优势》中提出的，"每一个企业都是在设计、生产、销售、发送和辅助其产品的过程中进行种种活动的集合体，所有这些活动可以用一个价值链来表明"。实现利益最大化，即考虑在重点领域占领供应链制高点，同时使国家整体供应链实现价值最大化)，国家供应链战略应突出前瞻性、全局性、宏观性、指导性与政策性，充分体现国家发展对供应链的要求。

11.1.2　国家供应链战略的作用

国家供应链战略对国民经济发展、社会进步、产业结构调整、改善投资环境和提高企业竞争力所具有的巨大作用越来越受到各界的关注，供应链竞争力已经成为衡量一个国家国际竞争力的重要标志。物流产业的繁荣对国家供应链竞争力的提升有巨大的作用，供应链竞争力对于国家竞争力的影响主要体现在国家经济实力和国际化程度两方面。

1. 对国家经济实力的影响

国家经济实力主要反映一个国家宏观经济的总体状况。供应链绩效水平体现一个国家第一产业、第二产业、第三产业的综合水平和能力，是一个国家经济发展综合实力的晴雨表。21世纪的市场竞争将从企业之间的竞争上升到更高层次的"扩展的企业—供应链"之间的竞争。

2. 对国家国际化程度的影响

一个国家与世界其他各国的联系首先体现在两个环节：一是贸易；二是投资。贸易是产品的流动，投资是资金的流动，两者都与供应链息息相关，推进供应链绩效会降低产品的成本，从而提高产品的国际竞争力，促进国际贸易。同时，加强基础设施建设，改善投资环境，提高产业吸引力，可以吸引国际资金的投入，促进国家国际化发展。

11.1.3 国家供应链战略的影响因素

在经济全球化和互联网等信息技术迅猛发展的背景下，全球供应链体系在全球范围内不断为社会生产带来惊人的利润，供应链系统能力的高低已经成为反映供应链涉及的跨行业、跨部门、跨地区的系统功能链网发展水平的重要指标。随着国际贸易和国际合作的不断发展，国际环境的变化对全球供应链有着极其重要的影响。总体而言，影响一个国家供应链的国际因素主要有以下几个方面。

1. 国际贸易活动

经济全球化催化国际贸易的全面繁荣，促进原材料和产品在全球范围流动，由于各国对贸易利润的不断追逐，国际贸易中对原材料和产品的配置效率及流通效率也就有了进一步的要求，由此各国开始重视并发展供应链，供应链理念、模式与实践在全球获得了难得的发展契机。

2. 国际经济同盟

目前，全球区域经济一体化进程加快，国际经济同盟在全球范围内得到发展，最大的经济同盟实体是以美洲、欧洲和东亚地区为主的三大自由贸易区，由于贸易区内关税降低或关税壁垒消除等原因，自由贸易区的形成使经济同盟中的成员国家获得保护性的发展。由于区域内国家间保护性壁垒的消除，资源得以在区域内得到更好的配置，商品流通效率得以提高。这些都对促进区域内供应链的发展起到了积极的推动作用。

3. 国际交通区位

国际交通区位对于国家供应链也有重要的影响，不同的交通区位特点决定了该区域中的国家在国际供应链基础设施网中的地位及其发展的侧重点。

4．国际经济制度

国际经济制度的不同直接决定了市场的自由化程度，也影响了资源配置和流通的自由化程度，从而影响各个国家供应链的绩效，所以经济制度是国家供应链战略发展至关重要的外部环境因素之一。

5．国际金融

在供应链环境中，物流、资金流、信息流、商流缺一不可，资金流作为国际往来的重要驱动力，资金运转的流畅性直接影响物流运转的效率。

每当金融危机来临，物流服务需求应声锐减，各类物流量也随之出现明显的缩水。国际金融的风险转移到供应链领域，将严重影响全球各国产业的繁荣与安全。2008 年爆发的全球性金融风暴就曾使国际供应链断裂。

6．资源与环境

全球原材料的供给日益缺乏，但商品需求却增长强劲，这有力地拉动了国际市场原油、煤、铁矿石、铜、锌、铝等产品价格持续大幅上涨。资源与环境问题也是世界性的难题，各国在供应链发展中要注重节能减排并积极推进国家绿色供应链的构建，在国家供应链各个环节实现绿色设计、绿色采购、绿色生产、绿色营销、绿色物流等。

7．跨国企业发展

跨国企业的运营不仅涉及国与国之间的贸易和全球范围内的资源配置，而且将大力发展与其所在国家的经济联系，全球化与本地化并存的全球战略已使与之相关的国家不由自主地参与到了国际竞争的"角斗场"，本土供应链企业得到了参与跨国企业供应链的机会。

8．国际性产业转移

在全球性的产业转移浪潮中，发展中国家得到了发展全球供应链的难得机遇。目前，以中国为代表的发展中国家正在由跨国企业的加工组装基地向制造基地转变，与之密切联系的物流业因此获得了更加强大、稳定的市场需求，供应链的延长与完善又将有助于这些制造业国家发展进一步成为制造业强国。

供应链的发展受到来自国际、国内竞争的双重压力和挑战，由于供应链活动与国民经济、社会生活的方方面面深度融合，关系错综复杂，某一国家供应链发展除受本国内部因素影响外，全球化层面的外部国际环境的影响也已经越来越不容忽视。然而，供应链发展运行过程中出现的非效率(竞争力低下)之处总是不能被轻易发现，这也直接影响了国际供应链的效率，这一问题已经成为各国管理者、研究者共同关注的焦点，识别国家供应链竞争力相关影响因素，构建"国家供应链—国际竞争力"模型及评价指标体系，运用科学有效的方法进行国际(国家)竞争力评价，是解决这一问题的首要工作。

11.1.4　国家供应链战略的主要内容

制定国家供应链战略，需要科学准确地把握国家供应链发展的背景和总体情况、存在的主要问题和矛盾、全球供应链的发展形势与趋势，以及对本国供应链未来发展方向、目标与任务的预见和谋划。国家供应链发展战略的主要内容应包括国家供应链发展战略的愿景与目标、国家供应链战略重点、战略实现途径、战略组织与实施、控制与评价、战略实现的支撑保障措施与条件。

11.1.5　国家供应链战略的原则

国家供应链战略的原则包括以下几个方面。

1．服务经济，带动产业

国家供应链战略应从国家社会经济总体战略角度出发，以实现全社会资源的最优配置和经济社会的可持续发展为目标，推动经济产业转型与合理增长，提高产业竞争力，维护国家整体利益。

2．全球视野，系统设计

国家供应链战略要求站在国家立场上放眼全球供应链体系，审时度势地全面分析谋划本国在全球供应链体系中的地位、优劣势与未来发展态势，同时，要统筹兼顾系统设计并完善总体战略和配套战略，考虑供应链系统的结构优化、合理布局，以及相关综合运输、财税、贸易、海关、金融、监管等配套，注意供应链系统的内外衔接。

3．降本增效，持续发展

可持续发展理念要求减少对资源的浪费和对生态环境的破坏，国家供应链战略要考虑供应链整体成本的逐步降低和系统效率的提高，发展资源节约型、环境友好型的国家供应链系统。在制定国家供应链战略中要结合社会经济发展面临的实际问题，充分考虑人口、环境保护和产业结构、能源结构等因素，重视发展高效节能型的供应链模式与技术。

4．与时俱进，动态调整

国家供应链战略要具有一定的柔性，能够随着时间的推移、国家政治经济秩序变化、全球供应链体系的变更而进行适时的调整、完善，确保本国长期利益。

11.2　中国国家供应链战略

11.2.1　中国供应链管理的发展阶段

改革开放以来，我国从计划经济走向市场经济体制，大多数商品都实现了由卖方市场向买方市场的转变，供应链相应地由生产者推动型转变为消费者拉动型。随着经济全球化程度的不断加深及市场需求的多元化发展，以合作双赢或多赢为目标的现代新型供应链管理模式逐步为企业所接受。

我国供应链管理的发展经历了如下历程。

1. 职能部门阶段，强调物流管理过程

这一阶段由 20 世纪 50 年代至 80 年代末。此时期的研究者认为，供应链是指将采购的原材料和收到的零部件，通过生产转换和销售等活动传递到客户的一个过程。因此，供应链仅被视为企业内部的一个物流过程，它所涉及的主要是物料采购、库存、生产和分销诸部门的职能协调问题，最终目的是优化企业内部的业务流程，降低物流成本，从而提高经营效率。供应链管理的研究是从物流管理研究起步的。起初，研究者并没有把供应链管理和企业的整体管理联系起来，主要是进行供应链管理的局部性研究，如研究多级库存控制问题、物资供应问题，较多的是研究分销运作问题，如分销需求计划等。基于这种认识，早期有人仅仅将供应链看作物流企业自身的一种运作模式。

产业环境的变化和企业间相互协调重要性的上升使人们逐步将对供应环节重要性的认识从企业内部扩展到企业之间，由此，供应商被纳入了供应链的范畴。这一阶段，人们主要是在将某种产品从原料到最终产品的整个生产过程中来理解供应链的。在这种认识下，加强与供应商的全方位协作，剔除供应链条中的冗余成分，提高供应链的运作速度成了供应链管理研究的核心问题。

在这一阶段，供应链执行决策是由各独立业务部门的核心管理人员制定的，很少考虑与其他部门的相互影响。由于业务信息缺乏标准化、数据完整性较差、分析支持系统不足、各自处于完全不同的技术系统，以及缺乏推动信息共享的激励机制，管理层在此环境下试图进行集中供应链计划的努力往往是徒劳无功的。

2. 集成供应链阶段，强调价值增值链

这一阶段由 20 世纪 80 年代末至 90 年代后期。进入 20 世纪 90 年代，人们对供应链的理解又发生了新的变化，由于需求环境的变化，原来被排斥在供应链之外的最终客户的地位得到了前所未有的重视，从而被纳入了供应链的范围。这样，供应链就不再只是一条生产链了，而是一个涵盖了整个产品运动过程的增值链。

所谓供应链就是原材料供应商、生产商、分销商、运输商等一系列企业组成的价值增值链。原材料零部件依次通过链中的每个企业，逐步变成产品，交到最终客户手中，这一系列的活动就构成了一个完整的供应链（从供应商的供应商到客户的客户）的全部活动。

从这一阶段开始，供应链管理进入了集成供应链阶段。高级计划与排程（advanced planning and scheduling，APS）系统、企业资源规划（enterprise resource planning，ERP）系统与业务流程重组（business process reengineering，BPR）相结合，是这次转变的主要推动因素。

20世纪80年代末到90年代初，随着BPR的出现，企业领导人逐渐认识到可以把企业的组织结构与主管人员的相关业务目标和绩效激励机制结合起来，以此获得效益。技术的进步及计算处理成本的降低，加快了全企业范围的业务处理系统，如ERP系统的渗透。如今，高层管理者可以容易地得到标准化的业务信息，以及一套一致的不同业务、职能部门和地理区域的评价指标。随着APS系统的引入，供应链优化成为一项切实可行的选择。这也提高了日益集中的供应链计划流程效率。跨职能部门团队的协作推动供应链计划流程更加一体化，并将企业作为一个整体来看待。

各行各业的领先性企业均开始认识到如果想要尽可能地提高效益，就要将需求预测、供应链计划和生产调度作为一个集成的业务流程来看待。因此，越来越多的跨职能部门团队以定期开会的方式，相互协调，制订最佳的销售和运营计划行动方案。与供应链计划一样，供应链执行决策也逐渐向跨职能部门的一体化方向发展。现在，采购和制造部门能够共同进行原材料的采购决策，从而实现产品总体生产成本的最小化。

3. 价值链阶段，强调价值网络

进入21世纪，随着信息时代的到来和全球经济一体化的迅猛发展，供应链管理进入了一个新的发展阶段：价值链网络阶段。与此同时，人们对供应链的认识也正在从"单链"转向非线性的"网链"。实际上，这种"网链"正是众多条"单链"纵横交错的结果。

供应链的概念已经不同于传统的销售链，它跨越了企业界限，从扩展企业的新思维出发，从全局和整体的角度考虑产品的竞争力，使供应链从一种动作工具上升为一种管理方法体系，以及一种运营管理思维和模式。供应链是一个范围更广的企业结构模式，它包含所有加盟的节点企业，从原材料的供应开始，经过链中不同企业的制造加工、组装、分销等过程直到最终客户。它不仅是一条增值链（物料在供应链上因加工、包装、运输等过程中增加其价值），还给相关企业都带来收益。

现阶段的供应链更加注重围绕核心企业的网链企业战略合作关系，如核心企业与供应商、供应商的供应商乃至与一切前向的关系，与客户、客户的客户及一切后向的关系。此时的供应链概念已形成一个"网链"的概念，如丰田、麦当劳和苹果等公司的供应链管理都从"网链"的角度来实施，强调供应链的战略伙伴关系。

11.2.2　中国国家供应链战略发展基础

1. 中国经济进入中高速增长阶段

中国作为人口大国，在改革开放40多年的时间里人均GDP由1978年的154美元上升到2021年的1.25万美元以上，由一个低收入国家跨入了中等偏上收入国家行列；由货物贸易占世界份额不足1%到成为第一货物出口大国；制造业增加值超过美国，成为全球第一制造大国；2021年GDP总量为114万亿美元，保持世界第二大经济体的地位（2010年中国GDP总量超过日本，成为仅次于美国的全球第二大经济体）。

纵观工业革命以来各国(经济体)发展史，经济有起飞，就有降落，没有一个国家可以永续保持高速增长。中国作为一个追赶型经济体，在经历高速增长期后，增速已有所回落。未来十年中国经济将由过去年均 10%左右的高速增长阶段转而进入 6%～8%的中高速增长阶段。当前中国经济回落具有混合特征，增长阶段转换已经开启。一是基础设施投资的潜力和空间明显缩小；二是东部发达地区经济增长明显回落；三是地方融资平台、房地产市场风险明显增加。

未来十年，投资率将触顶回落(由接近 50%降至 40%左右)，消费逐步上升(达到 55%左右)并超过投资率。中国经济将过渡到以服务经济为主的阶段，农业比重继续下降，投资需求和出口需求增长速度的下滑导致第二产业和服务业的增长速度都有所下降，但第二产业下降幅度更大；消费结构升级促进服务业较快发展，未来十年服务业比重不断上升逐步达到 56%左右。

2．全球制造中心遭遇工业发展瓶颈

1)全球制造中心在全球范围内转移

在经济学领域尚无"全球制造业中心"的明确定义。一般认为"全球制造中心"是指为世界市场大规模提供工业品的生产基地。《经济学人》杂志发表的关于"第三次工业革命"的文章指出：第三次工业革命是指以数字化、人工智能化制造与新型材料的应用为标志的工业革命，它直接的表现是工业机器人代替流水线工人，从而引起生产方式的根本改变，其结果将导致直接从事生产的劳动力快速下降，劳动力成本占总成本的比例越来越小，规模生产将不会成为竞争的主要方式，个性化、定制化的生产会更具竞争优势。英国、美国、日本都曾成为"全球制造业中心"，且前者都是被后者所取代，全球制造业中心转移是历史的客观规律。

19 世纪初，英国作为工业革命的先驱国在蒸汽机革命的带动下，以其发达的纺织业、采掘业、炼铁业、机器制造业和海运业确立了"全球制造业中心"地位，成为世界各国工业制成品的主要供应者。1820 年，英国在世界贸易总额中所占的比重为 18%，1870 年上升为 22%，其制成品产量占全世界 40%，铁和煤产量超过全世界 50%。1837 年机器出口总值为 49 万英镑，而到 1866 年就达到 476 万英镑，美国和欧洲大陆工业革命所需要的技术装备基本都是来自英国。英国"全球制造业中心"的历程延续了 70 年，培育了全方位的优势产业，形成了发达的纺织、冶炼和机器制造业、采掘业和海运业，以及在此基础上形成的服务业。

19 世纪后期到 20 世纪中叶，在电力革命的带动下，美国取代了英国，成为世界工业强国。19 世纪 80 年代，美国制成品上升为世界第一位，1929 年达到了全球制造业 43%的最高点。在钢铁、汽车、化工、机器设备、飞机制造、电气产品、医药及军事装备等制造业的各个领域，其生产规模和出口份额都位居世界前列，成为世界工业品出口的重要基地。第二次世界大战后，美国凭借其"全球制造业中心"的地位，成为全球经济霸主，并确立了世界科技创新中心的地位。

第二次世界大战后，日本经济飞速增长，经过 30 年的发展，一跃成为世界第二大经济强国，成为历史上第三个"全球制造业中心"。20 世纪 60 至 80 年代，日本以"机械振兴法"和"电子振兴法"为推力，从以出口重化工业产品为主导逐步转向以出口附加价值高的机械电子产品为主导，成为机电设备、汽车、家用电器、半导体等技术密集型产品的生产和出口大国。日本经济年均增长高达 9.8%，20 年内制造业生产增长了 10 倍。20 世纪 80 年代中期，日本许多工业制成品的产量都名列世界前三名，在国际市场上具有很强的竞争力和很高的市场占有率，成为世界家用电器、汽车、船舶和半导体的主要生产国。

20 世纪末，我国在改革开放的推动下，以土地、劳动力和规模经济为主导，形成了新的制造业优势，取代日本成为"全球制造业中心"。2007 年，中国的高新技术产品出口跃居世界第一位；2008 年，超过德国，成为世界第一大工业制成品出口国；2015 年，家电、皮革、家具、羽绒制品、陶瓷、自行车等产品占国际市场份额达到 50%以上。同时，中国也成为全球最大的制造业生产国，占全球制造业总产值的 19.8%，超过美国。工业品产量居世界第一位的已有 210 多种。以上数据表明中国已处于"全球制造业中心"的发展阶段。

2）制造业竞争力分析

2012 年，中国制造业增加值为 2.08 万亿美元，占全球制造业 20%，与美国相当，但大而不强，主要制约因素是自主创新能力不强，核心技术和关键元器件受制于人；产品质量问题突出；资源利用效率偏低；产业结构不合理，大多数产业尚处于价值链的中低端。

《中国制造 2025》中提出：为应对新一轮科技革命和产业变革，立足我国转变经济发展方式实际需要，围绕创新驱动、智能转型、强化基础、绿色发展、人才为本等关键环节，以及先进制造、高端装备等重点领域，提出了加快制造业转型升级、提升增效的重大战略任务和重大政策举措，力争到 2025 年使中国从制造大国迈入制造强国行列。

11.2.3 中国国家供应链战略经济增长关注点与改革落脚点

在我国经济高速发展阶段，主要由农业转向以工业为主的非农产业，一方面为农村大量的潜在失业人口提供了就业机会和人口红利；另一方面大大提高了劳动生产率。进入新的增长阶段后，提升效率的重点将转向非农行业内和行业间。国际经验表明，行业内的竞争和重组，淘汰低效率企业，能够显著提升生产率。下一阶段，我国将进入工业化、信息化、城镇化和农业现代化同步推进的过程。新增长阶段可能的新增长点有以下几个方面。

1. 基础设施投资

例如，高铁、地铁、中西部地区的交通设施等，以及伴随"一带一路"倡议等国际区域合作建设产生的基础设施投资模式出口等。改革的重点可能在以放宽准入、引入外部投资者为突破口，发掘基础设施领域的投资潜力。

2. 城镇化

未来 20 至 30 年，中国的城镇化率仍有 20 个百分点以上的增长空间，涉及 2 亿多人口。

现有城镇常住人口中，有近 20%的非户籍人口。城镇化改革将以加快土地、户籍、财税体制改革，提高城镇集聚效应和生产率为突破口。

3. 产业升级

与日本、美国相比，我们的工业增加值率还有 30%～70%的提升空间。工业增速放缓后，工业快速扩张期结束，产业内的竞争和重组将加剧，出现并购重组的高峰期，从而产业集中度将大大提升。我国工业转型升级的四个关键点是自主知识产权、信息化、供应链管理模式、品牌提升与市场开拓。而农业进入现代化和产业化发展的关键期，用地红线将严格控制，推行土地流转、贫瘠土地生态改造、农业技术创新与应用推广等措施，重点调整农产品生产供应销售相关利益分配格局。从国际经验来看，一个国家不可能在所有行业都具有全球竞争优势，这将是一个产业内部和产业之间深度融合、提高效率的过程，在全球范围内有效配置资源的全球供应链系统建设一定是产业界创新、发展的重点领域。

4. 消费升级

收入倍增规划的实施将有助于提升消费比重。中等收入者是拉动经济增长的主要力量，可促进升学、就业、创业等方面的机会均等，提高社会的横向与纵向流动性。调整收入分配结构、完善公共服务、发展消费金融将是改革的重点。

5. 创新

技术创新、商业模式创新是创新的两大重点领域。商业模式创新实践的领先国家是美国，美国政府甚至对商业模式创新通过授予专利等方式给予积极的鼓励与保护。互联网的出现改变了基本的商业竞争环境和经济规则，标志着"数字经济"时代的来临。互联网使大量新的商业实践成为可能，一批创新型企业应运而生。

6. 更大程度、更高质量地融入全球分工体系

通过改进贸易和投资活动，提高在全球价值链中的位置，并在某些领域形成新的竞争优势，如与基本建设能力相关的对外贸易、劳务输出和投资等。要谋求更高水平和更高质量地融入全球分工体系。例如，以人民币国际化推动国内金融体系改革；以与有关国家达成自贸区协议和参与区域经济合作为契机，推动国内相关领域特别是服务业领域的改革；利用国际研发、人才培养等高级生产要素，并使之与国内产业链有机衔接。

11.2.4　中国提升国家供应链竞争力的动因

国家供应链竞争力成因与全球供应链环境下各国对于供应链优化与服务能力的追逐有关。全球市场、国家制度、产业转型升级及企业市场行为等方面是推动供应链发展的原动力。从影响与推动便于供应链发展的宏观、中观与微观三个不同层面，可以归纳出如下三大动因。

1. 获取国际市场资源配置的有利地位

全球化的资源、生产与消费的时空分配不均衡，各国需要通过提升供应链竞争力以取得国际市场资源配置的有利地位。不同国家气候、地理、矿产资源、生物资源等方面的差异，造成国家经济发展的起点大相径庭。各国根据自身的资源、资金与人力等比较优势，重点发展不同的产业，这直接导致社会分工专业化程度的加深，已形成了国际产品供应和消费需求的不对称。全球统一市场中各种原料、产品时空分布的不均衡性及市场需求的国际化，推动了全球供应链的活跃发展。现代物流与供应链管理一直被人们看成是实现物质资源配置的便捷渠道和最终途径。强有力的运输、仓储、配送能力，高效、协调、敏捷的物流供应链体系是各国在获取并控制资源之后必须从战略上考虑建立的"软环境"。

2. 强化国家产业竞争优势

全球产业发展不断升级与转移，加强各国相关产业的竞争优势需依赖全球供应链服务能力的迅速提升。产业竞争是国家竞争的主要战场，随着由资源、资金驱动的竞争发展到由创新、增值驱动的新型竞争，国际产业竞争日益加剧，竞争的广度与深度不断拓展。在这种情况下，产业升级是积极应变的关键。传统生产产业如制造业、采矿业及加工工业，在技术进步导致总成本下降的同时，采购、运输和仓储成本所占比重却逐年上升。原材料运不进：产品运不出的矛盾时有出现。产品销售渠道的不畅通，物流配送组织的不力，直接制约了企业客户服务水平的提高。供应链不仅从整体最优的角度考虑产品的运输、包装和仓储，而且其目标是提高服务满意度。这将使具有优势的传统产业服务能力得以延伸，价值链也随之得到延伸。总之，传统生产企业的现代化转型主要依赖现代物流与供应链的发展。农业现代化的发展也亟须物流业的大力支持。通过建立城乡一体的物流体系、农资配送体系等措施，现代物流在服务于新农村建设的同时，也为农业经济的发展拓展了空间。值得一提的是，随着第三方物流出现，企业物流需求向专业物流市场释放，更多的第一产业和第二产业向第三产业转移。因此，物流与供应链竞争力的加强将使三大产业的比例更加合理，产业结构得到优化。

3. 挖掘企业新的生产力机会

企业发展需要不断寻求利润空间。提升国家供应链的竞争力，可使各国为本国企业挖掘新的生产力机会。如何摆脱资源禀赋、劳动力等自然属性的约束，在激烈的国际竞争中获胜是各国政府积极探索的路径。根据比较优势和竞争优势理论，各国可以选择有比较优势的产业发展，同时通过技术创新、管理创新来获取竞争优势。供应链可以对传统物流进行流程再造，需要对技术和管理方式进行改革，而该领域的改革创新将提高相关产业生产资料的利用水平和劳动者的工作效率，从而释放出更多的生产力，突破现有的利润空间，并将这些潜力转变成综合实力。

11.2.5　影响国家供应链竞争力的关键因素分析

国家供应链竞争力的分析和评价可从以下三类主要因素出发进行全面立体的剖析。

1．供应链绩效

国家物流与供应链竞争力在国际市场上的最直观体现就是一个国家的供应链绩效如何。无论该国的物流设施网络资源如何丰富，组织上如何合理，信息技术如何先进，客户能感受到的只能是最终的服务。服务效率低下不利于产业的良性发展。

2．网络规模

如果说效率指标带有一定的偶然性，那么供应链网络规模因素则是对国家供应链竞争力基础的客观度量因素。试想，企业为了向客户展示其服务水平，可以不计成本地通过暂借甚至冒用其他部门或者企业的人、财、物等来提高服务效率，从而取得短期的客户信任并借此拿到不菲的订单。而这些表象并不是企业真正实力的体现，一旦遇到资金链断裂、客户需求调整等服务过程中的突然变化，企业就没有实力来适应这些变化。因此，企业自身资源局限和额外成本剧增的长期积累必然会带来服务效率的骤降。一个企业如此，一个国家也是如此。效率与规模的相互制衡是国家供应链竞争力研究必须考虑的问题。

3．发展潜力

从竞争优势理论的观点出发，一个国家如果想摆脱资源禀赋因素的约束来提高自身竞争力，需要以更加广阔的视野，通过主观能动性的发挥，在动态发展的竞争中取得优势。哈佛大学迈克尔·波特教授认为，除资源要素外，需求要素、产业支持、企业战略、机遇和政府引导等多种因素将会从不同层面对国家整体竞争力产生影响。需求要素、战略及政治环境等都是国家供应链竞争力产生和发展的基本土壤。这里强调的发展潜力，就是指竞争力的分析和评价不能只停留在现状上，而是考虑各国发挥主观能动性提升服务水平的积极作用。发展潜力因素所覆盖的指标将进一步刻画形成和发展国家供应链竞争力的间接基础。

11.2.6　中国国家供应链战略的发展对策

中国国家供应链战略的发展对策包括以下几个方面。

（1）提升企业参与国际分工和全球供应链的深度和广度，提高制造服务业与商业服务业的国际化水平，有序推进供应链相关领域的对外开放。支持各种所有制企业开展国际供应链经营业务，加快培育一批竞争力强、影响力大的跨国公司及跨国供应链服务商。加强国际能源供应合作，实现重要战略资源供应的多元化，提高海外利益安全保障能力，加强对海外人员和投资的保护。

（2）实施金融开放和人民币区域化，维护金融安全稳定。按照"主动、可控、渐进"原则，推进资本账户完全可兑换，增加人民币在重点区域和重要商品的经济交往中的应用。

有序推动金融市场的对外开放，提高外汇储备投资的安全性和战略效益，维护金融稳定和供应链领域金融安全。

(3)推动区域经济和供应链服务一体化，促进商品和服务贸易自由化，以全球供应链、全球价值链的共赢和发展为出发点，促进多边贸易体系发展，积极推动区域经济一体化、供应链服务一体化。在多边贸易体系中发挥更加积极的作用，推动商品和服务贸易自由化。加快实施自由贸易区战略，大力推动"一带一路"等区域经济合作。处理好与主要贸易伙伴的经贸关系与供应链联系，深化与新兴市场国家的供应链合作，协同推动沿海、内陆、沿边开放与供应链区域合作。

(4)参与全球供应链治理，争取有利的供应链一体化国际环境。按照"开放、公平、包容、可持续"原则，积极参与全球供应链治理及相关标准、规则的修订制定，推动全球供应链治理改革。在全球供应链基础设施与骨干信息平台建设中发挥建设性作用，提升我国官、产、学、研、商各界融入全球化的能力。在维护好自身利益的基础上，与全球供应链各方形成长期较为稳定的互利共赢格局。

(5)强化国际供应链组织中心与国际物流中心功能，提高渠道运营质量和能力。从维持和提高我国国际竞争力的观点来看，要重点改善和提高大型国际交通枢纽、核心国际港口及大城市圈中心机场、高等级干线公路等网络与节点的管理运营质量和能力，畅通国际物流通道，并有效使用信息技术与大数据应用来提高现存设施的管理运营质量和能力，强化国际商流、物流、资金流、信息流的汇聚功能。

(6)加大供应链治理模式和技术创新，推进新模式示范与应用。虽然中国创新水平与发达国家的差距在缩小，但在创新效率和成果产业化方面不仅落后于发达国家当前水平，而且创新对经济增长的促进作用还没有得到充分发挥。建议在目前及将来有一定竞争力的产业领域营造公平、宽松、有序的供应链模式，创新技术、创新环境，大力推进新模式示范与应用。

11.2.7　中国"一带一路"发展倡议

2013年9月和10月，中国国家主席习近平出访中亚和东南亚国家期间，先后提出共建"丝绸之路经济带"和"21世纪海上丝绸之路"（简称"一带一路"）的重大倡议，得到了国际社会的高度关注。

2013年11月，十八届三中全会审议通过《中共中央关于全面深化改革若干重大问题的决定》，要求"加快同周边国家和区域基础设施互联互通建设，推进丝绸之路经济带、海上丝绸之路建设，形成全方位开放新格局"。2015年2月1日，国务院副总理张高丽主持召开推进"一带一路"建设工作会议，成立"一带一路"建设工作领导小组，安排部署重大事项和重点工作。

2015年3月，国务院总理李克强在《政府工作报告》中多处阐述"一带一路"倡议。2015年3月28日，中华人民共和国发改委、外交部、商务部联合发布了《推动共建丝绸之路经济带和 21 世纪海上丝绸之路的愿景与行动》，标志着"一带一路"从设想、规划进入实施阶段。

"一带"指的是新陆上丝绸之路经济带，起点是中国，中亚和俄罗斯是桥梁，欧洲是终点，非洲是延伸线，其重点方向有三个：一是由中国经中亚、俄罗斯至欧洲的波罗的海方向；二是由中国经中亚、西亚至波斯湾、地中海方向；三是由中国至东南亚、南亚、印度洋方向。"一路"指 21 世纪海上丝绸之路，起点是中国东海和南海，贯穿太平洋、印度洋沿岸国家和地区，其重点方向有两个：一是从我国沿海港口过南海到印度洋，延伸至欧洲；二是从我国沿海港口过南海到南太平洋。从途经路线和辐射范围看，"一带一路"是以我国为起点和中心，向北与俄罗斯的交通线连接，向东连接东亚的日本和韩国，向西通过中亚连接西欧，向西南通过印度洋连接到北非，把东亚、东南亚、南亚、中亚、欧洲、非洲东部的广大地区联系在一起。

"一带一路"贯穿亚欧非大陆，一头是活跃的东亚经济圈，一头是发达的欧洲经济圈，中间广大腹地国家经济发展潜力巨大，辐射范围涵盖东盟、南亚、西亚、中亚、北非和欧洲沿线 65 个国家，总人口约 44 亿，经济总量 21 万亿美元，分别占全球 63%和 29%。应该说，"一带一路"倡议可以创造经济增长新动力，改进全球治理新途径，对中国及其他覆盖的国家具有重要的意义。

"一带一路"重大倡议秉承开放包容的"丝路精神"，不限国别范围，不是一个实体。这不仅是中国自身的战略构想，更是沿线各国的共同事业——契合沿线国家的共同需求，为其互补互利互惠开启新的机遇之窗。

国家主席习近平 2017 年 5 月 14 日在"一带一路"国际合作高峰论坛开幕式上发表题为《携手推进"一带一路"建设》的主旨演讲，强调坚持以和平合作、开放包容、互学互鉴、互利共赢为核心的丝路精神，携手将"一带一路"建成和平、繁荣、开放、创新、文明之路。

习近平指出，"一带一路"建设植根于丝绸之路的历史土壤，重点面向亚欧非大陆，同时向所有朋友开放。不论来自亚洲、欧洲，还是非洲、美洲，都是"一带一路"建设国际合作的伙伴。"一带一路"建设共商，成果共享，是伟大的事业，需要伟大的实践，需要一步一个脚印推进实施，一点一滴抓出成果，造福世界，造福人民。

经济全球化、区域经济一体化已成为世界经济发展的主流趋势，在经济一体化潮流的推动之下，各种多边经济合作机制不断涌现，跨境跨区域合作成为新时代的重要特征。"一带一路"倡议既有利于全球经济复苏和发展，同时也为沿线国家的发展和赶超带来新的机遇。"一带一路"倡议的实施也意味着将来中国与沿线国家在商流、物流、信息流、资金流实现互联互通，是构建全球供应链体系的重要倡议，这将带动我国与沿线国家对外开放实现一个新的历史性突破。古丝绸之路绵亘万里，延续千年，促进了东西方不同文明、不同国家、不同民族之间的贸易往来和文化交流。习近平指出，"一带一路"倡议顺应时代潮流，适应发展规律，符合各国人民利益，具有广阔前景。我们要乘势而上、顺势而为，推动"一带一路"建设行稳致远，迈向更加美好的未来。

11.3 先进国家的国家供应链战略

11.3.1 美国的国家供应链战略

2012 年 1 月 23 日，美国发布了《全球供应链安全国家战略》（简称战略），该战略清楚表达了美国政府的政策即加强全球供应链，保障美国人民的福利和权益及国家的经济繁荣。战略重点不仅仅是全球交通、邮政网络及运输途径、资产和可以确保货物从产出到送达最终客户的基础设施，还包括支持通信的设施和系统。

全球供应链提供食品、医药、能源和产品来支持人们的生活。许多不同的实体负责或者依赖全球供应链，这些实体包括监管机构、执法部门、国营部门、私营企业和其他国内外合作者。全球系统依赖于运输基础设施和路线、信息技术、互联网和能源网络的相互关联。而这种关联性能够促进经济发展，但同时也存在风险。

美国政府会同国家、地方、州、国际和私营企业的利益相关者共同努力加强全球供应链。美国试图建立并保护全球供应链系统，使货物安全可靠并在国内及世界各地及时运输。美国既要保护当前系统的连续性，又要考虑未来的建设和经济发展，增强全球供应链系统，并加快合法的全球贸易往来。

1. 美国国家供应链战略的目标

1）促进安全高效的货物运输

促进及时高效的合法贸易的流动，同时确保供应链的发展，并减少其薄弱环节的损坏，兼顾安全和效率，美国政府旨在强调安全是高效运行的供应链系统中的一个重要元素。为实现目标，美国政府将做到以下几个方面。

（1）尽早克服障碍，加速国际贸易流动。通过合作、开放整合供应链网络，打破国际贸易障碍。

（2）提高验证和检测的能力。识别仿冒的、污染的、未声明的或被禁止的货物，防止货物在系统中受到损坏或遗失。

（3）加强基础设施和交通工具的安全。通过对货物、基础设施、交通工具和信息实施访问控制，以保护供应链系统及其关键节点。

（4）最大化畅通贸易流。供应链基础设施和运营过程的现代化为有效把握市场机遇提供支持。通过发展新的机制来降低货物运输中的风险，简化贸易程序及改善激励措施可鼓励并提高利益相关者合作。

2）形成弹性供应链

完整的供应链具有快速优势及成本优势，但也容易受到冲击，以致迅速从局部问题升级为供应链网络问题。美国力图开发一个全球的供应链系统，它可以预先做好准备，抵御突发情况带来的经济损失，并能尽快从破坏中恢复，增强韧性和灵活动态的处理意识，有助于提升国家抵抗冲击的能力。

为了达到目标，美国政府将力图做到以下几个方面。

(1)降低供应链系统缺陷。在系统遭到破坏之前利用风险管理原则识别并保护关键的资产、基础设施及支持系统，促进可持续操作流程的实现及资产的合理备份。

(2)促进贸易恢复政策和措施制定。制定并实施国家和全球指南、标准、政策和程序来确保遭破坏的货物运输过程可协调恢复。

2. 美国实现国家供应链战略的方法

为了能够满足加强全球化供应链的挑战，美国必须提升各级政府、私营企业及其他关键利益相关者的集体行动力。为了能够达到美国的战略愿景，必须争取做到以下几个方面。

(1)综合联邦政府的努力。通过发现更加有效、经济的方法来处理安全威胁，最大限度地利用来自美国各地政府的资源和专业知识。通过需求获取、精简过程及加强信息共享机制来提高联邦政府的积极性和主动性。

(2)形成一个全国化的途径。影响这些由州、地方、区域政府和私营企业伙伴所扮演的加强供应链的关键角色，授权一些利益相关方来完成各级州政府及私营企业各项活动之间的衔接过程。这将形成责利共担的意识。

(3)全球化的思考。加强与同样担负供应链重任的国外相关部门的合作。按照国际供应链的全球化标准，加强检测、封锁及信息共享的能力，提升端到端供应链的安全性，积极与国际社会进行合作。

知识拓展(一)

全球供应链永远存在着大量的风险。国家竞争力依赖于供应链中物理设施的风险管理，同时确保货物、能源、人员及信息从一个地方到另一个地方的运输。为了管理这些风险，应该力争做到以下几个方面。

(1)了解并处理来自供应链的缺陷。这些缺陷是在系统使用中引进了有害产品、原材料或者是由一些攻击、事故、意外及自然灾害所引起的。必须努力致力于解决会给人民带来巨大伤害及对供应链系统带来重大隐患的风险。

(2)使用多层防御体系。多层防御体系包括情报和信息的分析、合理应用相关的政策法规、受到正规训练的工作人员及高效的合作伙伴。使用多层防御体系可以使自己免受各种不同种类的威胁。

(3)调整安全现状，预防进一步的威胁。制定一个动态的灵活的风险管理方案，优先解决有最大潜在影响的风险，方案同时必须能够根据新增威胁的影响程度来改变当前风险解决的优先次序，以实现动态化。

3．美国国家供应链的发展方向

美国将优先致力于以下领域的发展。

(1)综合美国各联邦政府的努力实现本战略的目标。

(2)完善对全球供应链风险的评估，改善对供应链威胁的认识。

(3)技术预研、开发、测试和评估，旨在保障货物空运、陆运、海运的安全性。

(4)确定基础设施项目，促进关键设施实践的研发。

(5)寻求机会把全球供应链的弹性目标融入联邦基础设施投资和评估中。

(6)由联邦部门和机构对本战略的实施进行必要的立法。

(7)与产业界及外国政府共同开发一套定制的解决方案来尽快满足特定供应链的合法贸易进程，此举措被认为是低风险的。

(8)综合联邦机构所信任商人的交易需求，考虑标准化的程序、强化的信息共享协议及由联邦管理实施安全审计的机制。

除以上所讨论的领域之外，联邦政府同样会积极采纳来自国内外合作伙伴的建议和意见。美国已经建立了一个正规的途径来吸收国际供应链利益相关者的反馈。各界的建议和意见将会对美国国家供应链战略的实现有巨大帮助。美国将着重采纳来自关键基础设施合作伙伴顾问委员会(CIPAC)之下的跨区域供应链工作组的州、地方、区域伙伴、企业的建议和意见，同样会征求来自外国政府及感兴趣的国际组织的建议。

11.3.2 日本的绿色供应链国家战略

过去，日本曾为追求经济快速发展而忽略了环境问题，结果导致城市交通拥挤、公害频繁发生，在经济发展过程中得到了惨痛教训。因此，近年日本的各类经济发展规划都强调了环保性。对于物流业，在提高物流活动效率的同时，也提出了确保减轻对环境的影响。为此，日本通产省中小企业厅于 1992 年制定了《中小企业流通业务效率化促进法》(即《物流效率化法》)，通过促进物流效率来减少对环境的影响。该法主要思想是：通过对愿意参与共同配送的中小企业予以援助，从而间接规范物流行为，此举不但降低了企业物流成本，同时也是解决物流对环境影响的有效措施。直接采取的针对环境保护的措施还包括：开发普及低公害环保型汽车；为降低大型卡车造成的交通噪声公害，铺装低噪声路面，设立遮音板和环保设施带；依据《干线公路沿线整备法》，实施住宅隔音化；港口设施的建设规划要与区域资源再生利用设施的选址相配套。

目前，日本无论是中央政府还是地方政府，都对绿色物流给予高度重视，把建立高效的绿色物流系统视为循环型社会实现的前提。日本政府除制定《环境污染控制基本法》外，还陆续制定和颁布了《废物回收利用促进法》《资源有效利用促进法》《地球温室效应措施推进大纲》等法律政策，所有这些都与物流相关，推动了绿色物流的有效实施。对绿色物流的重视，还体现在四个《新综合物流施政大纲》中。

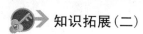 知识拓展（二）

绿色供应链管理

　　绿色供应链管理又称环境意识供应链管理，它考虑了供应链中各个环节的环境问题，注重对环境的保护，促进经济与环境的协调发展。关于绿色供应链管理的确切定义，目前理论界对此还没有一个统一的表述，但总的观点是指在供应链管理的基础上，加强环境保护意识，把"无废无污"和"无任何不良成分"及"无任何副作用"贯穿于整个供应链中，这就是绿色供应链管理。

11.4　本章小结

　　国家供应链战略是指国家对本国供应链发展做出的重大、全局性的总体谋划，是国家经济社会发展战略意图在供应链领域的具体化体现。本章从国家供应链战略的概念入手，分析国家供应链战略的意义与作用，深入分析我国国家供应链战略的根本动因与发展对策，借鉴美国供应链战略和日本绿色供应链的应用经验，着重阐述我国国家供应链战略的发展对策。

本章思考题

1. 请阐述国家供应链战略的概念与内容。
2. 我国国家供应链战略实行的根本动因是什么？
3. 请结合相关理论与实情，总结我国"一带一路"倡议的优越性。
4. 美国国家供应链战略的实行有何先进经验可供我国借鉴？
5. 结合相关理论，分析我国供应链战略的目标和发展对策。

参考文献

扩展阅读11.1
案例分析

即测即练

[1]　马士华. 供应链管理(第二版)[M]. 武汉：华中科技大学出版社，2021.

[2]　[英]乔恩·休斯(Jon Hughes)，等. 供应链再造[M]. 孟韬，等译. 大连：东北财经大学出版社，1999.

[3]　朱新球. 突发事件对供应链的影响分析[J]. 物流工程与管理，2014(04).

[4]　丁俊发. 供应链国家战略[M]. 北京：中国铁道出版社，2017.

[5]　陆杉，高阳. 供应链的协同合作：基于商业生态系统的分析[J]. 管理世界，2007，(05).

教师服务

感谢您选用清华大学出版社的教材！为了更好地服务教学，我们为授课教师提供本书的教学辅助资源，以及本学科重点教材信息。请您扫码获取。

≫ 教辅获取

本书教辅资源，授课教师扫码获取

≫ 样书赠送

物流与供应链管理类重点教材，教师扫码获取样书

 清华大学出版社

E-mail: tupfuwu@163.com
电话: 010-83470332 / 83470142
地址: 北京市海淀区双清路学研大厦 B 座 509

网址: http://www.tup.com.cn/
传真: 8610-83470107
邮编: 100084